よくわかる！
教職エクササイズ

森田健宏・田爪宏二監修

5

特別支援教育

石橋裕子・林 幸範編著

ミネルヴァ書房

監修者のことば

　今、学校を取り巻く状況が大きく変化し続けています。たとえば、「グローバル化」という言葉がよく聞かれますが、確かに、世界中のさまざまな国の人々が、ビジネスや観光で日本を訪れるようになり、日常生活の中で外国の人々と関わる機会が増えています。
　また、世界のさまざまな国で活躍する日本人も増えてきています。そのため、比較的世界で多く使用されている英語を中心に、小学校3年生から外国語活動の授業が行われるようになり、小学校5年生からは教科「外国語」が導入されるようになりました。もちろん、言葉だけでなく、文化や風習についても世界のさまざまな国の人々が、お互いに理解し合えることが大切です。他方で、日本に移住しても日本語を十分に理解できない子どもたちも多く、学校ではそのような子どもたちをどのように指導すればよいか、さまざまな試みが行われています。
　このように、新たな時代に教職を目指すみなさんには、これまで学校教育の世界を支えてきた先生方の教育活動に学びつつ、新しい時代の教育ニーズに応えるべく、自ら考え、開拓していく力が求められています。
　これからの時代の教育を担う教師に大切な教育課題は、たくさんあります。たとえば、これまで、わが国で進められてきた「知識を多く獲得することを重視した教育」だけでなく、「知識や技能を活用する能力」や、「読解力」、「課題を解決する能力」、さらには社会性、意欲、自己調整能力といった社会の中で適応的に生きていくための情緒面の力を育むことにも積極的に取り組むことが求められています。そのため、「主体的・対話的で深い学び」を促進する教育実践力を身につける必要があります。また、電子黒板やタブレット端末など、ICTの効果的な活用、小学生からのプログラミング教育などへの対応も求められています。
　すなわち、教職につく前の学生時代から教師となった後もなお、常に新たな知見を習得しながら、生涯、「教師として学び続ける」姿勢が求められているのだと思ってください。
　この「教職エクササイズシリーズ」では、新しい時代のニーズに対応し、学びながら教師としての資質を育むとともに、教師になる夢を実現し、さらに教師になっても、常に振り返りながら新たな知見を生み出し、自身の能力として加えていけるよう、さまざまな工夫を取り入れています。たとえば、教育場面の事例を題材に「ディスカッション課題」を多く取り入れ、実際の教育現場を想定したアクティブラーニング形式の学習が行いやすいように配慮しています。また、教育実践に関わる最新の知見や資料を豊富に掲載し、初学者から現職教員まで参考にできる内容構成にしました。さらに、MEMO欄やノートテイキングページを用意し、先生の発言や板書、自分の気づきなどを十分に書き込めるようにしています。そして、各講の復習問題には、実際に出題された各都道府県等の教員採用試験の過去問題を掲載し、教師になる夢を叶える準備ができるようにしています。
　これらを積極的に活用し、「教師として一生涯使えるテキスト」となることを願って、みなさんにお届けしたいと思います。

　　　　　　　　　　　　　　　　　　　　監修者　森田健宏（関西外国語大学）
　　　　　　　　　　　　　　　　　　　　　　　　田爪宏二（京都教育大学）

はじめに

　2007（平成19）年に、それまで「特殊教育」と呼ばれていた障害児のための教育が大きく転換し、従来の対象ではなかった発達障害児が加えられた「特別支援教育」に移行されて10年が経過しました。この間、各学校に特別支援教育コーディネーターが配置され、特別支援学校が「センター的機能」を発揮させるなど、支援体制の充実や教員の専門性向上に向けた対策が図られました。

　2012（平成24）年の文部科学省の調査では、小・中学校の通常学級には、発達障害が疑われる児童・生徒が6.5％程度在籍していると指摘されました。また、幼児教育・保育の場でも支援対象児への支援の内容や方法がクローズアップされてきています。しかし、配慮の必要な子どもは発達障害の子どもだけではありません。情緒障害、知的障害、聴覚障害、視覚障害、言語障害、肢体不自由、病弱・身体虚弱等の障害のほか、アレルギー、不登校（園）、外国籍、貧困、虐待を受けている児童・生徒など、多様な問題を抱えている子どもすべてが対象児です。したがって、特別支援教育は一部の教師や子どもだけの課題ではありません。

　本書は、主として小・中学校の教員を目指す学生のためのテキストです。従来の特別支援教育の教科書は、特別支援学校教員養成課程の学生用でしたが、この度、わが国のカリキュラムで通常の小・中学校教員の養成課程で特別支援教育を学ぶことが義務づけられました。そこで、みなさんが将来、小・中学校の教員になり、配慮の必要な児童・生徒を担任したときに知っておくべき事項を中心に構成しました。支援の必要な子どもたちと接した経験の少ないみなさんの理解が深まるよう、それぞれの担当者ができるだけ平易な文章を用い、具体的な事例や図表を取り入れるなど工夫して執筆しました。

　本書には、幼児期から高校までの特別支援教育が取り上げられています。執筆者は、特別支援教育の専門家ばかりではありません。どの講も長い間教育現場で特別支援教育に携わっている先生方が担当し、記されている多くのエピソードは、特別支援教育の理論と実践とをつないでいます。また、スクールカウンセラーなどの心理職やスクールソーシャルワーカーなどの福祉職も特別支援教育に関わっています。そこで、児童相談所等で貧困や虐待などに深く関わってきた先生方にも執筆いただき、教育と福祉をつなぐ視点を提案した構成としました。

　ところで、本書にはいくつかの言葉に数種類の表記がみられます。1つ目は「障害」です。第1講のプラスワンにもありますが、法令では「障害」の表記が使われていますが、研究者や自治体などによっては、さまざまな考えから「障がい」「障碍」「しょうがい」などと表記することもあります。本書においては、基本的に法令上の表記である、「障害」表記の形をとっています。

　2つ目は、発達障害の診断名である「広汎性発達障害（PDD）」と「自閉スペクトラム症（ASD）」です。日本で発達障害の診断基準として使われているのは、世界保健機構（WHO）が公表している「疾病及び関連保健問題の国際統計分類（ICD）」と、アメリカ精神医学会が公表している「精神障害の診断・統計マニュアル（DSM）」の2つです。1990年代にICD-10とDSM-4では、広汎性発達障害という大きなくくりのなかに自閉症、アスペルガー症候群（PDD-NOS）などが含まれるとされていましたが、2013（平成25）年に公表されたDSM-5では、特性の出方は人によって強弱があるとみなし、それまであった細かな分類をなくして「自閉スペクトラム症」という、大きなくくりにまとめました。つまり「広汎性発達障害」は一昔前の、「自閉スペクトラム症」は現在の診断名ですが、2つの診断名は混在しているのが現状です。

　日本の特別支援教育は、障害のある者とない者とがともに学ぶインクルーシブ教育システム構築に向けて歩んでいます。本書が、教員を目指すすべてのみなさんにとって、特別支援教育や支援を必要とする子どもたちについての基礎的な知識や技能を身につけることに寄与できるものとなることを、切に願っています。

　2019年3月

編者を代表して　石橋裕子（帝京科学大学）

CONTENTS

はじめに ……………………………………………………………………………………… 1

第1章 特別支援教育の基本的知識

第1講 特別支援教育とは …………………………………………………… 6
1 わが国の特別支援教育の歴史 …………………………………………… 6
2 障害に関する世界の動向 ………………………………………………… 8
3 特殊教育から特別支援教育への転換 …………………………………… 10
4 「障害者の権利に関する条約」の批准に向けた動き ………………… 12
5 特別支援教育の実際 ……………………………………………………… 13
【知っておくと役立つ話】合理的配慮 ……………………………………… 18

第2講 発達障害とは ………………………………………………………… 20
1 発達障害の子どもとは？ ………………………………………………… 20
2 発達障害のある子どもへの教育支援 …………………………………… 23
3 発達障害の子どもたちの自立と社会参画のために …………………… 30
【知っておくと役立つ話】これからの子どもたちの自立と社会参画のための「教育支援連携モデル」 …………………………………………………… 32

第3講 特別支援教育におけるアクティブラーニング ………………… 34
1 特別支援教育の混乱のなかで …………………………………………… 34
2 不安軽減の環境づくり …………………………………………………… 36
3 助け合える仲間づくり …………………………………………………… 38
4 学習のステップがみえる授業づくり …………………………………… 41
【知っておくと役立つ話】知的障害児の教育課程、その二重構造とは？ … 45

第4講 教員養成課程における特別支援教育の位置づけ ……………… 48
1 教員養成課程における特別支援教育とは ……………………………… 48
2 合理的配慮の求めにこたえるために …………………………………… 50
3 特別支援学校教員養成のカリキュラム ………………………………… 53
4 みずから学び続ける教員をめざす機会（カリキュラム外での学び）… 55
【知っておくと役立つ話】教員採用後における特別支援学校教諭免許状の取得について ……………………………………………………………………… 59

第2章 学校における特別支援教育

第5講 特別支援教育に関わる人たち……62
1. 就学前から始まる特別支援教育……62
2. 特別支援教育と関係機関の連携……64
3. 校内における連携……65
4. 校外の関係機関との連携……68
【知っておくと役立つ話】特殊教育から特別支援教育へ……70

第6講 幼稚園における特別支援教育……72
1. はじめて経験する集団生活……72
2. 特別な配慮を必要とする幼児への指導……73
3. 支援体制づくり……79
【知っておくと役立つ話】早期発見・早期支援……82

第7講 小学校における特別支援教育……84
1. 就学時健康診断から始まる小学校の特別支援教育……84
2. 配慮児童は、いつ、誰が、どのように判断するのか……86
3. 特別支援教育を円滑に推進するための組織づくり……87
4. 特別支援教室の導入……87
5. 小学校教師の学び……89
【知っておくと役立つ話】通常の学級で行う合理的配慮……92

第8講 中学校における特別支援教育……94
1. 中学校において支援が必要な生徒とは……94
2. 皆が輝く学級づくり……95
【知っておくと役立つ話】教師の貫くべき姿勢『支援』……104

第9講 高等学校における特別支援教育……106
1. 高等学校における特別支援教育とは……106
2. 高等学校における特別支援教育の実際……108
3. 事例からみる学校での対応……112
4. 「個別の指導計画」の例……115
【知っておくと役立つ話】コミュニケーション力アップのためのグループワーク／高等学校で育てておきたい力……118

第10講 学校教育における特別支援学校の役割……120
1. 特別支援学校に在籍する子どもたち……120
2. 特別支援学校の教育課程と学習内容……121
3. インクルーシブ教育での特別支援学校の果たす役割……125
4. 交流及び共同学習……126
5. 学校全体で取り組む特別支援教育……128
6. 教育のユニバーサルデザイン……128
7. すべての子どもたちの学びやすさのために……128
【知っておくと役立つ話】世界のなかの障害のある子どもたちのようす……130

第3章　特別支援教育の現状と課題

第11講　特別支援学級、通級による指導、特別支援教室 ……… 134
1. 特別支援学級 ……… 134
2. 通級による指導 ……… 136
3. 特別支援教室 ……… 141
【知っておくと役立つ話】「特別支援教育支援員」について ……… 143

第12講　特別支援教育と福祉との連携 ……… 146
1. なぜ連携が必要なのか ……… 146
2. 法律や制度の整備 ……… 148
3. 関係機関との連携による支援 ……… 149
4. 縦と横の連携の必要性 ……… 154
5. 特別支援教育と福祉の連携の事例（就労支援）……… 156
【知っておくと役立つ話】雇用・労働関係機関との連携 ……… 158

第13講　子どもへの虐待と特別支援教育 ……… 160
1. 子どもへの虐待とその現状 ……… 160
2. 子どもへの虐待の原因 ……… 161
3. 特別支援教育としての被虐待児の対応 ……… 163
4. 教育現場で虐待をどう考えればよいのか ……… 169
【知っておくと役立つ話】子どもへの虐待はいつから問題になったのか？ 170

第14講　子どもの貧困と学習支援 ……… 172
1. 高校就学保障について ……… 172
2. 貧困の連鎖を断ち切る ……… 172
【知っておくと役立つ話】学習支援について多く寄せられている質問・疑問と回答 ……… 177

第15講　これからの特別支援教育 ……… 180
1. 特別支援教育の対象の拡大 ……… 180
2. 教育的ニーズのある児童・生徒への支援や対応 ……… 184
3. これからの特別支援教育 ― 特別から一般に ― ……… 188
【知っておくと役立つ話】最近の自閉スペクトラム症研究の動向 ……… 189

第9講　112～114ページの解答例 ……… 192
復習問題の解答 ……… 194
索引 ……… 198
参考文献 ……… 200

第 1 章

特別支援教育の基本的知識

この章では、特別支援教育に関する基本的な事柄について学びます。
特別支援教育とは何でしょうか。
どのような子どもが対象となる教育なのでしょうか。
教員養成課程の一環として特別支援教育について学ぶことには
どのような意義があるのでしょうか。理解していきましょう。

第1講　特別支援教育とは…………6

第2講　発達障害とは…………20

第3講　特別支援教育における
　　　　アクティブラーニング…………34

第4講　教員養成課程における
　　　　特別支援教育の位置づけ…………48

第1講 特別支援教育とは

理解のポイント

2007（平成19）年4月1日付で、文部科学省から「特別支援教育の推進について」と題する通知がだされ、特別支援教育が始まりました。それ以前は「特殊教育」（「障害児教育」）といわれていました。文部科学省の「学制百二十年史」をもとに、わが国の特殊教育（特別支援教育）の歴史をさかのぼり、特別支援教育についてみていきましょう。

1 わが国の特別支援教育の歴史

1 特別支援教育とは何か

　障害のある、または何らかの配慮が必要な幼児・児童・生徒に対する教育を「特別支援教育」と呼びます。2007（平成19）年4月に「学校教育法」が一部改正されたことにより、それまで行われていた「特殊教育」から「特別支援教育」に改められました。つまりこれまで盲学校・ろう学校・養護学校や特殊学級（現：特別支援学級）（→第11講参照）、通級による指導（→第11講参照）といった場でしか行われてこなかったいわゆる一部の「障害児」のための教育を、すべての学校に在籍する配慮の必要な幼児・児童・生徒へと拡大したのです。

　改正された「学校教育法」では、障害種別になっていた盲学校・ろう学校・養護学校を「特別支援学校」に一本化し、幼稚園や小・中学校などでも教育上配慮の必要な子どもに対して、障害等による学習上または生活上の困難を克服するために教育を行うことが明記されました。具体的には、特別支援学校（→第10講参照）、小・中学校の特別支援学級（→第11講参照）、通級による指導（→第11講参照）のほか、幼稚園・小学校・中学校・高等学校の通常学級（→第6講～第9講参照）においても、教育的ニーズのある幼児・児童・生徒に対して実施されています。

2 特殊教育の創設

　1878（明治11）年に設立された京都盲唖院*が、わが国で最初の障害児を対象とする学校だったとされています。その後、全国に盲唖院が設置され、盲・ろう教育が広まりました。しかし、1886（明治19）～1900（明治33）年にだされた「小学校令」で、障害をもつ児童の就学義務の猶予や免除が規定され、これが障害児を義務教育から排除することにつながり

語句説明

京都盲唖院
古河太四郎・遠山憲美によって京都に設立された、盲・ろう児の教育機関。

滝乃川学園
石井亮一が東京に設立した、日本で最初の知的障害児の教育機関。

白川学園
脇田良吉が京都に設立した知的障害児の施設。

療護施設
脳性マヒなどで身体に重度の障害があって、日常生活に介護が必要な人が生活する施設。

柏学園
柏倉松蔵が東京に設置した肢体不自由児施設。

茅ヶ崎林間学校
社団法人白十字会創立5周年を記念し、結核予防事業の一環として、虚弱児童の養護教育を行うための寄宿舎制の養護学校として設立された。現在は児童養護施設。

ました。そして、就学義務を免除・猶予された児童への教育をいかに保障するのかという課題の提起となりました。

3 特殊教育の整備

当時、知的障害児の学校の多くは、篤志家（とくしか）による慈善事業の形で取り組まれました。特殊教育が、篤志家の努力によって設立・運営されている状況が社会的に問題視されるようになると、1923（大正12）年に「盲学校及聾唖学校令」が公布され、盲学校とろう唖学校が分立されました。このことにより、盲学校・ろう学校に限られたことでしたが、わが国の特殊教育が、慈善事業から公教育体制へと転換されることになりました。

そのほかの特殊教育については、明治後半期からしだいに展開されます。わが国初の精神薄弱（現・知的障害）児の保護・教育施設は、1891（明治24）年、東京に開設された滝乃川学園*です。その後、1909（明治42）年、京都の白川学園*など、第二次世界大戦前には10余校が設立されました。

肢体不自由児の療護施設*では、1921（大正10）年、東京に柏学園*、肢体不自由児の学校では、1932（昭和7）年、東京に東京市立光明学校（現・都立光明特別支援学校）が設置されたのが最初です。このほか、小学校の肢体不自由児学級が数府県に14学級設けられました。

1910（明治43）年には、千葉県に身体虚弱・病弱児の学校として、東京市養育院安房分院（現・東京都船形学園）が設立されました。また、養護学校として、1917（大正6）年、神奈川県に茅ヶ崎林間学校*などが設立されました。身体虚弱・病弱児の特別学級は、栄養学級・養護学級などとよばれ、1935（昭和10）年には全国で209学級に達しました。

4 戦時下の特殊教育

1938（昭和13）年の「国民学校等に関する答申」で、心身障害児に特別の教育施設を設けること、盲・ろう唖児への教育をすみやかに義務教育にすることなどが提案されたことを受け、それらの児童を受け入れる施設である国民学校の養護学級や養護学校が設置されました。しかし、戦争の激化にともない、しだいに閉鎖されていきました。

5 戦後の特殊教育

1945（昭和20）年、第二次世界大戦の終戦後、障害のある児童・生徒の教育は、「教育基本法」や「学校教育法」に基づく「特殊教育」として展開しました。「日本国憲法」や「教育基本法」にうたわれている教育の機会などの理念の具体化の一つとして、特殊教育諸学校の義務制実施がめざされました。

1947（昭和22）年に公布、翌年から実施された「学校教育法」で、盲学校・ろう学校・養護学校への就学の義務化が規定され、実質的な特殊教育が始まりました。しかし、知的障害や肢体不自由などの養護学校は、1979（昭和54）年まで義務制は示されず、重度重複障害のある児童・生徒については、そのほとんどが就学猶予・免除の対象でした。自閉症が情緒障害と

プラスワン

重複障害、重度重複障害

重度障害とは、知的、身体および／または社会的機能における著しく重い障害のこと。重複障害とは、盲・ろう・知的障害・病弱のうち2つ以上の障害を重複し、かつ精神発達の遅れが著しくほとんど言語をもたず、自他の意志の交換および環境への適応が著しく困難であって、日常生活において常時介護を必要とする程度の障害児を指す、特別支援教育分野の用語である。文部科学省では、重度重複障害児は、「当該学校に就学することになった障害以外の障害を併せ有する児童生徒であり、視覚障害、知的障害、肢体不自由及び病弱について、原則的には学校教育法施行令第22条の3において規定している程度の障害を複数併せ有する者」としている（宮本信也ほか監修『特別支援教育の基礎』東京書籍、2017年、279ページ；石部元雄、柳本雄次編著『特別支援教育』福村出版、2011年、222ページ）。

位置づけられて特殊教育の対象となったのもこのときです。

養護学校と特殊学級の数はしだいに増え、1978（昭和53）年に養護学校は500校、特殊学級は2万1,508学級になりました（図表1-1）。

図表1-1　特殊学級の学級数の推移

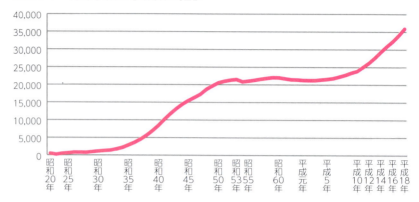

文部科学省「特別支援教育資料（平成29年度）」2018年をもとに作成

6　特殊教育の整備

その後、障害の種類と程度に応じた教育を推進するため、就学指導の充実と、学校や社会における心身障害児の理解が新たな課題となりました。そこで、文部省（現・文部科学省）では、心身障害児理解推進校の指定を1979（昭和54）年度から行い、1981（昭和56）年度からは障害児巡回就学相談活動事業費補助を開始して、特殊教育の充実・促進を図りました。

2　障害に関する世界の動向

特殊教育から特別支援教育へと転換した背景には、世界の動向が大きく影響しています。

1　世界の障害者施策

1979（昭和54）年に養護学校が義務化された背景には、1970年代にイギリスやアメリカなど世界各国で障害児の教育が制度化されたことや、国際連合の「国際障害者年」（1981年）などがあります。「国際障害者年」の制定は、国連が、障害のある人々の問題を世界的な規模で取り上げて啓蒙を行う、世界最初の出来事でした。

1994（平成6）年には、スペインのサラマンカにおいて、ユネスコとスペイン政府が催した「特別なニーズ教育に関する世界会議」で、「障がいのある子どもを含めた万人のための学校」などを提唱する「サラマンカ宣言*」（「サラマンカ声明」）を採択しました。

さらに、2006（平成18）年には「障害者権利条約*」に関する国連総会で「障害者の権利に関する条約」（以下、「障害者権利条約」）が採択され、

重要語句

サラマンカ宣言
障害の有無にかかわらず、すべての児童・生徒がともに学習し、一人ひとりのニーズにあった教育が受けられる「インクルージョン」と「特別ニーズ教育」を発展させていくことなどが提唱された。

障害者権利条約
障害者の人権および基本的自由の享有を確保し、障害者の固有の尊厳の尊重を促進することを目的として、障害者の権利実現のための措置などについて規定している。

2008（平成20）年に発効しました。

2　ノーマライゼーション

　ノーマライゼーション（normalization）は、どの人にとっても「当たり前のことを当たり前に」を実現するために、社会の環境を整備していこうという考え方です。デンマークの行政官だったバンク・ミケルセンは、「知的障害者親の会」が「自分の子供も家族と共に生活する権利がある」等と政府に訴えたことに共感して、「知的障害者が、地域二王子手可能な限りノーマル（当たり前）な生活ができるようにするべきである」というノーマライゼーションの理念を提唱しました。そして、1959（昭和34）年、世界ではじめてノーマライゼーションという言葉が使われた「知的障害者福祉法」がデンマークで制定されました。今日では、知的障害だけでなく、さまざまな障害や病気のある人を対象とした理念として使われています。

3　インクルージョン教育

　インクルージョン教育（inclusion education）は、「すべての子どもにはそれぞれ違いがあり、障害のある子どもがいて当たり前だ」を前提とし、通常教育と障害児の教育を、統一された1つの流れのなかに位置づけて、そのシステムを組み立てようとする教育のことを指します。「みんな違ってみんないい」というように、一人ひとりがもつ多様な価値観を認めようとするものです。

　ところで、この理念を明確に表す日本語訳がないとされています。「共生」「包括」「包摂（ほうせつ）」「一体化」などさまざまな言葉で訳されています。そのため、文献によっては、次にでてくるインクルーシブ教育に対して「包括教育」「共生教育」という名称を使っているものもありますが、一般的には「インクルーシブ教育」という表現が用いられます。

4　インクルーシブ教育システム

　インクルーシブ教育システム（inclusive education system）は上記で取り上げた「インクルージョン」を理念としています。障害の有無にかかわらず、ともに生きる仲間として受け入れるという考えから「すべての子どものための教育」を表します。これまでは、障害のある人は必ずしも社会参加できるような環境にありませんでした。障害のある人が積極的に社会で活躍できる環境づくりの一環として、インクルーシブ教育システムが推し進められています。

　この言葉が広まり始めたのは、8ページで取り上げた「特別なニーズ教育に関する世界会議」がきっかけです。この会議では、可能な限り、幼児、児童・生徒の能力や困難さに応じた教育を行っていく方向性が打ち出されました。

　国際的にインクルーシブ教育の理念が唱えられてから16年後の2010（平成22）年、わが国でも「特別支援教育の在り方に関する特別委員会論点整理」によって、就学に関して本人や保護者の意見を最大限に尊重する

プラスワン

ノーマライゼーション
スウェーデンのベンクト・ニーリエが、普通の生活を図る方法としてノーマライゼーションの基本原理を明らかにし、英訳したことが、1981（昭和56）年の国際障害者年でノーマライゼーションの理念が広がるきっかけとなった。

「ノーマライゼーション」は社会福祉の用語です。

ことや、合理的配慮*のあり方、交流及び共同学習（→第10講126ページ参照）など、インクルーシブ教育の理念や方向性などが示されました。さらに、2012（平成24）年に中央教育審議会特別委員会の「共生社会の形成に向けたインクルーシブ教育システム構築のための特別支援教育の推進（報告）」で、インクルーシブ教育のあり方について提起されました。

5 インクルーシブ教育システムと特別支援教育との関係

特別支援教育は、共生社会の形成に向けて、インクルーシブ教育システム構築のために必要不可欠なものです。そのため、以下の①から③までの考え方に基づき、特別支援教育を発展させていくことが必要です。

> ①障害のある子供が、その能力や可能性を最大限に伸ばし、自立し社会参加することができるよう、医療、保健、福祉、労働等との連携を強化し、社会全体の様々な機能を活用して、十分な教育が受けられるよう、障害のある子供の教育の充実を図ることが重要である。
> ②障害のある子供が、地域社会の中で積極的に活動し、その一員として豊かに生きることができるよう、地域の同世代の子供や人々の交流等を通して、地域での生活基盤を形成することが求められている。このため、可能な限り共に学ぶことができるよう配慮することが重要である。
> ③特別支援教育に関連して、障害者理解を推進することにより、周囲の人々が、障害のある人や子供と共に学び合い生きる中で、公平性を確保しつつ社会の構成員としての基礎を作っていくことが重要である。

独立行政法人国立特別支援教育総合研究所ホームページ

3 特殊教育から特別支援教育への転換

国際的な動向を受け、特別支援教育実施に向けてさまざまな提言がなされ、法整備が進められました。

1 「特別支援教育」推進に向けた動き

さまざまな国際的な動向に影響され、1993（平成5）年に「障害者基本法」が成立しました。障害者施策の計画的な推進および自立と社会、経済、文化その他あらゆる分野の活動への参加を促進することが目的に盛り込まれたことにより、教育・福祉・労働などでのノーマライゼーションの推進が図られ、学校教育では、通常の学級に在籍しながら障害の状況に応じた特別の指導を特別な場で受けられる教育形態である「通級指導」（→第11講参照）が始まりました。

1999（平成11）年に「学習障害児に対する指導について（報告）」（文部省・

重要語句

合理的配慮

障害のある人がない人と同じようにみずからの権利を行使できるようにするための必要かつ適切な変更・調整を行うことで、「障害者権利条約」の第2条に定義されている。国立特別支援教育総合研究所のホームページには、「インクルーシブ教育システム構築支援データベース」が設置され、さまざまな合理的配慮の実践事例が掲載されている（→18ページコラム、第4講、第7講参照）。

プラスワン

共同学習

「特別支援学校教育要領・学習指導要領解説　総則編（幼稚部・小学部・中学部）」に、障害のある子どもと障害のない子どもが一緒に参加する活動は、「相互のふれ合いを通じて豊かな人間性をはぐくむことを目的とする交流の側面と、教科等のねらいの達成を目的とする共同学習の側面がある」と記されている（→第10講126ページ参照）。

学習障害及びこれに類似する学習上の困難を有する児童生徒の指導方法に関する調査研究協力者会議）が公表され、ほかの障害ガイドラインの土台となりました。

　2001（平成13）年には「21世紀の特殊教育の在り方について（最終報告）」（文部科学省・21世紀の特殊教育の在り方に関する調査研究協力者会議）が公表され、通常学級に在籍するLD、ADHD、高機能自閉症（→第2講参照）の児童・生徒への支援を含めた、特殊教育の制度を抜本的に見直す必要性が打ち出されました。

　2002（平成14）年に文部科学省（以下、「文科省」）が実施した「通常の学級に在籍する特別な教育的支援を必要とする児童生徒に関する全国実態調査」では、「学習面か行動面に著しい困難を示す児童・生徒」が6.3％いるという結果が公表されました。また、2003（平成15）年に公表された「今後の不登校への対応の在り方について」（不登校問題に関する調査協力者会議）では、LD、ADHDなどの児童・生徒が含まれていることが明らかにされ、不登校への対応にも発達障害への理解の必要性が示されました。

　2003（平成15）年公表の「今後の特別支援教育の在り方について（最終報告）」により、特別支援教育がはじめて定義されました。それによれば、障害のある児童・生徒の教育について、「障害の程度等に応じて特別な場で指導を行う『特殊教育』から障害のある児童生徒一人一人の教育的ニーズに応じて適切な教育的支援を行う『特別支援教育』への転換を図る」としています（→第5講70ページ、第12講148ページ参照）。

　前述の「今後の特別支援教育の在り方について（最終報告）」を受けて、文科省は2003（平成15）年度から47都道府県を対象に特別支援教育推進体制モデル事業を開始しました。2007（平成19年）までに全国すべての小・中学校で特別支援教育コーディネーターの育成や校内委員会、巡回相談（→第5講66〜69ページ参照）など特別支援教育体制の整備がめざされました。

　2004（平成16）年には、「特別支援教育を推進するための制度の在り方について（中間報告）」が公表され、特別支援教育は、「障害のある児童生徒等の自立や社会参加に向けた主体的な取組を支援するという視点に立ち、児童生徒等一人一人の教育的ニーズを把握し、その持てる力を高め、生活や学習上の困難を改善又は克服するため、適切な指導や必要な支援を行うものである」と規定されました。このことにより、特別支援教育の目的や機能がより一層明確になりました。翌年、中間報告の枠組みを保った形で中央教育審議会より「特別支援教育を推進するための制度の在り方について（答申）」が公表されました（→第12講148ページ参照）。

2　特別支援教育元年

　「特別支援教育を推進するための制度の在り方について（答申）」を受け、2006（平成18）年に「学校教育法」などの一部を改正する法律案が国会で可決成立し、翌2007（平成19）年4月に施行されました。「改正学校

特別支援教育については、文部科学省のホームページにくわしく書かれていますので、読んでみましょう。http://www.mext.go.jp/a_menu/01_m.htm

プラスワン

特別支援教育
「特別支援教育とは、従来の特殊教育の対象の障害だけでなく、LD、ADHD、高機能自閉症を含めて障害のある児童生徒の自立や社会参加に向けて、その一人一人の教育的ニーズを把握して、その持てる力を高め、生活や学習上の困難を改善又は克服するために、適切な教育や指導を通じて必要な支援を行うものである」としている。

特別支援教育推進体制モデル事業
2005（平成17）年度からは「特別支援教育体制推進事業」と改称して、幼稚園や高校にも拡大した。

特別支援教育の推進
特別支援教育開始に先立って、2006（平成18）年に施行された「学校教育法施行規則」の一部改正では、通級による指導で、LD、ADHDを新たな対象とすることが規定された。また、情緒障害に含めていた自閉症を独立させた。

教育法」では、「特殊教育」は「特別支援教育」に、「特殊学級」は「特別支援学級」に改められることなどが規定されました。これらのことから2007（平成19）年を「特別支援教育元年」とよんでいます。

4 「障害者の権利に関する条約」の批准に向けた動き

1 「障害者の権利に関する条約」

　2006（平成18）年の国連総会において、「障害者の権利に関する条約」が採択され、2008（平成20）年5月に発効しました。この条約は50か条からなり、障害者の人権および基本的自由の享有を確保し、障害者の固有の尊厳の尊重を促進することを目的として、障害者の権利実現のための措置等について定めています。障害者は、建前としては健常者と同じ権利を与えられながら、実際には、雇用、教育などさまざまな面で差別を受けています。この条約は加盟国に対し、教育を受ける権利をはじめ、保健・労働・雇用の権利、社会保障などの障害者保護への取り組みを求めています（→外務省ホームページを参照）。

2 条約批准に向けた動き

　「障害者の権利に関する条約」を批准＊するために、さまざまな障害者の制度改革が進められました。
　2009（平成21）年に障がい者制度改革推進本部が設置され、**障がい者制度改革推進会議**が開催されました。会議には障害者が加わり、インクルーシブ教育と特別支援教育、特別支援学校のあり方、特別支援教育における合理的配慮などが議論されました。
　2010（平成22）年に公表された「特別支援教育の在り方に関する特別委員会論点整理」では、インクルーシブ教育システムの理念、インクルーシブ教育システムを推進するための環境や人的整備、合理的配慮などの論点が整理されました。
　これらを踏まえ、2011（平成23）年に「障害者基本法」が改正され、交流及び共同学習の一層の充実、本人や保護者の意向の尊重などが規定されました。
　2012（平成24）年に公表された「共生社会の形成に向けたインクルーシブ教育システム構築のための特別支援教育の推進（報告）」（中央教育審議会初等中等教育分科会）では、就学相談、合理的配慮および環境整備、教職員の専門性の向上など、さまざまな提言がなされました。
　上記を受け、2013（平成25）年9月に「学校教育法施行令の一部を改正する政令」が施行され、特別支援学校への就学の規定の見直しや、保護者や専門家からの意見を聞く機会を拡大することなどが規定されました。
　2012（平成24）年に、東日本大震災関連地域を除く全国の公立小・中学校を対象に「通常の学級に在籍する発達障害の可能性のある特別な教育

語句説明

批准
条約や協定などを国として確認・同意すること。「その条約・決まりごとをわが国も取り入れて守る」という意思表示。批准するかどうかは国会で決定する。

プラスワン

障がい者制度改革推進会議
2012（平成24）年まで合計38回開催され、インターネットで配信された。

「障害」と「障がい」
「障害」の「害」は公害や害虫と同じ字を用いるためよい印象を与えないとして、研究者のなかには「障碍」「障がい」など、「害」以外の文字を使用する者がいる。また、「障がい」と表記している自治体もある。しかし、法律名はすべて「障害」が使われている。

的支援を必要とする児童生徒に関する実態調査」が実施されました。この調査は、前述の「通常の学級に在籍する特別な教育的支援を必要とする児童生徒に関する全国実態調査」（2002年実施）以来の全国調査です。その結果、「知的発達に遅れはないものの学習面又は行動面で著しい困難を示す」とされた児童・生徒は6.5％いるとされました。

　2013（平成25）年に「障害を理由とする差別の解消の推進に関する法律」（「障害者差別解消法」）が成立し、2016（平成28）年4月に施行されました。これを受け、文科省は「障害のある児童生徒の教材の充実について（報告）」で、教材の整備・開発などについて提言しました。

3　「障害者の権利に関する条約」の批准

　以上のようにさまざまな障害者制度改革を進め、2014（平成26）年1月に「障害者の権利に関する条約」を批准し、同年2月に発効しました。学校教育においてもこの条約の趣旨を具体化する作業が進められました。

5　特別支援教育の実際

現在実施されている特別支援教育のしくみをみていきましょう。

1　特別支援教育を推進するしくみ

　「特別支援教育とは何か」（→6ページ）で述べたとおり、特別支援教育は、特別支援学校のほか、小・中学校の特別支援学級、通級による指導のほか、通常の学級でも実施されており、それぞれの在籍者数は図表1-2のとおりです。

図表1-2　特別支援教育を受けている児童・生徒

	小中学校			特別支援学校
種類	通常の学級	通級による指導（通級指導教室）	特別支援学級（固定学級）	小学部・中学部
在籍者数等	6.5％程度	108,946人（1.1％）	235,478人（2.4％）	71,802人（0.7％）
対象児	発達障害などのある児童	・言語障害 ・自閉症 ・情緒障害 ・弱視 ・難聴 ・学習障害 ・注意欠陥多動性障害 ・肢体不自由 ・病弱・身体虚弱 ・その他障害のある者で特別の教育課程による教育を行うことが適当な者	・知的障害 ・肢体不自由 ・病弱・身体虚弱 ・難聴 ・言語障害 ・自閉症・情緒障害	・視覚障害 ・聴覚障害 ・知的障害 ・肢体不自由 ・病弱・身体虚弱

文部科学省初等中等教育局特別支援教育課「平成29年度特別支援教育資料」2018年をもとに作成

上記は小・中学生（義務教育段階）だけの数値ですが、幼児と高校生も入れると、特別支援学校在籍児は14万1,944人（0.9％）、特別支援学級在籍児は23万5,487人（1.6％）、通級による指導を受けている者は10万8,946人（0.7％）です。

2 就学相談・就学先の決定

次の図表1-3に示すような手続きを経て、就学先を決定します。

図表1-3　障害のある児童・生徒の就学先決定について

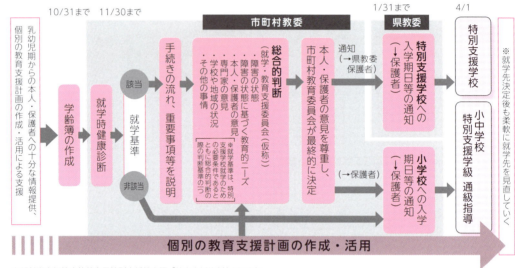

文部科学省初等中等教育局特別支援教育課「教育支援資料」2013年

3 特別支援教育を支えるしくみ

小・中学校などでは、以下のようなしくみで特別支援教育が実施されています（→第5講、第7講参照）。

① 特別支援教育に関する校内委員会の設置

校長、教頭、副校長、特別支援教育コーディネーター、教務主任、生徒指導主事、養護教諭、対象の幼児、児童・生徒の担任教師、学年主任などで構成される、校内の特別支援教育に関する委員会です。必要に応じてスクールカウンセラー（以下「SC」）などの専門職が加わります。在籍する幼児、児童・生徒の実態を把握し、全校的な支援体制を確立して個々の実態把握や支援方策の検討を行うことなどがその役割です。

② 特別支援教育コーディネーターの指名

校長は、特別支援教育のコーディネーター的な役割を担う教員を「特別支援教育コーディネーター」に指名します。特別支援教育コーディネーターは、養護教諭やSCなど校内外の関係者との連絡調整、校内委員会開催のための情報収集、保護者からの相談窓口などの役割を担います。

③ 関係機関との連携を図った「個別の教育支援計画」の策定、活用と、「個別の指導計画」の作成

「個別の教育支援計画」は、学校卒業までの長期的な視点で教育的ニー

プラスワン

特別支援教育コーディネーター

校内の関係者や関係機関との連携調整や保護者の連絡窓口となるコーディネーター的な役割を担う者を校長が指名して、校務分掌に明確に位置付ける。各学校の実情に応じて、副校長・教頭、教務主任、生徒指導主事、養護教諭、教育相談担当者、特別支援学級、通級指導教室の担当教員などが兼務する場合が多い。
→くわしくは第5講参照

ズを把握し、適切で一貫した教育的支援を行うことを目的として、関係機関との連携を視野に、支援内容や支援の方法を整理して保護者とともに策定するものです。

「個別の指導計画」は、「個別の教育支援計画」を踏まえ、一人ひとりの教育的ニーズに応じた教育内容や支援の方法などを整理し、学校での具体的な指導目標と取り組み、指導の評価を記載するものです。特別支援学校では学習指導要領で作成が義務づけられていますが、一般の小・中学校などでも必要に応じて作成します。特別支援学級や通級による指導を受けている児童・生徒は作成されることが多くなっています。

④ 専門家チーム、巡回相談、特別支援教育支援員の活用

専門家チームは、教育委員会の職員、特別支援学校の教員、心理学の専門家、理学療法士*、作業療法士*、言語聴覚士*、医師等で構成され、発達障害か否かの判断や、対応方針についての専門的意見の提示を目的としています。

巡回相談は、発達障害などの専門的な知識をもつ「巡回相談員」が行います。一人ひとりのニーズを把握し、必要とする支援の内容と方法を明らかにするために、担任、特別支援教育コーディネーター、保護者など児童・生徒の支援を実施する者の相談を受けて助言します。

特別支援教育支援員は、小・中学校において校長、教頭、副校長、特別支援教育コーディネーター、担任教師と連携して、基本的生活習慣確立のための日常生活上の介助、発達障害をもつ児童・生徒に対する学習支援などを行う職員です（→第11講「知っておくと役立つ話」参照）。

4　通常学級の特別支援教育

12、13ページで取り上げた2012（平成24）年の調査では、通常の学級に在籍する発達障害の可能性のある児童・生徒は、全体の6.5％（小学校では7.7％、中学校では4.0％）であると示されました。

発達障害以外にも、外国籍の子ども（→第15講参照）、貧困家庭（→第14講参照）、虐待を受けている子ども（→第13講参照）など、さまざまな困難をもち、支援の必要な幼児、児童・生徒がクラスに存在します。通常学級の特別支援教育は、必要に応じた個別の指導や支援を行いながら、できる限り多くの幼児、児童・生徒にとってわかりやすい保育・授業を実施し、さらに、温かな人間関係や集団づくりが求められています。

5　通級による指導（通級指導教室）（→第11講参照）

「学校教育法施行規則」第140条に定められた、障害の特性に応じた指導を特別な指導の場で行う指導の形態です。指導内容は、障害の特性に応じ、それぞれの児童・生徒が必要としていることを扱います。また、特に必要な場合には、各教科の内容を補充するための指導も行います。

6　特別支援学級（固定学級）での指導（→第11講参照）

「学校教育法」第81条の規定や学習指導要領では、障害種別（図表

第1講　特別支援教育とは

重要語句

理学療法士

寝返る、起き上がる、立ち上がるおよび歩くなど、日常生活で必要な基本動作ができるように身体の基本的な機能回復をサポートする動作の専門家。

作業療法士

入浴や食事など日常生活の動作や、手工芸、園芸およびレクリエーションまであらゆる作業活動を通して、身体と心のリハビリテーションを行う専門家。

言語聴覚士

言葉によるコミュニケーションや嚥下（食物を飲み下すこと）に問題がある人が、自分らしい生活を構築できるよう支援する専門職。

1-2）に設置され、児童・生徒の実態に応じて特別な教育課程が編成でき、さらに必要に応じて特別支援学校の学習指導要領を参考にできることなどとしています。指導の内容は、特別支援学校小学部・中学部の学習指導要領に示されている自立活動＊が中心です。

重要語句

自立活動

特別支援学校小学部・中学部の学習指導要領の自立活動の目標に「個々の児童又は生徒が自立を目指し、障害による学習上又は生活上の困難を主体的に改善・克服するために必要な知識、技能、態度及び習慣を養」うとある。

7 特別支援学校での取り組み（→第10講参照）

特別支援学校は、以下のように設置されています。特別支援学校は、いくつかの障害種に対応した学校と、一つの障害に特化した学校とがあります。

特別支援学校	高等特別支援学校
○幼稚部　○小学部 ○中学部　○高等部	知的障害の軽度から中度な者が対象

一部の特別支援学校には、上記のほか、通学が困難な児童・生徒のために、教師が施設や病院内に設けられた教室に本校から出向く「施設内学級」が設置されています。また、教師が家庭を訪問したり、入院しているベッドに出向いたりする「訪問学級」を設置している学校もあります。

支援校では、次のような取り組みがなされています。

① **特別支援教育の推進**：さまざまな障害種に対応することができる体制づくりや、学校間の連携などを一層進める。

② **地域における特別支援教育のセンター的機能**：専門的な知識や技能を生かし、地域における特別支援教育のセンターとしての機能の一つとして、各学校の要請に応じて個別の指導計画の作成や個別の教育支援計画の策定などへの援助を含めた支援に努める。保育施設などに対しても同様に、助言または援助に努める。特別支援教育コーディネーターは、関係機関や保護者、地域の学校およびほかの特別支援学校や保育施設等との連絡調整を行う。

③ **特別支援学校教員の専門性の向上**：在籍している幼児、児童・生徒だけではなく、地域における特別支援教育の中核として、専門性のさらなる向上を図るため、研修の充実に努める。

特別支援学校については、第10講でくわしく学んでいきましょう。

ディスカッションしてみよう！

特別支援教育コーディネーターの役割の一つに「保護者に対する相談窓口」があげられます。保護者との情報交換を通して幼児・児童・生徒や保護者のニーズを把握するとともに、支援の方法などについて説明し、保護者の理解を得ることが重要です。自身が指名されたときにはどのようなことに留意して保護者との情報交換をすればよいか考えてみましょう。

たとえば・・・

8 障害のある幼児児童生徒の教育

13ページの図表1-2にある、障害のある幼児・児童・生徒の実態と、指導上の留意点等をまとめます。

図表1-5　障害のある子供の実態と指導上等の留意点

障害の種類	幼児児童生徒の実態	指導上等の留意点
視覚障害 視力・視野等、見るための機能が十分でないため、まったく見えない、または見えにくい状態をいう。	「盲」と「弱視」とに大別される。「盲」は「まったく見えない」状態から「明暗の区別はつく」「目の前で出された指の本数はわかる」など、「弱視」は「視野が狭くて見えない」「色の違いがわからない」等、いずれもさまざまである。	○文字の拡大や色黒反転した教材、点字のタイプライター・拡大機器の使用や、照明の調節などが必要。 ○「あれ、それ」等の指示代名詞は使用せず、言語指示は簡潔に行い、指先の感覚、教師の声等に集中できるようにする。
聴覚障害 音や会話が聞こえにくい、またはほとんど聞こえない状態をいう。	周囲の音や言葉が小さくゆがんで聞こえるため、正確な聴き取りは難しく、発音や話す力が育ちにくい。	○補聴器、手話や指文字等のあらゆるコミュニケーション手段を活用する。 ○ICT等の情報機器の活用も有効。
知的障害 記憶・推理・判断等の知的機能の発達に遅れがあり、社会生活等への適応に支援が必要な状態をいう。	他人との意思の疎通が困難で、日常生活を営むのに多くの援助を必要とする。ダウン症、知的障害、自閉症、ADHD、てんかん等の障害がある。	○生活する力を高める教育が必要。 ○児童・生徒の障害の程度や発達段階に合わせた言語・運動や知識面を、実体験をとおしながら指導。
肢体不自由 身体の動きに関する器官が病気やけが等で損なわれたことにより、歩行・会話・筆記等、日常生活に困難が生じている状態をいう。	四肢や体幹に運動機能等の障害があり、移動することや日常の生活動作を行うことが困難な児童・生徒が多い。一定の姿勢を保つことが難しく、定期的に姿勢介助を行ったり、排泄や水分補給等の対応が必要な者もいる。	○医療的ケアを必要とする子どももいるため、医療との連携が必要。 ○障害の程度に応じてコンピューター等を有効に活用しながら、身体の動きの改善やコミュニケーション能力を育てる学習を実施。
病弱 慢性疾患や継続して医療・生活規制を要する状態をいう。 身体虚弱 病気にかかりやすいため、継続して生活規制が必要な状態をいう。	身体の病気だけではなく、精神疾患や心身症等の心の病気等の児童生徒も少なくない。病院から保護者の送迎で通学してくる児童・生徒が多いが、中には自宅から通う者もいる。	○医療や生活上の管理等への配慮が欠かせない。 ○治療している間の「学習空白」への保障が不可欠。 ○身体面や精神面の健康維持や改善を図る自立活動を行うこともある。 ○病院に併設した特別支援学校や分校、または病院内の院内学級で学ぶこともある。

青山新吾・長瀬拓也編著『ゼロから学べる特別支援教育』明治図書、2016年、宮崎英憲監修『教員をめざすあなたへ』ジアース教育新社、2017年をもとに作成

知っておくと役立つ話
復習や発展的な理解のために

合理的配慮

　12ページで述べましたが、2012（平成24）年公表の「共生社会の形成に向けたインクルーシブ教育システム構築のための特別支援教育の推進（報告）」で、5本柱の一つとして合理的配慮が提言されました。合理的配慮とは、個々に必要となる適切な変更や調整のことで、次の3つのポイントがあります。

> 1. 障害にともなう不利益について、これらを解消するための改善や変更を社会の側が行う。
> 2. 合理的配慮を行わないことは差別に当たる。
> 3. 障害のある人からの「社会的障壁の除去を必要としている」とする意思の表明と合意形成が必要。

　たとえば、視覚障害者には拡大教科書を使う、知的障害者には漢字にふりがなを振るなどが合理的配慮ですが、合理的配慮を説明している有名な絵があります。

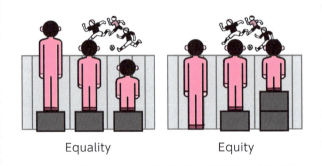

　この絵では、左のEqualityが「平等」、右のEquityが「公正」を表しています。「平等」はそれぞれの身長を考えず、全員に対して同じように踏み台を準備しましたが、右端の人はフェンスがじゃまになり試合がみえません。しかし、「公正」では、それぞれの身長に合わせて踏み台の個数を変えたので、全員が試合をみられます。このように、個に応じた支援を「合理的配慮」といいます。
　「平等」は公正さを推進させるために全員に対して同じものを与えます。しかし、左の絵は3人の身長が異なっており、右端の人にとっては「不平等」です。それに対して右の絵は、身長に合わせて踏み台が適切に配置されているので、公正さが担保されて平等が得られています。
　2016（平成28）年4月に「障害を理由とする差別の解消の推進に関する法律」（「障害者差別解消法」）が施行され、合理的配慮は国公立学校では法的義務を、私立学校では努力義務を負っています。校務分掌に合理的配慮の窓口を設けている学校もあります。
　残念ながら日本では一部に、障害のある人をはじめとするさまざまな困難をもっている人々への差別的な偏見が見受けられます。どのような支援（合理的配慮）をしたら「公正」なのかをしっかりと考えて支援につなげたいものです。

ちゃんとわかったかな？
復習問題にチャレンジ

類題（和歌山県　2017年）

次の(a)～(f)の人物と関係の深い事柄を、下の(ア)～(ケ)の中からそれぞれ1つ選び、その記号を書け。

(a)　柏倉松蔵　(b)　高木憲次　(c)　古河太四郎
(d)　石川倉次　(e)　脇田良吉　(f)　石井亮一

(ア)　京都に「盲唖院」を創設
(イ)　東京に肢体不自由児施設「柏学園」を創設
(ウ)　東京に知的障害児施設「滝乃川学園」を創設
(エ)　日本訓盲点字を考案
(オ)　長崎に知的障害児施設「のぎく寮」を創設
(カ)　東京に「整肢療護園」を創設
(キ)　京都に「白川学園」を創設
(ク)　滋賀に知的障害児等の教育を行う「近江学園」を創設
(ケ)　神奈川に「白十字会林間学校」を創設

第1講　特別支援教育とは

理解できたことをまとめておこう！
ノートテイキングページ

学習のヒント：配慮の必要な幼児・児童・生徒の担任になったときには、どのような支援ができるのか、14～15ページを見ながらまとめてみましょう。

第2講 発達障害とは

理解のポイント

発達障害の子どもたちが個々の能力を伸ばし、自立し社会参画していくためには、「気づき」と「理解」、そして私たちがチームとなって「教育支援連携」していくことが必要です。第2講では、発達障害について正しく理解し、教育支援者の一人として、どのように子どもをとらえ、関与者とどのように連携・協力して教育支援を行うのかについて一緒に考えていきましょう。

1 発達障害の子どもとは?

1 発達障害の特性

あなたはこれまでに、次のAさん、Bさん、Cさん、Dさんのような子どもたちに出会ったことがありますか?

> Aさん：運動会の練習を予定していましたが、始まる直前に雨が降ってきたので、急に延期になりました。Aさんが予定通り練習の準備をし始めたので止めると、大声をだして暴れました。
> 「教えてあげただけなのに・・・」
> 「なぜ大きな声をだしたのだろう?」

> Bさん：電車の話が大好きなBさん。はじめは周囲の子どもたちもBさんの話を聞いていましたが、10分たっても話は終わらず、とうとう休み時間が終わってしまいました。
> 「空気、よめないなぁ。もう話なんて聞きたくないな」
> 「休み時間が終わっているのに?」

> Cさん：Cさんは、黒板の字をノートに写しますが、授業が終わる時刻になっても書き終われません。感想文についても聞けば答えられるのに、プリントは白紙でだすことが多いです。
> 「書くことが苦手なのかな？ さぼっているのかな?」
> 「なぜ白紙でだすのだろう?」

> Dさん：Dさんの机の周囲はいつも散らかっています。
> 「プリント、どこかにいった」「ノート、忘れた!」
> Dさんはいつも何かを探していて落ち着きがありません。

いるいる！ これまでに出会ったことのある子どもたちですね。

> 「片づけたらいいのに・・・」「また忘れ物をして」
> 「なぜいつも散らかっているのだろう?」

多かれ少なかれ、これまでに出会ったことがある子どもたちの姿ではありませんか。発達障害の子どもは、このように、私たちの身近にいる子どもなのです。

2　発達障害の定義

発達障害は、「発達障害者支援法」によって定義されました。

この法律において発達障害とは、「自閉症、アスペルガー症候群その他の広汎性発達障害、学習障害、注意欠陥多動性障害その他これに類する脳機能の障害であってその症状が通常低年齢において発現するものとして政令で定めるもの」とされています。

また、同法律において、「『発達障害者』とは、発達障害がある者であって発達障害及び社会的障壁により日常生活又は社会生活に制限を受けるものをいい、『発達障害児』とは、発達障害者のうち18歳未満のものをいう」とされています。

このように発達障害は、広汎性発達障害（自閉症など）、学習障害、注意欠陥多動性障害など、脳機能の発達に関係する障害です。親のしつけや教育の問題ではありません。発達障害のある人は、他人との関係づくりやコミュニケーションなどがとても苦手ですが、優れた能力を発揮する場合もあり、まわりからみて、これらのアンバランスなようすが理解されにくい障害です。

発達障害の人たちが個々の能力を伸ばし、自立し社会参画していくためには、「気づき」と「理解」、そして、私たちがチームとなって「教育支援連携」していくことが必要です。

3　発達障害の分類

発達障害の子どもを理解するために、自閉症、アスペルガー症候群その他の広汎性発達障害、学習障害、注意欠陥多動性障害など、主な発達障害の定義、特徴をそれぞれ次に紹介します。

なお、ひと口に発達障害といってもさまざまな症状があり、複数の障害が合併している場合もあります。障害の程度や年齢（発達段階）、生活環

子どもを教育支援するためには、発達障害の定義や分類について理解しておきましょう！

プラスワン

脳機能
大脳はその場所によって機能が分化している。たとえば、前頭葉はものを考える、運動の指令をする、頭頂葉はものを感じ解析する、後頭葉は目からくる視覚情報を取り入れ解析する、側頭葉は記憶や言語、音の解析を行うなど。これらを脳の機能局在とよぶ。

境などによっても症状は異なります。発達障害は多様であることを理解しましょう（図表2-1）。

図表2-1　発達障害の分類図

- 言葉の発達の遅れ
- コミュニケーションの障害
- 対人関係・社会性の障害
- パターン化した行動、こだわり

知的な遅れを伴うこともある

自閉症

広汎性発達障害
アスペルガー症候群

- 基本的に、言葉の発達の遅れはない
- コミュニケーションの障害
- 対人関係・社会性の障害
- パターン化した行動、興味・関心のかたより
- 不器用（言語発達に比べて）

注意欠陥多動性障害 ADHD
- 不注意（集中できない）
- 多動・多弁（じっとしていられない）
- 衝動的に行動する（考えるよりも先に動く）

学習障害 LD
- 「読む」「書く」「計算する」等の能力が、全体的な知的発達に比べて極端に苦手

政府広報オンライン「発達障害ってなんだろう?」をもとに作成

① 自閉症（Autistic Disorder）の定義

　自閉症とは、3歳ぐらいまでに現れ、他人との社会的関係の形成の困難さ、言葉の発達の遅れ、興味や関心が狭く特定のものにこだわることを特徴とする行動の障害であり、中枢神経系*に何らかの要因による機能不全があると推定される。

② 高機能自閉症（High-Functioning Autism）の定義

　高機能自閉症とは、3歳ぐらいまでに現れ、他人との社会的関係の形成の困難さ、言葉の発達の遅れ、興味や関心が狭く特定のものにこだわることを特徴とする行動の障害である自閉症のうち、知的発達の遅れをともなわないものをいう。また、中枢神経系に何らかの要因による機能不全があると推定される。

※アスペルガー症候群とは、知的発達の遅れをともなわず、かつ、自閉症の特徴のうち言葉の発達の遅れをともなわないものである。なお、高機能自閉症やアスペルガー症候群は、広汎性発達障害に分類されるものである。

③ 学習障害（Learning Disabilities：LD）の定義

　学習障害とは、基本的には全般的な知的発達に遅れはないが、聞く、話す、読む、書く、計算するまたは推論する能力のうち特定のものの習得と使用に著しい困難を示すさまざまな状態を指すものである。

　学習障害は、その原因として、中枢神経系に何らかの機能障害があると推定されるが、視覚障害、聴覚障害、知的障害、情緒障害などの障害や、

プラスワン

神経

私たちの体は約60兆個の細胞で構成されている。これらの細胞が互いに連結し、情報伝達の役割をする組織として神経系がある。神経系はシグナルを伝えるための連絡網として重要な役割を果たしている。たとえば、ものをみるときや痛みを感じるとき、刺激がシグナルとして神経系を通って伝わることで脳が感知する。これによって、映像として感知したり、ズキズキした痛みを感じたりする。

語句説明

中枢神経系

神経系は大きく中枢神経と末梢神経に分類され、そのうち中枢神経は脳と脊髄のことを指す。

環境的な要因が直接の原因となるものではない。

④ 注意欠陥多動性障害（Attention-Deficit/Hyperactivity Disorder：ADHD）の定義

　ADHDとは、年齢あるいは発達に不釣り合いな注意力、および／または衝動性、多動性を特徴とする行動の障害で、社会的な活動や学業の機能に支障をきたすものである。

　また、7歳以前に現れ、その状態が継続し、中枢神経系に何らかの要因による機能不全があると推定される。

（①、②、④は2003 [平成15] 年3月の「今後の特別支援教育の在り方について（最終報告）」参考資料より、③は1999 [平成11] 年7月の「学習障害児に対する指導について（報告）」より抜粋）

> 発達障害には、さまざまな症状があり、重なり合ったりしているのですね。目の前の子どもの行動の特徴をとらえましょう！

ディスカッションしてみよう！

発達障害の子どもが示す困難さの一つである「書く」について体験し、子どもへの理解を深めましょう。
（用意する物：軍手、学習プリントかノート、鉛筆）

軍手をはめて、プリントやノートに書いてみましょう。子どもが感じている書きにくさを体験してみましょう。
そのあと、体験したことを子どもや教師の立場になって話し合ってみましょう。

たとえば・・・

> 20ページの出会ったことのある子どもたちの姿には
> Aさん：自閉症
> Bさん：高機能自閉症
> Cさん：学習障害
> Dさん：注意欠陥多動性障害
> の特徴が見られますね

2　発達障害のある子どもへの教育支援

1　発達障害のある子どもの困難さ（二次障害）

　ここまでは、発達障害の子どもたちを外側からみてきました。次は、発達障害のある子どもの内側からみてみましょう。発達障害の子どもたちは、たとえば学校でどのような思いをして過ごしているのでしょう。以下に4人の子どもたちの思いを紹介します。

子ども自身が困っていたのですね。

Aさん：今日は運動会の練習があるので、朝から体操服の準備をしていました。時間になったので、体操服に着がえて練習に出発しようと思っていたのですが、皆が私の周囲で騒いでいます。それでも練習に行かなくてはいけないので行こうとすると、皆の声は大きくなり、私の体操服を引っ張ったり、私の体を押さえようとしたりするので、私は何が何だかわからなくなって、その人たちを振り切り「やめて!」と大声で叫び、泣いてしまいました。

Bさん：僕は電車が大好きです。休み時間に僕が電車の話をし始めると、皆がおもしろがって聞くので、「○○線」「○○系」と電車の話を続けます。気がつくといつも授業が始まり、誰もいなくなっています。次の休み時間に続きの話をしようとしたら、皆は僕から離れていき、誰も聞いてくれなくなりました。仲よくなったと思っていたのに。

Cさん：「書けた？ まだ？ 早く書こうね」と私はいつも先生や友だちに叱られます。黒板の字はみえづらいし、黒板の字を何とか読み取っても、ノートをみると何を書くのか忘れてしまいます。だから途中で書くことが嫌になってしまい、また叱られます。

Dさん：「あれ？ プリント、さっきあったんだけど」「しまった、ノート、忘れた!」どうして物がなくなるのだろう。どうして忘れてしまうのだろう。また先生や友だちに叱られるなぁ。困ったなぁ。

どうでしょうか？ ここで紹介した4人の子どもたちは、最初に紹介したAさん、Bさん、Cさん、Dさんでした。発達障害の子どもたち本人は、このように思っていたのですね。

このように、大部分の子どもたちには苦もなくできることが、その子にとっては難しく、そのために日常生活や学習面で非常に困っているという場合があります。そして、日常生活や学習面で困難を抱えていても、障害とは気づかれにくく、必要な教育支援を受けることができずに困っていることがあります。また、育て方に問題があるとの誤解も受けやすく、保護者がつらい思いをすることも少なくありません。子どもは、わざと問題を起こしているわけでも、本人の努力が足りないわけでもありません。本人は一生懸命やっているけれどもうまくいかない、そしてうまくいかないことを責められます。

このような周囲の理解不足から、否定的な評価や叱責などの不適切な対応が積み重なると、否定的な自己イメージをもったり、自尊心が低下したりします。そのことによって情緒の不安定、反抗的な行動、深刻な不適応の状態などを招くことがあります。

発達障害は、本人と周囲の環境との関係が大きく、とかく「自分勝手」「わがまま」「変わった人」「困った人」と誤解され、敬遠されることも少なくありません。そのために、発達障害であるがゆえに、その後さまざまなス

トレスから症状があらわれることがあります。これを二次障害と呼びます。

この二次障害には、たとえば、不安・気分の落ち込み・強迫症状・対人恐怖のような精神疾患の発症、ひきこもり、不登校など、情緒的問題として自己の内的な苦痛を生じるといった内在化障害や、極端な反抗、暴力、家出、反社会的犯罪行為など、行動上の問題として他者に向けて表現する外在化障害になることがあります。このような二次障害にならないためには、一人ひとりの発達特性を理解し、正しく教育支援することが必要となります。そのためにはまず、保護者や教師、周囲の教育支援者が、障害の存在に気づき、その子どもを理解しようとすることが大切です。

2　発達障害の子どもの理解

発達障害の子どもを理解するためには、まず発達障害の定義や分類、それぞれの特徴を知り、関わっていくことが大切です。

しかし、はじめにもいいましたが、ひと口に発達障害といってもさまざまな症状があり、複数の障害が合併している場合もあります。障害の程度や年齢（発達段階）、生活環境などによってもようすは異なります。

ですから、子どものようすから気づいたことを、発達障害についての知識と照らし合わせ、さらに子どもの特性をとらえて、適切な対応、教育支援をすることが重要です。

はじめの気づきは、保護者や教師、子どもの身近な教育支援者です。

日常生活のなかで、たとえば、「言葉が出ない・遅い」「視線が合わない」「感情の共有ができない」「周囲のことがみえていない」「相手の気持ちがわからない」「特定の事物を過剰に恐がる」などのようすがみられたり、「ちょっとしたことで大泣きしたり手がでたりする」といったパニックが起こったりするということがあります。保護者や教師は、「なんか、変だな」「困ったな」と思いつつも、毎日のことなので、その場で対処して過ごしてしまいます。特に知的障害のない発達障害の子どもなどは、「ちょっと変わった子」という言葉だけで片づけられてしまうこともあります。

このようなようすがみられたとき、その子どもの行動の原因が、養育によるのか、環境によるのか、それとも発達障害によるのかについて、感覚に頼るのではなく状況を詳細に分析し、それぞれの可能性を十分に検討することが大切です。その行動の原因を探るときに「発達障害かもしれない」という視点を入れておくことも必要です。

繰り返しますが、保護者や教師といった身近な教育支援者の「気づき」が、その子どもの一生涯にわたって重要な教育支援のスタートとなりうることを十分に自覚しておく必要があります。子どもにとって適切な関わり方、教育支援をすることで、二次障害を防ぎ、適切な発達を促すことができます。

では次に、教育支援者が子どもの何らかのようすから、「なんか、変だな」「発達障害かもしれない」と気づいたり、あるいは相談されたりしたときにはどうすればよいでしょうか。

このようなときは、「ようすをみましょう」と先送りするのではなく、

あなたの「気づき」が教育支援のスタートになりますよ。

まずは適切な療育・指導が受けられる「専門機関」へつなげることが大切です。発達障害であると診断できるのは、内科・心療内科・精神科などの医師です。診断は、現在の困難の原因を突き止め、子どもの特性や状態に応じて適切な対応をしていく第一歩になります。発達障害を治すのではなく、特性を生かして豊かな生活を営むようにすることが大事です。

　そこで教育支援者は、医師による診断を受けさせるだけではなく、診断後に子どもが適切な教育支援が受けられるようにつなげていきます。子どものすぐ近くにいる教育支援者は、子どもが感じている困難さに気づき、その特性について把握し理解を深めます。そして、子どもが学校や家庭で起こす悪循環的な不適応状態を好転させ、特性として折り合えるように、子どもの生活や学習の環境を整え、支えていきます。

3　発達障害のある子どもの支援のポイント

　前述の4人の子どもたち（Aさん、Bさん、Cさん、Dさん）のようすを思いだしてください。子どもたちはときに、泣き叫んだり、敬遠されたり、叱られたりしますが、その場面ごとに、本人それぞれの思いがあり、原因がありました。それは単なる「自分勝手」や「わがまま」ではありませんでした。

　発達障害のある子どもを教育支援するときには必ず、その子どもが受け止めている世界を理解するように努めます。なぜ、大声で泣き叫んだのだろうか、なぜいつも一人でいるのだろうか、なぜいつも書くことが遅いのだろうか、なぜ忘れ物をするのだろうかと考えるのです。もちろん、各個人が抱く細かな認識の齟齬を完全に埋めることは難しいですが、子どもを理解しようとする教育支援者のこのような行動は、必ず子ども本人に伝わります。

　子どもと一緒に、保護者も教師も、子どものまわりにいる教育支援者全員で、起こっている問題の原因を考えましょう。そして原因がわかったら、次はそれぞれの役割でできる教育支援を考え、実行していきましょう。皆で考え、連携・協力しながら教育支援をしていくことで、子どもの成長・発達は促され、確実にその子どもの自立、社会参画へとつながっていきます。

4　発達障害の子どもへの教育支援連携

　発達障害の子どもたちの成長・発達において、保護者や家族と、教師や学校、医療・福祉機関等、教育支援者が連携し、協力し合うことはとても大切です。保護者や家族を抜きにして、子どもを支えることはできません

し、学校でのようすをくわしく把握できるのは、担任教師や学校関係者だけです。医師は、家庭や学校の日常生活のようすから必要な情報を得て診断します。

　子どもに関与する教育支援者たちがそれぞれに子どもをみつめて情報を収集し、互いの情報を共有することで子どもへの理解が深まり、次にどのように教育支援、連携・協力すればよいのかがみえてきます。

　ところが現状は、従来からのさまざまな方法で、保護者も教師も、医療・福祉も、それぞれで情報を収集しているにもかかわらず、それらがうまく共有できず、結果として立場の違いや言葉による誤解、情報不足、不安、不信、情報の一方通行といったことが起こり、形だけの連携・協力がみられます。

　そこで今、発達障害の子どもを一生涯にわたって支援・連携していくシステムの構築が切望され、模索されています。

> 私は何ができるかな？　と考えることが大切です。

ディスカッションしてみよう！

発達障害の子どものようすを具体的にイメージしながら、学級担任として、具体的な教育支援の内容を考え、みんなで話し合ってみましょう！
　Aさんへの教育支援は？
　Bさんへの教育支援は？
　Cさんへの教育支援は？
　Dさんへの教育支援は？

たとえば・・・

5　ICT「デジタル連絡帳アプリ」を活用した教育支援連携モデル

　ここでは、筆者が代表をつとめる特別支援ICT研究会が考案した「デジタル連絡帳アプリ」を活用した教育支援連携モデルを紹介します。

　ここでいう教育支援連携とは、「子供達の自立と社会参画を目指して、学校・教師・保護者が繋がり、チームとして協働作用が誘発され、子供達の行動変容を起こす教育的活動」のことをいいます。つまり、ICT「デジタル連絡帳アプリ」を活用した教育支援連携モデルとは、「デジタル連絡帳アプリ」を活用することによって、学校・教師・保護者がつながり、チームとなって連携して、より効果的な教育的活動を行い、子どもたちの自立と社会参画を実現する教育支援連携システムのことです。

> **プラスワン**
>
> **特別支援ICT研究会**
>
> くわしくは、下記を参照。
> https://specialsupport-ictlabo.jimdo.com

また、ここで活用するICT「デジタル連絡帳アプリ」とは、日常の子どもの生活・学習情報を、保護者・教師・学校がパソコンやタブレット、スマートフォンを使って情報の共有やデータの活用ができ、チームとして教育支援連携できるアプリです（図表2-2）。

図表2-2　ICT「デジタル連絡帳アプリ」を活用した教育支援連携モデル

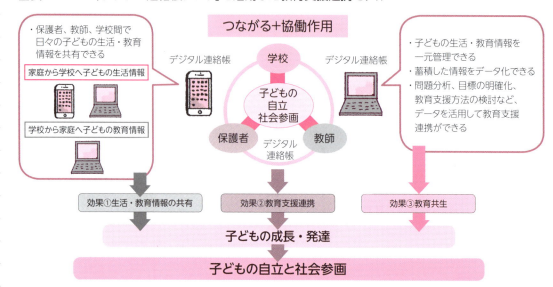

　では、次にICT「デジタル連絡帳アプリ」を活用した教育支援連携モデルの3つの効果を以下に紹介します。

① 生活・教育情報の共有：子どもたちの成長・発達につながる

　ICT「デジタル連絡帳アプリ」を活用した教育支援連携モデルの効果の一つ目は、毎日の子どもの生活・学習情報が、子ども・保護者・教師・学校間でリアルタイムに情報共有できることです（29ページ写真参照）。

　その一例としてA特別支援学校小学部（以下A校）の実践を紹介します。A校では毎朝「朝の会」という授業のなかで、子どもたちと教師、教師と教師が、子ども一人ひとりの健康状態や家庭でのようすを確認し合う時間を設定しています。教材は「連絡帳（紙ベース）」に書かれた保護者からの子どもの情報であり、教師が口頭で読み上げていました。たとえば、「〇〇ちゃん、昨日お手伝いしたそうです」というようにです。しかしこれらの言葉だけの情報からでは、実際にどのようなお手伝いをしたのかというイメージの共有は難しく、子どもたちは一方的に聞く授業になっていました。

　ところが、「デジタル連絡帳アプリ」を活用すると、子どもの情報は写真や動画によって伝わります。映像のなかで、「ハンバーグの具をこねている〇〇ちゃんのお手伝いのようす」がわかります。自分が主人公となった子どもも周囲の子どもたちも、皆が映像に注目し、強い興味・関心を示します。そして、映像に自分が映っている子どもは指さして、「みて！みて！」と、友だちや教師に必死に伝えようとする姿が現れ、身振りや音

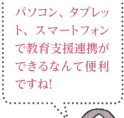

パソコン、タブレット、スマートフォンで教育支援連携ができるなんて便利ですね！

声を使いながら話し続けます。「デジタル連絡帳アプリ」の活用によって、コミュニケーション力が向上したのです。

さらに、映像をみた子どもたちや教師は、「○○ちゃん、すごいね！」「がんばったね！」と互いに認め合う姿が生まれました。子どもたち一人ひとりに、褒められる・認められる機会が増えたのです。このことは学校だけでなく、家庭の家族間でも同様の姿がみられました。

「デジタル連絡帳アプリ」によって、子どもの生活・学習情報が共有できるようになったことで、子どもが主人公となり、みずから伝えたくなる気持ちが育ってコミュニケーション力が向上し、そして伝えたいことが伝わったという達成感や、皆から認められてうれしいという自己肯定感の高まりといった子どもの成長・発達に効果がありました。

子どもたち、自分の表現で、一生懸命に伝えようとしていますね。楽しそうですね。

② 教育支援連携：教師・保護者・学校がつながる

効果の二つ目は、保護者と教師、教師と学校、学校と保護者がつながり、自然に教育支援連携が誘発されたことです。

たとえば、「デジタル連絡帳アプリ」の給食場面の映像から、おはしの持ち方について、保護者と教師が協働で教育支援することで、Aさんはおはしが使えるようになりました。また教師同士や管理職とは、日常的な子どもの困りごとを、映像などのデータをみながら話し、相談し合えるようになりました。また、家族間では常に子どものことが話題となり、母親も父親も、兄弟、姉妹も祖父母も、子どもの日々の生活・教育情報を映像で共有できることから、子どもへの理解が深まり、「それなら今度は私が」と教育支援連携の一歩が始まりました。

ICT「デジタル連絡帳アプリ」の活用によって、保護者、教師、学校、家族という子どもに一番の関与者である私たちがつながり、情報が共有でき、それぞれの役割から自然に教育支援連携が誘発される協働作用の効果は、子どもの自立と社会参画に向けて大きな力となります。

おじいちゃん、おばあちゃんにも、学習のようすを毎日みてもらえれば、安心してもらえますね。これは教育支援につながりますね！

③ 教育共生：教え教えられ育ち育てられ、ともに生きる

効果の三つ目は、教え教えられ、育ち育てられ、ともに生きる教育共生です。「デジタル連絡帳アプリ」の映像を分析してみると、子どもが家庭や学校生活で興味・関心のあったこと、好きなこと、がんばったことなどといった、子どものよいところについての話題が圧倒的に多いことがわかりました。私たちはよく「子どものよいところをみるようにしましょう」といいますが、「デジタル連絡帳アプリ」を活用すれば自然に、子どものよいところ探し、つまり美点凝視が誘発され、子ども・教師・保護者がチームとなり、教育支援連携が形成されます。日々の何気ないしぐさや生活の

教育支援者が成長することも大事！

なかにも、子どもの成長・発達があり、そのことを保護者や教師が気づき、意識し、子どもを褒める、認めるようになる……これは、保護者や教師自身の成長の現れです。まさに子どもとともに、教育支援者も、教え教えられ、育ち育てられ、ともに生きる、教育共生です。

以上、ICT「デジタル連絡帳アプリ」を活用した教育支援連携モデルによる効果の一例を紹介しました。

今後、家庭・学校・地域などによるチーム支援・連携は、ますます重要視されると考えられ、情報の共有化の必要性は加速度を増し、関係諸機関は子ども情報のオープン化を求められることになるでしょう。これは教育支援の資質が問われることでもあり、それぞれの教育支援者はその専門性を生かし、より専門的な力を発揮していくことにつながると思います。

3 発達障害の子どもたちの自立と社会参画のために

発達障害の子どもたちのよりよい自立と社会参画のためには、保護者や家族と、教師や学校、医療・福祉機関などが、互いに専門性を生かし知恵を出し合い、連携・協力しながら教育支援していくことが必要です。

子どもたち一人ひとりが、特別な才能をもつかけがえのない存在です。子どもたちの自立と社会参画に携わることは、とてもやりがいのあることです。私たちは常に、子どもたちの健やかな成長・発達を願っています。

子どもたちは、あなたを待っています。子どもたちの自立と社会参画をめざして、ともに教育支援に使命感をもって努力していきましょう。

自立と社会参画のためのICTを活用した教育支援連携モデルですね！

発達障害についてもっと知りたいときに役立つ情報サイト

- 文部科学省「特別支援教育について　発達障害とは」
- 厚生労働省「知ることからはじめよう　みんなのメンタルヘルス　発達障害」
- 政府広報オンライン「発達障害って、なんだろう？」
- 内閣府「障害者施策」
- 国立障害者リハビリテーションセンター「発達障害情報・支援センター」
- 独立行政法人　国立特別支援教育総合研究所「発達障害教育推進センター」
- 国立独立行政法人　国立精神・神経医療研究センター
- 国立研究開発法人　国立成育医療研究センター「子どもの心の診療ネットワーク事業」
- 特別支援ＩＣＴ研究会「デジタル連絡帳アプリ」サイボウズ株式会社「kintone（キントーン）」

> ミニコラム

発達障害の診断基準

　わが国で発達障害の診断基準として使われているのは、世界保健機関（WHO）が公表している「疾病及び関連保健問題の国際統計分類（以下、ICD）」と、アメリカ精神医学会が公表している「精神障害の診断・統計マニュアル（以下、DSM）」の2つです。行政や司法の場では、ICDの最新版である『ICD-10（1990：国際疾病分類）』が主に使われています。たとえば、「発達障害者支援法」においては、「発達障害」をICD10に基づいて定義しています。

　1990年代に公表された『ICD-10』と『DSM-Ⅳ』では、広汎性発達障害という大きなグループのなかに、自閉症やアスペルガー症候群、また特定不能の広汎性発達障害（PDD-NOS）などが分類されていました。しかし、2013（平成25）年に公表されたDSMの最新版である『DSM-5』では、細かい分類をなくし、「自閉スペクトラム症」という大きな1つのくくりにまとめられました。2018（平成30）年6月に公表された『ICD-11』でも同様に、自閉スペクトラム症にまとめられました。つまり広汎性発達障害やアスペルガー症候群は一世代前の、自閉スペクトラム症は現在の診断名ということができます。

●発達障害の診断基準の変遷

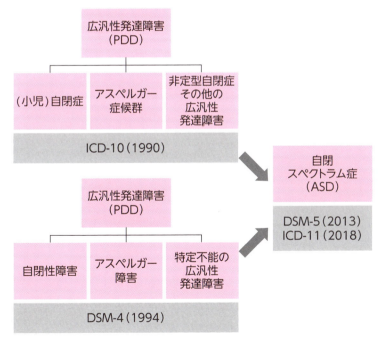

> 復習や発展的な理解のために
> **知っておくと役立つ話**

これからの子どもたちの自立と社会参画のための「教育支援連携モデル」

　近年、情報通信技術（ICT）を活用して教育をよりよくしていこうという動きが活発です。ICTによって、学校と家庭、地域などがつながることにより、教育支援チームが形成でき、協働作用が誘発されて新たな価値を生みだす社会づくりが可能になると考えられます。現状の子どもたちの生活環境をみると、スマートフォンやタブレット、PCが日常的にあり、生活道具の一つとなっています。今後はますますICTが子どもたちを教育支援するための必需品となり、何に使うか、何ができるか、どのように使うか、といった真価が問われるようになることでしょう。

　たとえば、本講で紹介した「デジタル連絡帳アプリ」についても、今後は活用範囲が広がり、さまざまな面で、人と人、人と情報をつなぐチーム活動連携ツールとしての活用が考えられます。

　日々、家庭と学校が蓄積していく子どもの情報は、「個別の教育支援計画」「個別の指導計画」「教育課程（カリキュラム）」「授業」「家庭学習」などの情報と連動することによって、子どもの成長・発達のための組織的・体系的な教育支援連携システムの構築へと発展していくことを望んでいます。

　また現在、「連絡帳（紙ベース）」などを使用している特別支援学校、特別支援学級、保育所・幼稚園、放課後等デイサービス、福祉施設、医療といった、子どもが関わる関係諸機関がつながることで、子どもの情報を生涯にわたり一元管理でき、効果的な情報活用ができるようになるでしょう。

　ICT「デジタル連絡帳アプリ」の活用による教育支援連携活動が、情報オープン化への風穴を開け、子どもの成長・発達を促進するための教育力・支援力の向上を促す働きの一つになり、子どもたちの自立と社会参画をめざす教育的活動がより強化されることを確信します。今後はICTの新たなる情報活用の発展が期待されます。何を、どのように使うかを考え、決めるのは、私たち教育支援者です。

　子どもたちの自立と社会参画のために、ICT「デジタル連絡帳アプリ」を活用した教育支援連携モデルを実践・展開していきましょう。

●子どもたちの自立と社会参画のための「教育支援連携モデル」の構図

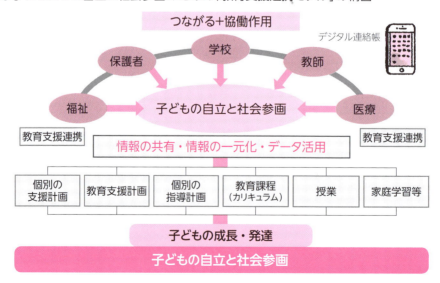

ちゃんとわかったかな？
復習問題にチャレンジ

類題（岐阜県　2017 年）

> 下の①〜⑤の文章の中から、文部科学省が示す主な発達障害の定義についての記述として、正しくないものを一つ選べ。

① 自閉症とは、3歳位までに現れ、他人との社会的関係の形成の困難さ、言葉の発達の遅れ、興味や関心が狭く特定のものにこだわることを特徴とする行動の障害であり、中枢神経系に何らかの要因による機能不全があると推定される。

② 高機能自閉症とは、自閉症のうち、知的発達の遅れを伴わないものをいう。
また、中枢神経系に何らかの要因による機能不全があると推定される。

③ 学習障害とは、基本的には全般的な知的発達に遅れはないが、聞く、話す、読む、書く、計算する又は推論する能力のうち特定のものの習得と使用に著しい困難を示す様々な状態を指すものである。
学習障害は、その原因として、中枢神経系に何らかの機能障害があると推定されるとともに、視覚障害、聴覚障害、知的障害、情緒障害などの障害や、環境的な要因も直接の原因となるものである。

④ ADHDとは、年齢あるいは発達に不釣り合いな注意力、及び（又は）衝動性、多動性を特徴とする行動の障害で、社会的な活動や学業の機能に支障をきたすものである。
また、7歳以前に現れ、その状態が継続し、中枢神経系に何らかの要因による機能不全があると推定される。

⑤ アスペルガー症候群とは、知的発達の遅れを伴わず、かつ、自閉症の特徴のうち言葉の発達の遅れを伴わないものである。なお高機能自閉症やアスペルガー症候群は、広汎性発達障害に分類されるものである。

第 2 講　発達障害とは

理解できたことをまとめておこう！
ノートテイキングページ

学習のヒント：子どものようすから、「あれ？　何か変だな」と気づいたときに、どうすればよいかをまとめておきましょう。

第3講 特別支援教育におけるアクティブラーニング

理解のポイント

「特別支援学校学習指導要領」の改訂にともない、特別支援教育においても、アクティブラーニングの視点を踏まえた指導法の充実が求められるようになってきています。第3講では、知的障害や知的障害をともなった自閉症スペクトラム障害のある子ども（知的障害児）を中心に、その困難さを理解し、不安の軽減と助け合う方法、学習の見通しによって主体的な学びを育てる具体的な指導のあり方を学びましょう。

1 特別支援教育の混乱のなかで

1 心を閉ざしてしまった子どもたち

『先生のためのアイディアブック』（ジェイコブズ、パワー、イン共著、関田一彦監訳、ナカニシヤ出版、2005年）では、「理解度の高低や障害の有無も子どもたちの多様性と捉えれば、学習者の多様性を積極的に活かそうとする協同学習＊は、特別な支援が必要な児童・生徒にとっても有効な指導法になるはず」と述べられています。では、特別支援教育の場で、協同学習の理論と技法を取り入れたら、知的障害や知的障害をともなった自閉症スペクトラム障害のある子ども（以下、「知的障害児」とする）は、すぐに学習に取り組めるようになるのでしょうか。実際には、いくら協同学習が有効な指導法といっても、学習や生活の場面で失敗経験を繰り返し、自尊感情も学習意欲も低めてしまっている知的障害児にとっては、受け入れにくいものかもしれません。

特別支援教育の場に協同学習を取り入れるためには、支援が必要な子どもの置かれる状況を十分に把握することが必要です。特殊教育が特別支援教育と改められ、以前は養護学校（現・特別支援学校）に通っていた障害児が、居住校区の小学校や中学校に通うことも現在では可能になってきました。小学校・中学校には特別支援学級が設置され、自治体によっては通常の学級との「交流及び共同学習」の時間も増えています。その結果、どのようなことが起きるか、考えてみましょう。

通常の学級の子どもたちは、以前はほとんど接することがなかった知的障害児とともに生活・学習をすることになったのです。これは、通常の学級の担任教師にとっても同じことです。どのように接してよいのかわからないというのが本音ではないでしょうか。さらに、「通常の学級に在籍する発達障害の可能性のある特別な教育的支援を必要とする児童生徒に関す

重要語句

協同学習

生徒が一緒に取り組むことによって、自分の学びと仲間の学びを最大限に高める学習方法。対人技能や小集団の運営技能の促進も期待できる。

残念ながら、特別支援教育は自治体によって差があるのです

る調査」(文部科学省、2012年)によると、通常の学級には知的発達に遅れはないものの学習面または行動面で著しい困難を示すとされた児童・生徒の割合は6.5％となっています。通常の学級の子どもたちや担任教師の混乱する状況を想像してみましょう。そして、その混乱に巻き込まれる障害児についても、想像してみましょう。まわりの不適切な対応は、二次障害を招きます。その結果、自尊感情を傷つけられ、学習意欲どころではない障害児が、心を閉ざしてしまう状況が理解できるのではないでしょうか。

2 心を開き、心をつなぐ協同学習

すでに第1講で述べていますが、特殊教育から特別支援教育となり、その子どものもつ個性・特長を伸ばすことを目標として、自主的で主体的な活動を支援することに重点が置かれるようになってきました。それを可能にするには、心を開き、心をつなぐ明確なステップが必要です。

まず、前項に示したように、障害児が心を閉ざしている状況から考えます。障害児は、楽しそうな学習課題を前にしても、「失敗するかもしれない」「笑われるかもしれない」「叱られるかもしれない」という不安がいっぱいで、一歩を踏みだすことができません。「できるかもしれない」と一歩を踏みだせるように環境を整えてやることが、最初の取り組みです。

しかし、「できるかもしれない」と一歩を踏みだすことができても、またすぐに立ち止まってしまいます。そして、「やっぱり無理だ」とあきらめてしまうのです。そこで、「わからなくてもだいじょうぶ！ 仲間がいる」と、活動や話し合いの方法を示し、仲間の存在を感じさせます。それでも、長期間にわたる学習は、子どもたちに、先のみえないトンネルのような大きな不安を感じさせてしまいます。今度は、「こうすれば、だいじょうぶ！」と思えるように、問題解決の手順や1時間の展開、単元全体のゴールなど学習のステップがみえる工夫をします。さらに、「なるほど、そういうことか」と、学習内容が自分たちの生活と直結していることに気づかせることができれば、子どもたちは安心して学習に取り組むことができるのです。「心を開き、心をつなぐ協同学習の指導過程」(図表3-1)の詳細については、第2節以降で述べます。

図表3-1 心を開き、心をつなぐ協同学習の指導過程

> **環境づくり**
> 不安を軽減する「できるかもしれない」
> **仲間づくり**
> 活動・話し合いの方法を提示「わからなくてもだいじょうぶ、仲間がいる」
> **授業づくり**
> 学習のステップを明示「こうすれば、だいじょうぶ！」
> 生活と直結する学習「なるほど、そういうことか」

2 不安軽減の環境づくり

1 不安を軽減させるためには

　学習の準備・あと片づけをしようとしない子ども、話を最後まで聞かずすぐ口だしする子ども、家庭学習が身につかず忘れものが続く子ども、毎日のように友だちとけんかしてしまう子ども、学級のルールを守らず勝手な行動が目立つ子ども、叱ると教室を飛びだしたり固まったりしてしまう子どもなど、問題が表面化している子どもは、特別支援学級はもちろん、どこの学級でもみられるのではないでしょうか。このような子どもたちを、子どもたちに関わる大人が「……しない」困った子として否定的にみてしまうと、注意・叱責の対象としてしか見えなくなってしまいます。

　しかし、このような子どもたちを、何らかの理由（障害など）で「……できない」困難さをもった子なのかもしれないと肯定的に受け入れてみると、支援の対象としてみることができるかもしれません。

　『子どもの見方がかわるICF――特別支援教育への活用』（西村修一、クリエイツかもがわ、2009年）では、「心身に障害を有する子どもたちが社会参加や自立を果たす上での切実な問題の多くは、環境等との関連から生ずる二次的な障害（困難）であり、ICFはそれらの困難を予防したり改善したりしていく上での重要な見方や考え方の鍵」となるとし、学習上または生活上の困難の発生要因を、子どもの心身の障害によるものとして限定せず、多面的・総合的にとらえて支援・援助のあり方を見いだしていくことの必要性を述べています。

　たとえば知的障害児は、さまざまな場面で不適応行動を起こします。その不適応行動を、「環境等との関連から生ずる二次的な障害（困難）」としてみることで、一人ひとりの困難さを理解し、環境を改善することの大切さがみえてくるでしょう。

ディスカッションしてみよう！

A児は、パニックになると、教室を飛びだしたり大声をだしたりしてしまいます。B児は、指示されるまで動きません。授業中もぼんやりしてしまいます。C児は、最後まで話を聞こうとせず、すぐに横から口をだしてしまいます。この3人の困難さを想像し、ブレインストーミング方式*で、みんなで話し合ってみましょう。

たとえば・・・

語句説明

ブレインストーミング

発言は質より量を重視し、連想したことを自由に発言していく方法。たとえば、ディスカッションにおける一つひとつの発言を付せん紙に書き、それを樹形図に表す等の方法がある。

2 困難さに応じた環境づくり

「できるかもしれない」と思えるような環境づくりは、個々の困難さを十分に把握するところから始まります。知的障害といっても、その現れ方は人それぞれです。困難さも、その現れ方や現れる程度もさまざまですので、個別の環境づくりが必要になります。いくつかの事例をもとに、個別の困難さに応じた環境づくりについて考えてみましょう。

【①教室を飛びだしてしまうA児の場合】集中できる環境を
［状態］
- パニックが原因で、幼稚園から退園を求められた。
- 小学校に入学後も、パニックを繰り返す。
- 絵が描けずに、画用紙を破り、大声をだして、教室を飛びだす。
- 「おはじきを2個と2個、合わせていくつ？」と手で隠すと、「4個」と答えるが、「2個と3個」にすると、答えられない。
- 落ち着きがなく、今にも泣きだしそうな表情をみせることがある。

［困難さ］
絵が描けない、数の合成が理解できないのが、パニックの原因なのか？　まわりのものが気になりだすと、集中できなくなるのでは！

［手だて］
- 朝、教室に入ったときに、「今日は、できるかも！」と思わせる環境。
- 不安につながりそうな刺激は、すべて排除。
  前面黒板のまわりの掲示物を、側面、背面に移動。移動できないものはカーテン、ついたてで隠す。
- 学習グループは、ゆっくりじっくり取り組めそうな子どもたちで構成。
- 具体物の操作を繰り返し、スモールステップで成功経験を積み上げる。
- 声かけは、「すごいね」「さすがだね」。

算数の基本的な知識も必要ですよ。

【②ぼんやりしてしまうB児の場合】生活全体に見通しを
［状態］
- 生まれたときから入退院を繰り返してきた。
- 登下校は母親と、学校では特別支援教育支援員と過ごす時間が多い。
- みずから行動することは少なく、まわりの支援を待っている。
- 教室移動では、遅刻、忘れ物を繰り返す。
- ランドセルに、必要のない学習用具までびっしり詰め込む。

［困難さ］
ぼんやりしてしまうのは、支援を待ってしまうからなのか？　毎日の生活に見通しをもてていないのが原因なのでは！

［手だて］
- 前の週の金曜日には、特別支援学級の学習計画を立て、学級通信にして、時間割と学習内容、用意するものなどを、本人・保護者に伝

える。
- 当日の時間割と1週間の計画をホワイトボードに書きだす。
- 学習時間には、声をかけてくれそうな子どもとペアにする。
- 2回めには「やってみようかな」と思えるようなチャンスを用意。
- ヒントがみえるような板書を工夫する。

【③すぐに横から口をだしてしまうC児の場合】学習の見通しを明らかに

［状態］
- 相手の話を最後まで聞かず、横から口をだしてしまう。
- 思い通りにならないと、すぐにけんかをする。
- 片づけができず、宿題も学習用具も忘れてばかりいる。

［困難さ］
「注意欠陥」とされるADHDが原因なのか？ 欠陥なのではなく、対象から連想できるものに、次々と注意が向けられているようにみえる！

［手だて］
- 学習から連想できるもの、学習の見通しをあらかじめ板書し、誘導していく。始業のチャイムが鳴ったときには、黒板に「前時の振り返り」「めあて」「活動」「活動②」「まとめ」「練習」のシールを貼り、ヒントも書いておく。
- 当日の時間割と1週間の計画、さらに何をどこに入れる・置くまで、ホワイトボードや部屋の壁などに張りだす。
- 学習グループは、下級生と組み合わせ、指導的な役割を自覚させる。

このように、3人それぞれの困難さに応じた環境づくりに努めると、結果的に、3人に共通した環境づくりとなっていきます。これまでの学級経営では、「基本的生活習慣」や「学習規律」という言葉で、それぞれの学級で「当然行われていること」として、取り上げられることの少なかった基本的な環境づくりが、知的障害児の主体的な学びを育てる重要なポイントとなることを理解してもらえたでしょうか。

3 助け合える仲間づくり

失敗経験を繰り返してきた知的障害児は、「できるかもしれない」と感じて取り組み始めても、ちょっとしたことで「やっぱり無理だ」とあきらめてしまいます。そんなときに必要なのが、助け合える仲間です。導入の時点で、前時の学習内容が思い出せず、学習意欲も低めがちだった知的障害児に対して、「わからなくてもだいじょうぶ、仲間がいる」ということに気づかせ、安心して学習に取り組めるようにするには、導入から展開、

まとめに至るまで、すべてを協同学習で構成することが必要です。

1 学習グループの編成

特別支援学級で協同学習に取り組むには、学習グループの編成が重要になってきます。特別支援学級は、小学校の場合、1年生から6年生までの、さまざまな特徴をみせる子どもたちで構成されます。学級の定員は8人です。多くの自治体では、交流先の通常の学級と特別支援学級を行き来して学習に参加します。通常の学級の時間割を優先すれば、知的障害児はなかなかそろうことができず、特別支援学級の担任は、バラバラにやってくる子どもたちに合わせて、個別の課題を与えることしかできなくなります。特別支援学級の時間割を優先させ、特別支援学級の学習を充実させることによって、「交流及び共同学習」（→第10講126ページ参照）が推進できるようにすることが必要です。

① グループの人数

全員が確実に活動できるように、少ない人数からスタートします。仲間の考えを聞いてみる、自分の考えをいってみるというところから始まりますので、ペア活動を基本とします。

② 生活年齢*よりも発達年齢*を優先する

1年生から6年生までの最大8人を指導することは、メンバーによっては困難になりかねません。ほかの特別支援学級の子どもたちも合わせて、最大6人程度の学習グループに分けるという方法もあります。生活年齢をもとに高学年、低学年に分けるよりも、発達の傾向や発達年齢をもとに分けるほうが、協同学習を始めやすくなります。その学習グループをさらに、2～3人の小グループに分けて活動させます。発達年齢は、知能検査、発達検査をもとにその傾向を把握します。

重要語句

生活年齢
誕生日から数える年齢のこと。

発達年齢
心身の発達の水準を示す年齢のこと。

2 活動と話し合いの方法

「特別支援学校学習指導要領解説各教科等編（小学部・中学部）」（文部科学省、2018年）では、知的障害児の学習上の特性を「学習によって得た知識や技能が断片的になりやすく、実際の生活の場面の中で生かすことが難しい」と述べています。しかし、「知識や技能が断片的」であっても、思い出すきっかけを用意すれば、学習に参加することは可能です。断片的な知識をもち寄って、全体像がみえるようにすればよいのです。これが、知的障害児にとっての活動と話し合いの必要性です。「わからなくてもだいじょうぶ、仲間がいる」と思えるような具体的な方法を示していくことで、知的障害児の学習は活発になっていきます。その基本的な方法と考え方を次に解説します。

① 傾聴とミラーリング

協同学習では、傾聴とミラーリングを話し合いの基本スキルと考えます。話し手の発言を好意的に、真剣に聞き（傾聴）、「今、○さんは・・・といわれました」と復唱する（ミラーリング）ことで、話し手は自己効力感を高め、聞き手との信頼関係を築くことができます。

傾聴とミラーリングは、教師の基本姿勢でもありますよ。

② リヴォイシングとリフレーミング

　特別支援教育における協同学習では、前述の①に、リヴォイシングとリフレーミングを付け加えます。リヴォイシングとは、口は達者だけど何をいっているかわからなくなる子どもを、「つまり、こういうことだね」と助けることです。リフレーミングは、すぐ投げやりな言葉になってしまう子どもに、「何でも、真剣にやりたいからだね」とポジティブな見方で返すことです。

③ 相談ペア

　互いに考えをだし合い、よりよい考えへと変えていくものです。短時間で、足りないところを補い合うことができます。

④ シンク・ペア・シェア

　個人思考のあと、互いの考えを比較検討させ、2人の考えとしてまとめさせます。ホワイトボードにまとめさせると、全体への発表までスムーズにできます。

⑤ ライト・ペア・スイッチ

　シンク・ペア・シェアのあと、相手を変えて再度意見交換をします。相手を替えて意見交換を繰り返すことによって、さらに考えを深めることができます。

⑥ 隣に聞いてみよう

　個人思考、即全体交流にせず、互いに「どう思う？」と聞き合わせ、全体への発表も、隣の考えを報告させます。

⑦ リレー学習

　1つの問題をペア、またはグループで分担して、交代しながら解いていきます。漢字の筆順や算数の筆算など、さまざまな問題に活用できます。

《活動と話し合いの方法の活用例》

　図表3-2をもとに、活動と話し合いの方法の活用について解説します。

① 大切なこと⇒めあて

　前時の学習内容を振り返ります。1人では思い出せなくても、「相談ペア」でそれぞれの断片的な記憶を集めていけばだいじょうぶです。ヒントが書かれたホワイトボードがあれば、安心して考えることができます。前時の学習を理解できていたことが確認できることで、本時のめあても理解することができます。

② 問題❶

　問題文をノートに写したら、各自キーワードに線を引きます。「シンク・ペア・シェア」で、ホワイトボードにおはじきを置いて、問題の通りに分けて線で囲み、式を書いて解けたら、全体で確認です。発表は、「ライト・ペア・スイッチ」で相手を替えたペアで、黒板上に活動を再現します。

③ 問題❷

　問題❶ができた子どもは、問題❷にチャレンジです。少しだけ難しくした問題を「シンク・ペア・シェア」で解き、発表は「ライト・ペア・スイッチ」で行います。

④ まとめ

> **プラスワン**
> **話し合いの方法**
> ここにあげる、話し合いの方法は、『先生のためのアイデアブック』（ジェイコブズ、パワー、イン共著、関田一彦監訳、ナカニシヤ出版、2005年）、および『活動性を高める授業づくり』（安永悟著、医学書院、2012年）を参考にしている。

2題の問題を通して理解できたことを、「隣に聞いてみよう」で確認します。黒板のヒントをもとに、キーワードを埋めていきます。このまとめは、次の時間の導入に生かされます。

⑤ 練習

1問だけのプリントを、「リレー学習」で解きます。練習問題も教え合いながら取り組むことで、全員が確実に理解することができます。

> 「1問だけ」だから、安心して取り組めるんだね。

図表3-2　わり算の板書計画

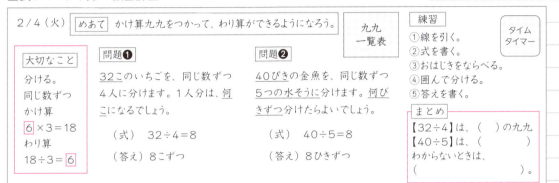

図表3-3　実際の板書

4　学習のステップがみえる授業づくり

1　単元見通し学習

単元見通し学習は、単元の最終ゴールとそこまでの学習の手順を、最初に提示するというところに大きな特徴があります。『協同学習がつくるアクティブ・ラーニング』（杉江修治編著、明治図書、2016年）では、「自分が置かれている学習場面を把握できてはじめて人は自分から学習に向かって動きだす」と述べられています。これは、学習に対する不安が大きい知的障害児には、とても助かる学習法です。次にすることが「みえる」、

> プラスワン
>
> 単元見通し学習
>
> グループや全体で、自由活発に討論させる学習方法、バズ（buzz）学習（buzzはがやがや話す意）の実践から生まれた授業モデル。見通しが明らかになることで、主体的に討論に参加できるようになる。

> **重要語句**
>
> **同時処理型**
>
> 一度に多くの情報を空間的、全体的に統合し処理する認知の特徴。対する継次処理型は、時間軸に沿って、順番に処理する認知の特徴をもつ。

その先にあるものも「みえる」ということは、情報を全体的な一つのまとまりとしてとらえる同時処理型*の子どもにとっても、ぴったり当てはまる学習法だと考えます。ここでは、知的障害児に合わせて、4つの見通しから単元全体を見通せるように工夫しています。

① 問題解決の見通し

　通常の学級の算数学習では、問題のたびに、図を描いて考えるか、具体物操作で考えるか、式は、答えはと考えさせることを「見通し」ととらえているようですが、どうも算数を難しく感じさせるだけになっているように感じます。ここでは、「見通し」を「問題解決の手順」としてみんなで考え、掲示していつでも参考にできるものにします。

　図表3-3の問題❶を例にすると、まず、問題文をノートに記入したら式の要素になるところに線を引きます。答えになるところには、二重線を引きます。単位は、間違えないように○で囲みます。次に、線を引いたところをもとに式を立てます。おはじきを並べて囲んでみたり、ドットを描いて囲んでみたりという活動をとおして答えをみつけます。次の段階では、かけ算九九を使って答えをみつけます。この手順も、子どもたちとの活動をとおして、一つひとつつくり上げていくところに意味があります。子どもとともにつくり上げたこの手順を「問題解決の手順」としていつでも参考にできるように掲示します。

図表3-4　わり算の学習の始まりのようす

② 1単位時間の見通し

　始業のチャイムがなるときには、図表3-4のように、「大切なこと」「めあて」「問題❶」「問題❷」「まとめ」「練習」のシールを貼っておくようにします。さらに、「大切なこと」「めあて」「まとめ」には、ヒントも書いておきます。そうすることで、子どもたちは、教室に入るとすぐに黒板をみて、1時間の学習を見通し、安心して席に着くのです。図表3-4の黒板右上の「タイムタイマー*」も、1単位時間を見通すためには欠かせないものです。

③ 前時・本時・次時をつなぐ見通し

　問題解決の見通しは、何もないところから考えさせるようなことはしま

> **重要語句**
>
> **タイムタイマー**
>
> 時間の経過とともに色がついている部分が減っていくので、残り時間が一目みてわかるタイマーのこと。

せん。前時をていねいに振り返らせれば、本時のめあても理解でき、問題も「できそうだ！」という見通しが立てられます。前時にどのような学習をして、何ができるようになっていたのかを、協力してキーワードを組み立てていくことで確認します。そして、めあてをみてみると、「できそう！」と思えてきます。そこで、問題❶をペアで解いてみます。黒板の前で再度やってみることで、「できた！」と思えるようになってきます。まだ自信のない子どももいます。でもだいじょうぶです。問題❶を仲間が解く姿をみて、問題❷をやってみることができるのです。みんなの前で解いてみることで、「できた！」と思えてきます。そこで、本時でわかったことを、まとめに書き入れて確認します。ここに書かれたキーワードは、次時の導入で前時を振り返るキーワードになります。最後に、ペアで練習問題に取り組み、理解を確実なものにします。

④ 単元全体の見通し

単元見通し表（図表3-5）を第1時に提示し、単元全体を把握できるようにします。単元見通し表には、各時間の問題例を貼り、その問題が1つずつできるようになることで、単元の最後までできるようになったということがわかるようにしています。そして、毎時間、できるようになった問題に花まるをつけていきます。子どもたちは、「早く最後までやってみたい！」と思えてくるようです。

図表3-5　単元見通し表

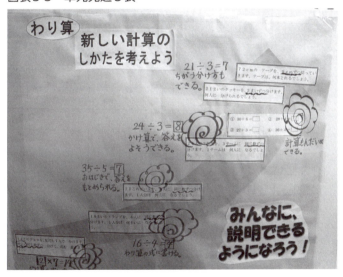

2　知識獲得の過程を追体験

これまでの知的障害教育では、子どもたちの不足しがちな生活経験を豊かにしようと、実際的な生活の流れのなかで取り組める「領域・教科を合わせた指導」が重要視されてきました。一方で、国語や算数などの教科は、教師主導になりがちで、子どもたちが実際的な生活に主体的に取り組むようになるものにはなりにくいとして、軽視されがちでした。ここでは、算

> **プラスワン**
>
> **領域・教科を合わせた指導**
>
> 知的障害児教育独自の指導で、日常生活の指導、遊びの指導、生活単元学習、作業学習が例示されている。

数「わり算」を例に、生活とのつながりを大切にした教科学習の可能性について考えてみましょう。

「わり算」は、教科書をみると、「新しい計算」として示されています。なかには、新しい計算方法を学び、練習して、できるようにならなくてはならないことを負担に思う子どももいるかもしれません。人類が獲得してきた知識・技能の「結果」を、「できる」ようになることを求められる学習では、学ぶ意味も生活との結びつきも感じることは少ないのかもしれません。しかし、そもそも算数は、人類が生活を豊かにするためにつくり上げてきたものなのです。子どもたちの生活を見直してみれば、きっと「わり算」につながる場面もあるはずです。そう考えて、「わり算」の学習過程を考えてみました。

> ①12個のチョコレートを、家族4人で分けさせます。「お父さんは大きいから4個」「お母さんはダイエット中だから2個」「ぼくと弟はけんかしないように3個ずつ」と楽しく分けていきます。チョコレートの数は、バラバラで、式にすると、（4＋2＋3＋3）で足し算になります。
> ②今度は12個のチョコレートを、友だち4人で分けさせます。「けんかしないように同じ数にしよう」という意見がでてきて、仲よく3個ずつで、式にすると、（3＋3＋3＋3）です。「3×4にもなるね」とかけ算で表せることを発見します。「仲よく分けるのがわり算」「かけ算が使えそう」を確認することができます。
> ③トランプ15枚を、友だち3人に分ける1人分を求める問題では、同じ数になるように、1枚ずつ、順に配っていきます。トランプ配りのわり算は、等分除の問題です。
> ④次に、おだんご12個を、3個ずつ分けて何人に分けられるのかを求める問題では、おだんごは3個ずつくしに刺さっているので、3個ずつ分けていきます。おだんご配りのわり算は、包含除の問題です。

既習経験、生活経験が、教科学習に生かされるのです。

「家族で分ける」「友だちで分ける」「トランプ配り」「おだんご配り」という場面を設定しただけで、みずから発見し、知識・技能を獲得していくという体験をすることができます。人類が知識・技能を獲得してきた過程を追体験させるのです。そうすれば、「なるほど、そういうことか！」と、生活に結びつけて納得できる学習も可能になってくるのです。

復習や発展的な理解のために

知っておくと役立つ話

知的障害児の教育課程、その二重構造とは？

　特別支援学校小学部の教育課程は、「学校教育法施行規則」第126条第1項に、「国語、社会、算数、理科、生活、音楽、図画工作、家庭及び体育の各教科、道徳、外国語活動、総合的な学習の時間、特別活動並びに自立活動によつて編成する」とだけ示されています。しかし、同規則の第2項には、「前項の規定にかかわらず、知的障害者である児童を教育する場合は、生活、国語、算数、音楽、図画工作及び体育の各教科、道徳、特別活動並びに自立活動によつて教育課程を編成する」とされ、知的障害教育だけの教育課程が示されています。

　さらに、同規則の第130条第2項には、「特別支援学校の小学部、中学部又は高等部においては、知的障害者である児童若しくは生徒又は複数の種類の障害を併せ有する児童もしくは生徒を教育する場合において特に必要があるときは、各教科、道徳、外国語活動、特別活動及び自立活動の全部又は一部について、合わせて授業を行うことができる」とあります。

　この「合わせて授業を行うことができる」を法的な根拠に、「特別支援学校教育要領・学習指導要領解説」の総則編（幼稚部・小学部・中学部）に「各教科等を合わせて指導を行う場合」として、①日常生活の指導、②遊びの指導、③生活単元学習、④作業学習を、「児童生徒の実態に即し、以下の説明を参考とすることが有効である」とあります。「教科別・領域別の指導」の教育課程を示しながら、「領域・教科別の指導」も参考にせよとされているのです。これが、知的障害児の教育課程だけにみられる、「二重構造」なのです。

　「領域・教科を合わせた指導」については、「小学校学習指導要領解説」の総則編に、特別支援学級の場合、「特別支援学校小学部・中学部学習指導要領を参考」とあり、特別の教育課程を編成することができるようになっています。そのため、小学校・中学校の知的障害特別支援学級でも「学校教育法施行規則」第126条第2項、第130条第2項をもとに教育課程が編成され、「領域・教科を合わせた指導」を取り入れるところが多くなっています。では、なぜ、知的障害教育の現場において、「領域・教科を合わせた指導」が重視されているのでしょうか。

　「学校教育法」第72条に、特別支援学校は、「障害による学習上又は生活上の困難を克服し自立を図るために必要な知識技能を授けることを目的とする」とあります。この目的からすると、「教科別・領域別の指導」は、「45分や50分で細かく刻まれた生活であり、子どもにとってわかりにくく、自立的・主体的に取り組む生活になりにくいばかりか、実際的な生活とも大きく異なる生活様式」だと、『特別支援教育「領域・教科を合わせた指導」のABC』（名古屋恒彦著、東洋館出版社、2010年）に述べられています。さらに、「教科別・領域別の指導」について、「実施する以上は、仮に位置づけが小さくとも、明確な理念に基づく目標のもとに、計画的に実施されなければならない」「生活のための指導であるという理念」を自覚することを指導者に求め、一方で、「領域・教科を合わせた指導」については、「未分化な本来の生活そのものに取り組む」ことができるものとして、生活中心の教育の大切さを述べています。

　では、「教科別・領域別の指導」は、知的障害教育において、その位置づけは小さなものなのでしょうか。『特別支援教育における子どもの発達と教育方法』（渡邉健治・新井英靖編著、田研出版、2010年）では、「文字などに多少の関心のできている子どもに、生活づくりということで遊びを中心にした教育を受けた子どもと、『文化・科学の基本』などの学習で文字や数への関心を広める教育を受けた子どもでは、『文化』を味わう味わい方におのずと違いがでてくることが想定できる」として、「教科別・領域別の指導」が少しでも充実していくことを期待しています。

　このように、知的障害児の教育課程の二重構造には、知的障害教育のこれからを考える大切な問題が含まれているということを理解しておきましょう。

第3講　特別支援教育におけるアクティブラーニング

復習問題にチャレンジ

ちゃんとわかったかな？

類題（神奈川県　2017年）

①次の記述は、「これからの学校教育を担う教員の資質能力の向上について　〜学び合い、高め合う教員育成コミュニティの構築に向けて〜（答申）」（平成27年12月21日　中央教育審議会）からの抜粋である。空欄［ア］〜［エ］に当てはまるものの組合せとして最も適切なものを、後の1〜5のうちから選びなさい。

これからの時代の教員に求められる資質能力

◆アクティブ・ラーニングの視点からの［ア］、道徳教育の充実、小学校における［イ］の早期化・教科化、［ウ］の活用、発達障害を含む［エ］を必要とする児童生徒等への対応などの新たな課題に対応できる力量を高めることが必要である。

	ア	イ	ウ	エ
1	学習評価	英語活動	ICT	特別な支援
2	授業改善	英語活動	グローバル人材	社会的自立
3	授業改善	外国語教育	ICT	特別な支援
4	授業改善	外国語教育	ICT	社会的自立
5	学習評価	外国語教育	グローバル人材	特別な支援

類題（大阪府　2017年）

②次の各文のうち、「障害のある児童生徒の教材の充実について　報告」（平成25年8月28日　障害のある児童生徒の教材の充実に関する検討会）に関する記述の内容として正しいものを○、誤っているものを×とした場合、正しい組合せはどれか。1〜5から一つ選べ。

A　ICTを活用した教材や支援機器の活用に当たっては、一斉指導や小集団学習で活用せず、個別学習や協働学習を中心に取り入れていくことが重要であり、その観点から、指導方法の研究を一層進めていくことが必要である。

B　教材等の活用については、児童生徒の障害の程度が個々に異なることから、効率的な指導を行うため、学校が組織として障害のある児童生徒の教材等を活用するのではなく、教員が個別に対応することが重要である。

C　障害のある児童生徒の学習の充実を図るためには、特別支援学校や特別支援学級、通常の学級において、一人一人のニーズに応じて教材等を活用することが効果的であり、各学校において作成される個別の指導計画の中に、教材等に係る合理的配慮の内容について明記することが必要である。

D　教材等については、従来の紙や具体物を活用した教材からICTを活用した教材まで、児童生徒の障害の状態や特性に応じて適切に活用することが重要である。

E　家庭で使い慣れた教材等を学校で使用することが効果的な場合もあるが、教材等の持参、管理等が児童生徒や教員の負担となることから、これらの教材等の活用は望ましくない。

	A	B	C	D	E
1	×	○	×	○	○
2	○	○	×	○	×
3	×	×	○	×	○
4	×	○	○	○	×
5	○	×	×	○	○

ノートテイキングページ

理解できたことをまとめておこう！

学習のヒント：35ページの図表3-1をもとに、算数「わり算」の指導・支援計画を立ててみましょう。

第4講 教員養成課程における特別支援教育の位置づけ

理解のポイント

第4講では、大学・短大等の幼稚園・小学校・中学校・高等学校教員養成課程における特別支援教育の位置づけとその生かし方について考えてみます。また、特別支援学校教員養成のカリキュラムの全体像にも言及します。さらに、教員養成課程のカリキュラム以外で特別支援教育を学ぶ機会も考えてみましょう。

1 教員養成課程における特別支援教育とは

1 特別支援教育を取り巻く状況

2001（平成13）年から、それまでの特殊教育は新たな特別支援教育へと転換が始まり、この間、必要な法整備や関連する通知の発出がなされています。これにより、幼稚園、小・中学校、高等学校に至るまでの特別支援教育体制が整備され、機能し始めました。特別支援学校だけではなく、すべての学校において特別支援教育が行われることに留意する必要があります。

国連の「障害者の権利に関する条約」の批准にともない、特別支援教育の充実に向けた一層の取り組みが進んでいます。第1講で学びましたが、2012（平成24）年に中央教育審議会から、「共生社会の形成に向けたインクルーシブ教育システム構築のための特別支援教育の推進（報告）」が示され、合理的配慮や基礎的環境整備という考え方が導入されています。今日、インクルーシブ教育システム構築のために、すべての教員は、特別支援教育に関する一定の知識や技能を有することが求められています。発達障害の可能性のある児童・生徒の多くが通常学級にも在籍していることを考えますと、これまでの講で学んだように障害の特性や障害にともなう社会的な障壁のために、同級生と学ぶことに困難を抱えている児童・生徒に、学ぶことの充実感や楽しさを提供できる教育実践力が求められているといえます。

学校におけるこのような合理的配慮（→第1講、第7講参照）を提供できるようにするためには、特別支援教育のしくみを理解し、学校の一員として協働する力のほか、人権に関する知識、合理的配慮を提供する法的根拠、児童・生徒の実態把握と必要な調整を行う知識や技能、学び合いや助け合いの必要性を育める学級を経営する力、関係者の話を傾聴する力な

プラスワン

通知の内容

文部科学省初等中等教育局長通知「特別支援教育の推進について（通知）平成19年4月1日」
→「特別支援教育は、障害のある幼児児童生徒の自立や社会参加に向けた主体的な取組を支援するという視点に立ち、幼児児童生徒一人一人の教育的ニーズを把握し、その持てる力を高め、生活や学習上の困難を改善又は克服するため、適切な指導及び必要な支援を行うものである」。

インクルーシブ教育

日本におけるインクルーシブ教育は、『共生社会の形成に向けたインクルーシブ教育の構築のための特別支援教育の推進（報告）』で、「多様な学びの場の整備」として提起された。
→第1講参照

どが必要になります。

2　教育の基礎的理解に関する科目

　幼児教育・初等教育や中等教育の教職を学ぶうえでの基礎となる「教育職員免許法」別表第1に教育の基礎的理解に関する科目が示され、これらの科目の単位の修得方法は、「教育職員免許法施行規則」に定められています。

　2016（平成28）年に改正された「教育職員免許法」により、教員養成を行う大学・短大では2019年度から教職課程が改訂されました。教育の基礎的理解に関する科目では、「特別の支援を必要とする幼児、児童及び生徒に対する理解」が新たに必修化され、学ぶべき内容がコアカリキュラムとして示されています。

　全体目標として、「通常の学級にも在籍している発達障害や軽度知的障害をはじめとする様々な障害等により特別の支援を必要とする幼児、児童及び生徒が授業において学習活動に参加している実感・達成感をもちながら学び、生きる力を身に付けていくことができるよう、幼児、児童及び生徒の学習上又は生活上の困難を理解し、個別の教育的ニーズに対して、他の教員や関係機関と連携しながら組織的に対応していくために必要な知識や支援方法を理解する」ことが求められています。そのための一般目標として、以下の3点があげられ、その到達目標も示されています。

> ①特別の支援を必要とする幼児、児童及び生徒の障害の特性及び心身の発達を理解する。
> ②特別の支援を必要とする幼児、児童および生徒に対する教育課程や支援の方法を理解する。
> ③障害はないが特別の教育的ニーズのある幼児、児童および生徒の学習上又は生活上の困難とその対応を理解する。

　学校種や教科別の免許状の違いにかかわらず、教員養成の段階での一層の障害者理解と、各教科等で学習上の困難に応じた指導内容・指導方法に関する基礎的な知識やその必要性を理解することが求められています。個別の配慮や関係者からの理解が得られないと、特別の支援を必要とする彼らが同級生と一緒に学んでいるようにみえても、将来の自立や社会参加につながりにくく、学校不適応（不登校や問題行動など）につながることもあるからです。

　現在、障害に起因する学ぶ際の障壁をなくす多くの合理的配慮の提供が行われており（内閣府障害者施策担当による事例集）、また、発達障害の児童・生徒への合理的配慮を整理・紹介しているサイト（国立特別支援教育総合研究所　発達障害教育推進センターの発達障害のある子どもの合理的配慮）などもありますので積極的に参考にしてください。

プラスワン

合理的配慮

「特別支援教育の在り方に関する特別委員会報告」（2012年）では、「障害のある子どもが、他の子どもと平等に『教育を受ける権利』を享有・行使することを確保するために、学校の設置者及び学校が必要かつ適当な変更・調整を行うことであり、障害のある子どもに対し、その状況に応じて、学校教育を受ける場合に個別に必要とされるもの」であり、「学校の設置者及び学校に対して、体制面、財政面において、均衡を失した又は過度の負担を課さないもの」と定義している（→第1講、第7講参照）。

「教育職員免許法」と「教育職員免許法施行規則」

「教育職員免許法」は1949（昭和24）年に制定された教育職員の基準を定め、教育職員の資質の保持と向上を図るための法律。その法の定める事項を行うために「教育職員免許法施行規則」が定められている。

コアカリキュラム

教職課程のコアカリキュラムは、「教育職員免許法」および「同施行規則」に基づき、すべての大学の教職課程で共通的に修得すべき資質能力を示すものである。現行では、学校種や職種の共通性の高い、教職に関する科目について作成されている。

第4講　教員養成課程における特別支援教育の位置づけ

2 合理的配慮の求めにこたえるために

1 特別の支援を必要とする幼児、児童および生徒に対する教育課程の特徴

　教育課程は、学校教育の目的や目標を達成するために各学校・園において作成される教育計画で、学校・園の教育目標や指導内容、授業時数などを中心に編成されます。そのため、児童・生徒の実態や地域特性に即した特色のある教育を用意することができます。特別支援教育における教育課程では、障害や発達の特性を考慮する必要性があることから、柔軟な編成が可能となっています。

　通常の学校（幼稚園、小学校、中学校、義務教育学校、高等学校、中等教育学校）の通常の学級においては、「学校教育法施行規則」と教育要領あるいは学習指導要領にしたがって教育課程が編成されます。通常学級に在籍する障害のある幼児・児童・生徒の教育について、教育要領あるいは学習指導要領において特に留意する事項が記載されていることに注目する必要があります。

　特別支援学級では小学校・中学校の学習指導要領にしたがって教育が行われますが、「学校教育法施行規則」第138条では、「特別の教育課程によることができる」としており、この特別の教育課程は、児童・生徒の障害の状態などから、特に必要がある場合には特別支援学校の学習指導要領を参考として編成し実施することができます（→第11講参照）。

　また、「学校教育法施行規則」第140条では、通級による指導においても「特別の教育課程によることができる」としており、この特別の教育課程の内容は、自立活動の指導を主として、教科の補充指導を一定の時間内において行うことになっています。自立活動の指導は、「特別支援学校教育要領・学習指導要領」を参考に編成し、実施します（→第11講参照）。

　ここで、特別支援学校の教育課程の特徴をあげると、教科等を合わせた指導と自立活動があります。通常の学級では、授業は各教科や指導領域ごとに行われますが、特別支援学校では、複数の教科及び領域の内容で構成することができます。障害のある児童・生徒にとって、教科別の指導が難しいと判断される場合には、生活に即した身近な具体的事柄を題材とし、複数の教科等を組み合わせた学習が行えるようになっています。

　自立活動は、「個々の障害による学習上又は生活上の困難を改善・克服」するための指導で、「人間として調和のとれた育成」をめざすものとして、特別支援学校に設けられた指導領域です（→第11講参照）。

2 特別の支援を必要とする幼児、児童および生徒に対する支援の方法

　特別支援教育とは、障害のある幼児・児童・生徒の自立や社会参加に向け、彼ら一人ひとりの教育的ニーズを把握し、可能な最大限の発達をめざして

適切な指導や必要な支援を行うことです。幼稚園や小・中学校、高等学校等においても、就学前の早期から学校卒業後までの一貫した長期的な視点にたった教育的支援を実施するため、医療、福祉、労働などの関係機関とも連携を図りながら、個別の教育支援計画（→第5講、第7講参照）を作成し、効果的な支援を進めることが大切です。この内容を理解するキーワードは関係機関との連携と長期的な視点での教育支援です。

　また、個々の幼児・児童・生徒の特性に応じた教育的支援を行うためには、個別の指導計画（→第5講、第7講参照）を活用した指導の充実が期待されています。学習指導要領には、心身の健康維持や運動機能、環境や人との関わりなど多くの指導内容が記載されています。特別支援教育での具体的な指導内容は、各児童・生徒に即した課題から構成され、学習指導要領に示されている指導内容との関連を明確にし、さらに生活や学習環境などの実態把握も行いながら個別の指導計画を作成することになります。

　個別の指導計画の作成手順としては、①実態を的確に把握すること、②指導の目標を明確に設定すること、③一人ひとりに必要な指導内容を適切に選定し、④それらの指導内容を相互に関連づけて具体的な指導内容を設定する（段階的・系統的な指導を行えるように計画する）ことです。このように、教育的支援の実践では、実態把握から始まり、指導目標の設定、指導計画・内容の検討、指導の実践と評価、指導計画の見直し・修正というサイクルで進められることになります。

　これらの具体的な支援方法の検討などは、担任が個人で対応するだけではなく、管理職や特別支援教育コーディネーター（→第5講参照）を中心とした学校全体の校内支援体制づくりにより、組織的・計画的に取り組むことが重要です。

3　教育的支援を円滑にすすめるために

　計画の段階において、実態把握、問題の整理、目標設定や指導計画・内容の検討、指導期間の設定が十分に検討されていなければ、望むべき幼児・児童・生徒の姿やめざすべき方向性、担任の支援方策もバラバラで一貫性のないものになってしまいます。「いつまでに・何を・どこまで・どのようにする」という達成の期限と評価の指標を明確にしておくと、評価ではポイントが絞られ、次の改善につながりやすくなります。

　大切なことは、「何を、どのように見直し、修正したのか」という内容を客観的にわかるようにすることです。そのためには、日々の指導記録や指導計画の状況がわかるレポートの作成が望まれます。記録やレポートは、関係するメンバーが情報を共有化するためのツールですので、記入するべき項目や内容などの書式が決められていると共通理解をしやすくなります。計画において、評価に関する具体的な指標となるみるべき視点や評価するべき視点を関係するメンバー間で共通理解しておくことで、教育的支援の過程も円滑にすすめることができるでしょう。

4 学習のユニバーサルデザイン

　特別な支援を必要とする児童・生徒だけでなく、通常の学級に在籍する児童・生徒にもわかりやすく意欲をもって取り組むことのできるユニバーサルデザインの授業づくりも大切です。ユニバーサルデザイン（UD）は、もともと建築学や製品設計の分野における概念で、バリアフリーがキーワードです。すなわち、建造物や製品を、一個人の能力レベルに合わせるのではなく、すべての個人の利益になり、誰でもが使えてかつ美しいものになるよう設計するという概念です。

　このバリアフリーの考えは、教育の分野では、教室の物理的構造を通常児も障害児も等しくアクセスできるようにするだけでなく、教育方法や教材にも適用されるようにしようというものです。

　教授のユニバーサルデザインとは、知的障害、身体障害、情緒障害などを含むすべての児童・生徒が最適に学習できるように、学習を妨げるバリアを除去した学習指導を設計することです。また、学習のユニバーサルデザインとは、教育課程全体のあり方を方向づける考え方で、情報をどう教えるのか、どの教材を使用するのか、児童・生徒をどのように学習活動に参加させるのか、児童・生徒の変容をどのように評価するのかなどの問題を包括しようとするものです。その考え方のもとでは、教師は自分の担当する一人ひとりの児童・生徒の個別のニーズと個別の能力を把握する必要があります。それに応じて学習指導の多彩なアプローチを用いて、学習のバリアを除去しなければなりません。

　中野良顕は、教師が授業を構想し、カリキュラムを設計する段階で活用

図表4-1　学習のユニバーサルデザインのガイドライン

I. 多様な表示手段を用意する	II. 多様な行動と表出手段を用意する	III. 多様な参加手段を用意する
1： 物事を知る様々な方法を用意する 1.1 情報の表示をカスタマイズする方法を示す 1.2 聴覚的情報の代替手段を示す 1.3 視覚的情報の代替手段を示す	4： 体で行動する様々な方法を用意する 4.1 反応方法や誘導方法に変化をもたせる 4.2 用具や支援技術への接近を最適化する	7： 関心を集める多様な方法を用意する 7.1 個人的選択と自主性を最適化する 7.2 関連性と価値観と真実性を最適化する 7.3 脅威や注意散漫を最小にする
2： 言語、数式、記号の代替手段を用意する 2.1 語彙と記号を明確にする 2.2 構文と言語構造を明確にする 2.3 原文、数式、記号の解読を支援する 2.4 いろいろな言語によって理解を促す 2.5 いろいろなメディアによって例示する	5： 表出とコミュニケーションの様々な方法を用意する 5.1 コミュニケーションの多様な媒体を使う 5.2 文章の構成や作文のために多様なツールを使う 5.3 練習と遂行の支援の度合いを段階的に加減して、流暢性を高める	8： 努力や根気を維持させる様々な方法を用意する 8.1 目標や目的を際立たせる 8.2 要求水準と援助を変化させ、課題を最適にする 8.3 協力と共同体を育成する 8.4 完全習得を目指し、フィードバックを強める
3： 理解のための様々な方法を用意する 3.1 背景知識を活性化するか、提供する 3.2 パターンや、重要な特徴や、意図や、関係を際立たせる 3.3 情報を処理し、視覚化し、操作する仕方を指導する 3.4 転移と般化を最大にする	6： 実行機能のために様々な方法を提供する 6.1 適切な目標設定を指導する 6.2 計画を立て戦略を練るよう支援する 6.3 情報と資源の管理を促す 6.4 進歩を観察する能力を向上させる	9： 自主管理の様々な方法を用意する 9.1 動機づけを最適にする期待や信念を発展させる 9.2 個人的対処スキルと戦略を使いやすくする 9.3 自己評価と省察を育てる
解決能力のある博識な学習者	戦略を持ち目標に向かって進む学習者	目的を持ったやる気のある学習者

中野良顕「ユニバーサルデザイン」『指導と評価』717号、2014年、16-18ページをもとに作成

できる、応用特殊技術センターが作成した「学習のユニバーサルデザインのガイドライン」（図表4-1）を翻訳し、紹介しています。このガイドラインは、教師が在籍する障害児も含む児童・生徒全員を指導する授業案を設計するときのガイダンスとなるべきものです。

3 特別支援学校教員養成のカリキュラム

1 カリキュラムの特徴

特別支援学校教諭の免許状を取得する場合、特別支援教育に関する科目の単位の修得方法は、「教育職員免許法施行規則」第7条に記載されています。

4年制大学における特別支援学校教員養成のカリキュラム（図表4-2）は、小学校、中学校、高等学校、または幼稚園の教諭の普通免許状（一般に基礎免許という）を有する必要があるため、いずれかの教諭の少なくとも二種免許状を取得しなければなりません。したがって、幼児教育、初等教育または中等教育の教職課程に準じて単位を修得します。そのうえで、特別支援教育に関する科目（一種免許状では26単位）の単位を修得することになります。教育実習も、幼稚園、小学校、中学校、高等学校のいずれかでの実習に参加し、さらに特別支援学校でも実習する必要があります。

このように特別支援学校教員免許状を取得する際には、各大学等で取得できるのかを確認し、開講している講義題目と「教育職員免許法施行規則」に定める科目区分との関係や講義の開設時期などもチェックして、早めに履修計画を立てておくことが大切です。

なお、2017（平成29）年4月に公示された「特別支援学校幼稚部教育要領　小学部・中学部学習指導要領」の改訂の基本的な考え方として、以下の3点があげられます。

1. 社会に開かれた教育課程の実現、育成を目指す資質・能力、主体的・対話的で深い学びの視点を踏まえた指導改善、各学校におけるカリキュラム・マネジメントの確立など、初等中等教育全体の改善・充実の方向性を重視していること
2. 障害のある子どもたちの学びの場の柔軟な選択を踏まえ、幼稚園、小・中・高等学校の教育課程との連続性を重視していること
3. 障害の重度・重複化、多様化への対応と卒業後の自立と社会参加に向けた充実を求めたこと

教育内容等の改善事項の例として、小学部の教育課程に外国語活動を設けることができることや、小学校等の学習指導要領の各教科の目標および内容を参考に指導ができるように規定されました。また、一人ひとりに応じた指導の充実では、自立活動の内容の新たな規定（障害の特性の理解と

生活環境の調整に関すること）がなされ、6区分27項目となっています。自立と社会参加に向けた教育の充実では、幼稚部、小学部、中学部段階からのキャリア教育の充実を図ることや、生涯を通じてスポーツや文化芸術活動に親しみ、豊かな生活を営むことができるように配慮することが規定されています。

2 特別支援教育の基礎理論に関する科目

「教育職員免許法施行規則」第7条の1第1欄は、特別支援教育の基礎理論に関する科目（2単位）です。ここでは、「特別支援学校の教育に係る、心身に障害のある幼児、児童又は生徒についての教育の理念並びに教育に関する歴史及び思想並びに心身に障害のある幼児、児童又は生徒についての教育に係わる社会的、制度的又は経営的事項を含むもの」とされています。

3 特別支援教育領域に関する科目

「教育職員免許法施行規則」第7条の1第2欄は、特別支援教育領域に関する科目（16単位）で、心身に障害のある幼児、児童又は生徒の心理、生理及び病理に関する科目と、心身に障害のある幼児、児童又は生徒の教育課程及び指導法に関する科目の2科目があります。ここでの科目の単位の修得方法は、特別支援教育領域のうち、1または2以上の免許状教育領域（取得しようとする免許状に定められることとなる特別支援教育領域のこと）について、それぞれ次のように定められている単位を修得する

図表4-2　特別支援学校教員養成のカリキュラム構造図（例）

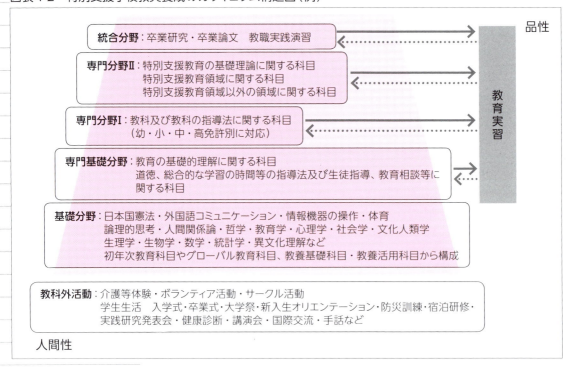

ことが必要です。

「視覚障害者又は聴覚障害者に関する教育の領域を定める免許状の授与を受けようとする場合にあっては、当該領域に関する心身に障害のある幼児、児童又は生徒の心理、生理及び病理に関する科目並びに当該領域に関する心身に障害のある幼児、児童又は生徒の教育課程及び指導法に関する科目について合わせて8単位以上」が必要です。「知的障害者、肢体不自由者又は病弱者（身体虚弱者を含む。）に関する教育の領域を定める免許状の授与を受けようとする場合にあっては、当該領域に関する心理等に関する科目及び当該領域に関する教育課程等に関する科目について合わせて4単位以上」が必要です。

4 免許状に定められることとなる特別支援教育領域以外の領域に関する科目

「教育職員免許法施行規則」第7条の1第3欄は、免許状に定められることとなる特別支援教育領域以外の領域に関する科目（5単位）で、第2欄と同様、心身に障害のある幼児、児童又は生徒の心理、生理及び病理に関する科目と、心身に障害のある幼児、児童又は生徒の教育課程及び指導法に関する科目の2科目があります。その科目は、視覚障害者、聴覚障害者、知的障害者、肢体不自由者および病弱者に関する教育ならびにその他の障害により教育上特別の支援を必要とする者に対する教育に関する事項のうち、取得しようとする免許状に定められることとなる特別支援教育領域に関する事項以外のすべての事項が含まれることが必要です。

4 みずから学び続ける教員をめざす機会（カリキュラム外での学び）

教員養成の段階で特別支援教育に関する学びの機会は、系統的なカリキュラムをとおしての学び以外にもさまざまな機会が考えられます。以下に4つの観点から考えてみます。すなわち、合理的配慮の求めに応じてみずからの活動内容や方法を工夫したり改善したり、学部の講義だけではないさまざまな機会をとらえて学び続けることが大切です。

1 介護等体験

1997（平成9）年に成立した「小学校及び中学校の教諭の普通免許状授与に係る教育職員免許法の特例等に関する法律」（平成9年介護等体験特例法）により義務教育に従事する教員には、障害者や高齢者等に対する介護、介助、交流などの体験を行わせることが義務づけられました。この介護等の体験は、特別支援学校2日間、社会福祉施設等5日間の計7日間の体験が必要です。

この法律の制定趣旨にもあるように、介護等体験は個人の尊厳と社会連帯の理念に関する認識を深めることを目指して行われます。介護等体験が

障害のある児童・生徒の理解に役立つとともに、お互いの違いを認め合い、尊重し、ともに生きるという理念を深く理解する機会となることが期待されています。すなわち、さまざまな困難を抱えて生活している人とのふれあいをとおして、相手の心を理解する豊かな感性を養うとともに、特別支援学校や社会福祉施設の実情、利用者の姿や処遇の状況、教員や施設で働く人々の勤務実態、学校経営や施設経営のあり方等、さまざまな点を感じとり、将来の教育に生かしていくことが大切です。

　特別支援学校や社会福祉施設等は、教員になろうとする学生の介護等体験をしたことを証明する書類（介護等体験証明書）を発行します。この証明書は、教員免許状授与申請の際に提出することが必要となりますので、紛失しないように注意しましょう。原則的には再発行されません。

2　ボランティア活動

　多くの大学では、障害を抱えた学生がほかの学生と同様に修学の機会が与えられ、充実したキャンパスライフを送ることを支援するセンター（障害学生支援センター等）が設けられています。センターのスタッフを中心に多くの教職員の連携だけでなく、障害学生支援に興味のある学生によるボランティアにより、移動支援、ノートテイク、受講のサポート（教科書を広げる、みやすい位置に移動するなど）が行われています。学生自身の成長にも、多様性ある共生社会の理解にも有意義な活動であることが期待され、心のバリアフリー*への取り組みといえるでしょう。

　学外においても、地域の小学校や中学校での学校サポーター、福祉施設でのさまざまな活動支援へのボランティアとしての参加も、心のバリアフリーとしての学びが期待されます。障害のある人へのボランティアだけで

> **重要語句**
>
> **心のバリアフリー**
> →さまざまな心身の特性や考え方をもつすべての人々が、相互に理解を深めようとコミュニケーションをとり、支え合うこと。

はなく、広くボランティア活動を希望する場合には、各地域の社会福祉協議会に相談してみてください。地域によっては、大学・短大や社会福祉協議会がボランティア養成講座を実施していますので、それに参加するのもよいでしょう。学校の教員に求められる資質の一つとして、社会教育活動の経験が問われています。卒業までに何らかの形で体験してみることをおすすめします。

3 サークル活動

　大学・短大の課外活動、いわゆるサークル活動のなかには、障害児・者との交流や療育に関連した活動を行っている団体があります。学内や地域のなかでの障害児・者との関わりについて、先輩や同輩との事前学習を重ね、個別の支援プログラムを作成したり、実際の活動後の省察をとおして、障害の理解や共生社会のありようを考察する取り組みを行ったりしています。また、これらの活動は、単独の大学・短大内での取り組みばかりでなく、障害児・者支援に関心をもった地域の複数の大学・短大などの団体が連携しながらさまざまな活動を展開している場合もあります。長期の休業期間を利用して、保護者やきょうだいも参加する療育キャンプなどを行うケースもあり、学内や地域の課外活動にも関心を向けることをおすすめします。

4 日常生活のなかでの学び

　人はふだんの生活のなかで、病気やけがをすることは避けられません。自分がそのような不自由な状態を経験することで、その間に受けた他者からの支援や声かけ、あるいは誤解などをとおして、間接的に障害児・者の心理状況をうかがい知ることができるかもしれません。また、身近な家族や親戚、友人など支援を必要としている人と接する機会の多寡にかかわらず、自分の心に生じた関わりへのとまどいこそが学びの内容や方向を示しているといえます。地域のなかでは、障害児・者から直接支援要請を受けることもあります。はじめての場合、どのように接すればよいのか戸惑いを感じることも多くあります。そのとまどいこそが、障害を理解するスタートとなる機会の一つといえましょう。

　障害の当事者の話や気持ちは、今日、講演会や新聞・著作物だけでなく、テレビ、インターネットなどをとおして発信されていることも多くあります。与えられるまで知らなかったという受け身の姿勢ではなく、知ろうと

いう姿勢・意識が障害児・者のことを学ぶ機会を広げることにつながります。学ぶ機会の拡大は、障害児・者への理解を深め、正確な情報を獲得し、多様性のある共生社会の構築へ向けて私たち一人ひとりの受容性や共感性を高めることになるでしょう。

ディスカッションしてみよう！

バスや電車の中の優先席は、必要なものなのか、それとも撤廃するべきものなのか、それぞれの立場について、障害のある人への支援という観点から考えてみましょう。

・優先席は必要であるとする主張
(1)

(2)

(3)

・優先席は撤廃するべきであるとする主張
(1)

(2)

(3)

> 復習や発展的な理解のために
> **知っておくと役立つ話**

教員採用後における特別支援学校教諭免許状の取得について

　教職に就いて働き始めた人は、教育職員検定により、上位や他教科等の教員免許状を取得することができます。この教育職員検定とは、各都道府県教育委員会が人物、学力、実務および身体について検定を行い、教員免許状を授与するものです。大学や短期大学等で教員免許状を取得し教職に就いている人が、所定の在職年数を満たすとともに、大学において所定の単位を修得することで申請できます。

　特別支援学校教諭二種免許状（知的障害者教育領域、肢体不自由者教育領域）の場合、幼・小・中・高いずれかの普通免許状を有し、在職期間3年を満たすとともに、大学で所定の単位（3～4科目6～8単位）を修得すれば申請できます。大学での学修は定期的に通学するスタイルばかりでなく、通信教育によるスタイルでもよく、働きながらの免許状取得を可能にしています。

　下記に、放送大学で特別支援学校教諭二種免許状を取得する場合の対応科目例を紹介します。教育職員免許法に定める科目区分と大学における科目、中心となる領域や含む領域、単位数などは次のようになっています（対応科目は、教育職員免許法認定通信教育として認定を受けていますが、対応科目が必要な内容を含んでいるかの判断は各都道府県教育委員会が行いますので、科目履修前に申請先の都道府県教育委員会に相談することが必要です。なお、放送大学には教職課程がありません。したがって、教員免許状を一つも有していない人が新たに免許状を取得することはできません）。

教育職員免許法に定める科目区分	放送大学における科目	中心となる領域	単位数
第1欄　特別支援教育の基礎理論に関する科目	特別支援教育基礎論	特別支援教育全般にわたる基礎的な科目	2単位
第2欄　特別支援教育領域に関する科目（心理等に関する科目・教育課程等に関する科目）	知的障害教育総論	知的障害者	2単位
	肢体不自由児の教育	肢体不自由者	2単位
第3欄　免許状に定められることとなる特別支援教育領域以外の領域に関する科目（心理等に関する科目・教育課程等に関する科目）	特別支援教育総論（含む領域：視覚障害者・聴覚障害者・知的障害者・肢体不自由者・病弱者）	重複・LD等領域	2単位

復習問題にチャレンジ

ちゃんとわかったかな？

類題（群馬県　2017年）

> 次の文は、「幼稚園、小学校、中学校、高等学校及び特別支援学校の学習指導要領等の改善及び必要な方策等について （答申）」（平成28年12月21日　中央教育審議会）の一部である。文中の空欄（ア）～（ウ）に当てはまるものの組合せとして正しいものはどれか。

（教育課程全体を通じたインクルーシブ教育システムの構築を目指す特別支援教育）

○ 障害者の権利に関する条約に掲げられたインクルーシブ教育システムの構築を目指し、子供たちの自立と社会参加を一層推進していくためには、通常の学級、通級による指導、特別支援学級、特別支援学校において、子供たちの十分な学びを確保し、一人一人の子供の障害の状態や発達の段階に応じた指導や支援を一層充実させていく必要がある。

○ その際、小・中学校と特別支援学校との間での柔軟な（ア）や、中学校から特別支援学校高等部への進学などの可能性も含め、教育課程の連続性を十分に考慮し、子供の障害の状態や発達の段階に応じた組織的・継続的な指導や支援を可能としていくことが必要である。

○ また、通級による指導を受ける児童生徒及び特別支援学級に在籍する児童生徒については、（イ）に応じた指導や支援が組織的・継続的に行われるよう、「個別の教育支援計画」や「個別の指導計画」を全員作成することが適当である。

○ 加えて、平成30年度から制度化される（ウ）における通級による指導については、単位認定の在り方など制度の実施にあたり必要な事項を示すことが必要である。

① （ア）交流　（イ）一人一人の教育的ニーズ　（ウ）特別支援学校
② （ア）交流　（イ）学校の特色　（ウ）高等学校
③ （ア）転学　（イ）一人一人の教育的ニーズ　（ウ）特別支援学校
④ （ア）交流　（イ）学校の特色　（ウ）特別支援学校
⑤ （ア）転学　（イ）一人一人の教育的ニーズ　（ウ）高等学校

ノートテイキングページ

理解できたことをまとめておこう！

学習のヒント：各自の居住する自治体の教育委員会が、通常学級で気になる子どもへの関わりについて啓発している資料やホームページなどを調べてみましょう。

第2章

学校における特別支援教育

この章では、学校における特別支援教育について学んでいきます。
校種ごとの特色や、それぞれの職員について、
また、特別支援学校とはどのような学校で、特別支援学校以外の学校と
どのような関わりがあるのかについて理解しましょう。

第5講	特別支援教育に関わる人たち	………62
第6講	幼稚園における特別支援教育	………72
第7講	小学校における特別支援教育	………84
第8講	中学校における特別支援教育	………94
第9講	高等学校における特別支援教育	………106
第10講	学校教育における特別支援学校の役割	………120

第5講 特別支援教育に関わる人たち

理解のポイント

特別支援教育に関わるのは、教師だけではありません。さまざまな関係機関が連携して、個別の支援を行っていくことになります。本講では、学校を中心として、どのような人たちが特別支援教育に関わるのかについて学びます。学校における特別支援教育のシステムを理解しましょう。

1 就学前から始まる特別支援教育

　特別な支援が必要な子どもへの個別の支援は、生まれて間もないときから始まります。まず、市町村保健センター等において乳幼児健康診査が行われ、子どもの身体の発達および精神発達について検査します。ここで、配慮が必要と診断された子どもについては、特別支援教育のための準備が始まります。

　幼稚園・保育所・認定こども園等では、発育・発達に問題があるとみられた場合、専門機関の受診を保護者にすすめることになります。また、成育歴を確認したうえで、個別の指導計画＊を作成し、定期的に経過観察を行ったうえで、小学校との連携を進めます。

　小学校においては、特別支援教育体制を整え、個別の教育支援計画＊を作成します。小学校の場合、学級担任制＊をとっていますので、幼稚園、保育所等からの引継ぎのほとんどは学級担任が担当します。また、在籍中の6年間の計画は、後述する特別支援教育コーディネーターを中心として、校内委員会を定期的に開催し、個別の指導計画を作成して情報連携を密にします。中学校への就学相談は毎年記録してきた「個別の指導計画」をもとに「個別の教育支援計画」を見直し、提出します（→第7講参照）。

　中学校、高校では、各教科の担当教師全員の連携が必要となるため、常に校内委員会を行い、情報を共有していきます。

　以上の流れをまとめると、図表5-1のようになります。

プラスワン

乳幼児健康診査
「母子保健法」に基づくもので、身体発育の状況や、栄養状態、言語の発達や精神発達の状況を診査する。

語句説明

個別の指導計画
校内委員会で情報を確認し、必要な指導内容を教職員間で計画するもの。学校独自に作成する。保護者の同意は不要。

個別の教育支援計画
学校と学校外の関係機関で情報を確認しながら、長期的に支援することを計画するもの。保護者の同意が必要。

学級担任制
一部の教科を除いて1人の担任教師が教科を教える制度。

図表5-1　特別支援教育の流れ

乳幼児健康診査（1歳6か月児健診・3歳児健診）

早期発見・早期支援につとめる。

順調に育っていますよ。何か心配事はありませんか。

幼児教育（幼稚園・保育所など）

乳幼児の日常の生活を観察し、専門機関と連携する。

就学時健康診断（初等教育に就学する直前に行われる健診）

「学校保健安全法」の規定により、身体疾患、知的発達の度合いを検査し、心身に障害があり特別な支援が必要な児童については、就学相談を行う。

学校に入学したら、必要な支援を考えましょう。

小学校（特別支援学校を含む）

就学相談を受けて、校内の支援体制を行うために、特別支援教育コーディネーターやスクールカウンセラーとの連携が始まり、個別の指導計画・教育支援計画を策定する。特別支援教室等への通級指導や特別支援学級・特別支援学校などの就学相談を行う。

校内委員会で提案し、みんなで支援方法を考えましょう。

中学校（特別支援学校を含む）

小学校からの情報を受け、校内の支援体制を整える。特別支援教育コーディネーターやスクールカウンセラーとの連携を行い、個別の指導計画・教育支援計画を策定する。特別支援教室への通級指導や特別支援学級、特別支援学校の就学相談など行う。特に高校進学へ向けての進路指導においては、本人および保護者との連携は重要になる。

（義務教育終了）

将来の夢や、できることはどんなことか考えて、これからの進路を決めましょう。

高等学校（特別支援学校を含む）

入学者選抜後、入学が決まった生徒の情報により、配慮が必要な場合は、特別支援教育コーディネーターやスクールカウンセラーとの連携を行い、個別の指導計画・教育支援計画を策定する。社会生活、就労への適応力向上のための指導を計画する。

第5講　特別支援教育に関わる人たち

2 特別支援教育と関係機関の連携

1 校内体制とは

学校における特別支援教育について、文部科学省は「障害のある幼児・児童・生徒の自立や社会参加に向けた主体的な取り組みを支援するために、幼児・児童・生徒一人ひとりの教育的ニーズを把握し、その持てる力を高め、生活や学習上の困難を改善又は克服するため、適切な指導及び必要な支援を行うもの（要約）」（19文科発第125号「特別支援教育の推進について（通知）」）と定義しています。

支援を必要とする幼児・児童・生徒のためには、まずは校長が中心となって、校内体制をとることが求められます。校内体制とは、校内における全体的な支援の体制のことです。さまざまな関係機関と連携をとりながら、個別の指導計画や個別の教育支援計画を策定します。

図表5-2 特別支援教育に関わる関係機関

2 関係機関とは

個別の指導計画や教育支援計画を策定する際には、関係機関と話し合いを行います。関係機関には、大きく分けて、教育行政に関わる機関、医療・保健に関わる機関、福祉に関わる機関があります。

> ①教育行政に関わる機関：教育委員会、教育相談センターなど
> ②医療・保健に関わる機関：保健所や主治医、精神保健福祉センターなど
> ③福祉に関わる機関：保育所、児童相談所、心身障害者福祉センター、療育センター、子育て相談所など

そのほか、NPO団体、地域の活動グループや、大学、学校以外の学びの場として学習塾やフリースクールが連携することもあります。

以上をまとめると、図表5-2の通りです。

3 校内における連携

1 校内委員会とは

校内委員会とは、校務として、校内における全体的な支援体制を整備するために設置されるものです。校内委員会の役割は、下記の通りです（文部科学省ホームページ「特別支援教育について」）。

> ・学習面や行動面で特別な教育的支援が必要な児童生徒に早期に気付く。
> ・特別な教育的支援が必要な児童生徒の実態把握を行い、学級担任の指導への支援方策を具体化する。
> ・保護者や関係機関と連携して、特別な教育的支援を必要とする児童生徒に対する個別の教育支援計画を作成する。
> ・校内関係者と連携して、特別な教育的支援を必要とする児童生徒に対する個別の指導計画を作成する。
> ・特別な教育的支援が必要な児童生徒への指導とその保護者との連携について、全教職員の共通理解を図る。また、そのための校内研修を推進する。
> ・専門家チームに判断を求めるかどうかを検討する。なお、LD、ADHD、高機能自閉症の判断を教員が行うものではないことに十分注意すること。
> ・保護者相談の窓口となるとともに、理解推進の中心となる。

校内委員会は、校内組織の一つです。従来からある既存の学校組織に、校内委員会の機能をもたせることも多くあります。

プラスワン

支援が必要な児童・生徒の相談先

教師が、支援が必要な児童・生徒についての相談方法としては、下記がある。
①校内委員会に直接提案し、相談する
②特別支援教育コーディネーターに相談する
③管理職に相談する
④同学年の教師や学年間に相談する
⑤養護教諭に相談する
⑥スクールカウンセラーに相談する

プラスワン

校内委員会の名称

「特別支援委員会」「校内支援委員会」などとさまざまである。

校内委員会の構成メンバーは、校内の関係者から選出されます。構成メンバーの例は次の通りです。大切なのは、学校としての支援方針を決め、支援体制をつくるために必要な人たちで構成することです。

〈校内委員会の構成メンバー〉（例）
・校長
・教頭（副校長）
・特別支援教育コーディネーター
・教務主任（主事）
・生活指導主任（主事）
・保健主任（主事）
・養護教諭
・スクールカウンセラー＊
・通常学級の担任、教科主任
・特別支援学級主任
・その他（特別支援教室指導教諭等）
・スクールソーシャルワーカー　　　等

重要語句

スクールカウンセラー

児童・生徒に対する相談のほか、保護者および教職員に対する相談、教職員等への研修、事件・事故等の緊急対応における被害児童・生徒の心のケアなどを行う。

2　特別支援教育コーディネーターとは

特別支援教育コーディネーターは、2003（平成15）年3月に、文部科学省がとりまとめた「今後の特別支援教育の在り方について（最終報告）」のなかで、はじめてその必要性が公的に示されました。

特別支援教育コーディネーターは、校内外の連絡調整役や、保護者に対する相談窓口を担います。校内体制をとる際に、校長から指名されることが一般的です。特別支援教育コーディネーターの主な役割は下記の通りです。

〈特別支援教育コーディネーターの校内における役割〉
・校内委員会のための情報の収集、準備
・担任への支援
・校内研修の企画・運営
〈外部の関係機関との連絡調整などの役割〉
・関係機関の情報収集・整理
・専門機関等への相談をする際の情報収集と連絡調整
・専門家チーム，巡回相談員との連携
〈保護者に対する相談窓口〉

特別支援教育コーディネーターは学校全体のみならず、地域の関係機関にも目を配ることができ、支援を行うために教職員の力を結集できる人物を選ぶようにすることが望ましいといえます。また、特別支援教育コーディネーターは保護者に対する学校の相談窓口でもあります。保護者の気持ちを受け止め、保護者の児童・生徒への願いや、学習面、行動面、対人

図表5-3 校内組織と校内委員会との連携図（例）

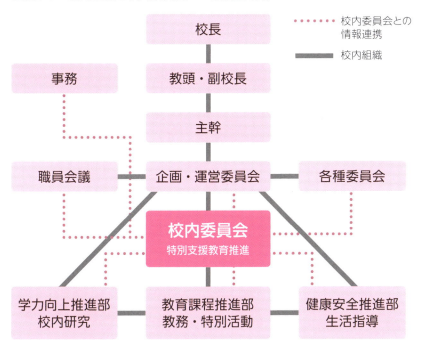

関係の現時点の状況を聞き取り、問題点や改善点を絞り、一貫性のある対応策が導き出せるようにすることも役割の一つです。

3 校内組織と校内委員会との連携

　以上のように、特別な支援が必要な児童・生徒の指導にあたっては、校長を中心とした校内体制を整え、校内委員会を組織します。校内委員会では、特別支援教育コーディネーターが中心となって、保護者や関係機関と連携をとりながら個別の指導計画や個別の教育支援計画の作成を進めます。
　校内組織と校内委員会の連携を図にまとめると、図表5-3の通りです。

4 個別の指導計画と個別の教育支援計画の作成

　特別な支援が必要な児童・生徒については、個別の指導計画と、個別の教育支援計画を作成します。指導計画と教育支援計画は、関係機関と連携しながら校内委員会が中心となって作成します。

①**個別の指導計画**
　学習時に支援を必要とする幼児、児童・生徒一人ひとりに作成する、各教科等の目標や内容、配慮事項などを具体的に示した計画です。各学校で作成します。

②**個別の教育支援計画**
　障害のある子ども一人ひとりについて、乳幼児期から学校卒業までの一貫した計画を、関係機関と連携をとり、作成します。作成にあたっては、保護者も参画し、自立と社会参加をめざした長期的な目標を定めます。

個別の指導計画・教育支援計画の役割は次の通りです。

①児童・生徒の生活をトータルにとらえた生活全般の支援を行う。
②生涯にわたる一貫した支援：就学前から学校へ、学校から社会へと移行するとき、支援の方針を関係機関と共有し、将来の生活を見据えながら支援を継続的に進めるために行う。
③本人の社会参加を進めるための総合的な支援：将来の社会参加を考え、日常の生活や働くうえで困難な状況を想定し、身体的・心理的な面も含めて総合的な支援を進めるために行う。

4 校外の関係機関との連携

1 巡回相談とは

巡回相談とは、心理学や特別支援教育の専門家（たとえば大学教員や公認心理師*、臨床心理士*、特別支援教育士*等の有資格者など）が学校に出向き、教師や保護者の相談に応じるものです。巡回相談員は、教師からの聞き取りや児童・生徒の授業でのようすを通して、一人ひとりが必要とする支援の内容と方法について助言を行います。巡回相談員には、下記のような知識と技術が必要とされます。

①特別支援教育に関する知識と技能
②LD、ADHD、高機能自閉症など発達障害に関する知識
③アセスメントの知識と技能
④教師への支援に関する知識と技能
⑤他機関との連携に関する知識と技能
⑥学校や地域のなかで可能な支援体制に関する知識
⑦個人情報の保護に関する知識

巡回相談員は以上のような役割を担うことになりますので、機動的かつ柔軟に学校へ助言することが求められます。また、校内の窓口である特別支援教育コーディネーターとの連携を密にすることが必要です。

2 専門家チームとは

専門家チームとは、学校からの申し出に応じて、LD、ADHD、高機能自閉症（→第2講参照）か否かの判断と対象となる児童・生徒への望ましい教育的対応について、専門的な意見の提示や助言を行うことを目的として、教育委員会に設置されるものです。

専門家チームの役割としては、次のようなことが求められます。

①LD、ADHD、高機能自閉症か否かの判断

重要語句

公認心理師
「公認心理師法」(2015[平成27年]施行)に基づく、心理職の国家資格。

臨床心理士
公益財団法人日本臨床心理士資格認定協会が認定する民間資格。

特別支援教育士
一般財団法人特別支援教育士資格認定協会が認定する民間資格。

②児童生徒への望ましい教育的対応についての専門的意見の提示
③学校の支援体制についての指導・助言
④保護者、本人への説明
⑤校内研修への支援等

　専門家チームが適切な支援を行うためには、特別支援教育コーディネーターとの連携や巡回相談員との連携・協力が必要です。
　校外の専門家である巡回相談員と専門家チームと、校内委員会との連携を図表5-4に表します。

図表5-4　巡回相談員、専門家チーム、校内委員会との連携

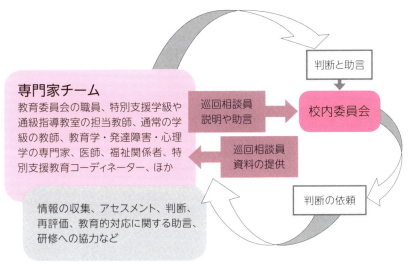

文部科学省ホームページ「特別支援教育について」を一部改変

ディスカッションしてみよう！

特別支援教育コーディネーターには具体的にどんな役割が期待できるか、学校現場をイメージしてアイデアを出し合ってみましょう。

たとえば・・・

復習や発展的な理解のために
知っておくと役立つ話

特殊教育から特別支援教育へ

　2003(平成15)年3月、文部科学省から「今後の特別支援教育の在り方について(最終報告)」がだされました。それを受けて、それまでの特殊教育から特別支援教育として次のように変容していきました。特殊教育では、障害の種類や程度に対して教育の場(特殊学級・養護学校・通級学級)を整備し、そこできめ細やかな教育を効果的に行うことを視点にしていました。しかし近年、通常学級に在籍する児童・生徒のなかにLD、ADHD、高機能自閉症、またはその傾向を示す者が増加するとともに、対象となる障害種の多様化、複雑化により制度の見直しがなされました。それまでの特殊教育の対象とされた視覚障害、聴覚障害、知的障害等の児童・生徒を分けて考えることなく、一人ひとりの教育的ニーズに応じて特別な教育的対応をすることが必要と考えられ、対象となるすべての児童・生徒に対して、特別支援教育が始まりました。

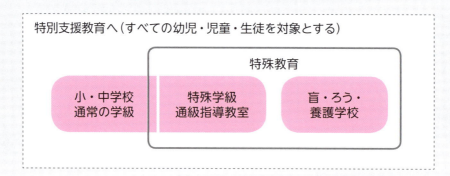

　そして、特別支援教育推進のために、通常の学級に在籍する自閉症、アスペルガー症候群、ADHD、LD等を含め、障害のある児童・生徒について個別の教育支援計画や個別の指導計画を策定すること、すべての学校に本講本文で取り上げた特別支援教育コーディネーターを位置づけることが必要であるとの見解がだされました。

　今、学校教育現場では、「気になる子ども」が学級にいる場合、正しい理解、適切な対応、指導体制の工夫、学校全体での共通理解、支援体制の整備など、学校全体での教育実践の見直しが始まっています。

ちゃんとわかったかな？
復習問題にチャレンジ

類題（群馬県　2017年）

> 次の文は、「発達障害を含む障害のある幼児児童生徒に対する教育支援体制整備ガイドライン」（平成29年3月）の一部である。これに関連して、下の問いに答えなさい。

通常の学級の担任・教科担任は、自身の学級に教育上特別の支援を必要とする児童等がいることを常に想定し、①学校組織を活用し、児童等のつまずきの早期発見に努めるとともに行動の背景を正しく理解するようにします。

下線部①に関連して、特別支援教育コーディネーターの役割を4つ書け。

第5講　特別支援教育に関わる人たち

理解できたことをまとめておこう！
ノートテイキングページ

学習のヒント：特別な支援を必要とする児童・生徒の「個別の指導計画」はどのように作成したらよいのかを考え、まとめてみましょう。

第6講 幼稚園における特別支援教育

理解のポイント

幼児期の教育は、生涯にわたる人格形成の基礎を培う重要なものであり、幼稚園教育は、幼児期の発達の特性を踏まえ、環境をとおして行うことを基本としています。また、障害のある、なしにかかわらず、一人ひとりの特性に応じた指導を大切にしています。本講では、幼稚園における特別支援教育の考え方とその実際を理解し、幼児期における支援のあり方について学びましょう。

1 はじめて経験する集団生活

1 教師との信頼関係に支えられる生活

幼稚園は、幼児がはじめて家庭から離れて集団生活を送る場です。

入園間もない3歳児のAちゃんは、不安げな表情をみせながらも、ままごとコーナーに置いてあった人形にミルクを飲ませたり、ごちそうをつくったり、家庭で楽しんできたままごとをしています。そして、ときおり先生の姿を目で追います。先生は、Aちゃんの思いを感じとり、優しいまなざしで見守っていることを伝えます。Aちゃんは、自分が温かく受け止められていることを感じて安心感を抱き、遊びを続けました。

このように、幼児は、自分が周囲の大人に認められ、受け入れられていることを感じると、安心して自分をだし、自己を発揮するようになります。そして、少しずつ自分の世界を広げ、自立した生活へと向かっていきます。同時に、周囲の大人に受け入れられることをとおして、人への信頼感をもつようにもなるのです。

幼稚園において、教師が一人ひとりの幼児との信頼関係を築くことは、育ちを促すうえで大切な基盤となりますが、このことは、障害のある幼児にとっても同様であり、非常に重要なことです。

2 主体的な活動をとおして促される育ち

園庭にアリの行列をみつけた4歳児のBちゃんは、その場にしゃがみ込み、じっとそのようすを見つめています。行列のなかに、昆虫の死骸(しがい)を運んでいる姿をみつけると、「せんせ〜い！きて〜！」と大きな声で担任に知らせました。そして、その声に集まってきた友だちや先生とさらに観察を続けながら、アリの住まいや食べ物、どのような暮らしをしているのかなどに好奇心を広げていきました。

プラスワン

幼児期の特性

幼児期は、知識や技能を一方的に教えられて身につけていく時期ではなく、自分の興味や欲求に基づいた直接的・具体的な体験をとおして、さまざまな資質・能力を身につけていく時期である。

保育所、認定こども園等の子どもたちの育ちも同じように考えることができます。

幼児は、みずからが抱く興味や関心に沿って、自発的・主体的にその対象に関わっていきます。その過程で、対象がもつ特性や扱い方、生物であればその生態を感じとったり、知識を得たりしていきます。そこでは友だちとの関わりも生まれ、互いの思いや考えを交わす経験や、目的に向けて協同する経験もしていきます。

　幼児期は、物事へ興味や関心をもち、主体的に関わり、活動していく過程で、知識や技能、思考力や判断力、表現力、人と関わる力などが培われていく時期なのです。

　障害のある幼児においても、その幼児の興味や関心を大切にし、みずから伸びようとする力を信じてその力をみとり、ていねいに支援していくことが大切です。

3 一人ひとりの特性に応じた指導

　登園後、ゆっくりと朝の支度をするＣちゃん、昨日の遊びの続きを早くしたくて手早く支度を終えるＤちゃん、支度より友だちのことが気になって立ち尽くしているＥちゃんなど、幼児一人ひとりにはそれぞれに特性があります。身体的な育ちや言葉の育ち、行動のしかたや人との関わり方、家庭環境や経験はそれぞれに異なり、十人十色です。

　こうしたことを考慮して、幼稚園においては、一人ひとりの特性に応じた指導が行われています。

　障害があることもその幼児の特性と考え、ほかの幼児と等しく、その幼児の育ちが保障され、特にその幼児がもつよさを引き出し伸ばしていくことが重要です。

信頼関係を築くには、温かくていねいな幼児理解が必要です。

第6講　幼稚園における特別支援教育

ディスカッションしてみよう！

幼稚園教育は、学校教育の始まりとして生涯にわたる人格形成の基礎を培うものとされています。生涯にわたる人格形成の基礎とはどのような資質や能力を指しているのでしょうか？　みんなで考えてみましょう。

たとえば・・・🖉

2 特別な配慮を必要とする幼児への指導

1 障害のある幼児

　障害のある幼児には、視覚障害、聴覚障害、知的障害、肢体不自由、病

弱・身体虚弱、言語障害、情緒障害、自閉症、ADHD（注意欠陥多動性障害）などのほか、行動面などにおいて困難のある幼児で発達障害の可能性のある幼児も含まれます。

幼稚園においては、障害の種類や程度を的確に把握したうえで、障害のある幼児の「困難さ」に対してさまざまな手だてを検討し、指導にあたっていくことが必要です。「幼稚園教育要領」第1章第5「特別な配慮を必要とする幼児への指導」では、障害のある幼児への指導について、次のように述べています。

「障害のある幼児などへの指導に当たっては、集団の中で生活することを通して全体的な発達を促していくことに配慮し、特別支援学校などの助言又は援助を活用しつつ、個々の幼児の障害の状態などに応じた指導内容や指導方法の工夫を組織的かつ計画的に行うものとする。また、家庭、地域及び医療や福祉、保健等の業務を行う関係機関との連携を図り、長期的な視点で幼児への教育的支援を行うために、個別の教育支援計画を作成し活用することに努めるとともに、個々の幼児の実態を的確に把握し、個別の指導計画を作成し活用することに努めるものとする」

> プラスワン
> 「幼稚園教育要領」
> 「幼稚園教育要領」は、2017（平成29）年3月に改正、告示され、2018（平成30）年4月から施行されている。

2　集団のなかで全体的な発達を促す

集団生活を送ることによって、幼児は他者の存在に気づき、トラブルや葛藤体験など、さまざまな体験をとおして一人ひとりの違いを受け入れ、ともに生活することの楽しさを感じとっていきます。また、一緒に心地よく生活していくためには、必要な決まりや約束があることにも気づいていきます。

すなわち、幼児は集団生活をとおして、生きていくうえで生涯にわたり必要な自立心や協同性、道徳心や規範意識などを身につけていくのです。このことは、障害のある幼児においても同様です。

大切なことは、障害のある幼児を含む集団が、多様な他者の存在に気づき、それぞれの違いを受け止め、互いを認め合いながら育ち合う集団となることです。

そのために教師は、一人ひとりの幼児との信頼関係を築き、一人ひとりのよさをみつけて伸ばし、その子らしさが十分に発揮される保育を展開することが求められます。また、幼児同士が互いの長所も短所も含めて認め合う関係性を育み、協同しながら互いに育ち合う集団をつくっていくことが必要です。そこには、ていねいな幼児理解、細やかな保育の組み立て、教師同士の連携などが求められます。

障害のある幼児には、「支援員」「介助員」などという名称で、支援のための職員が配置されることが多くあります（以下、支援員とする）。集団づくりを行ううえで、この支援員の存在、支援員との連携が非常に重要となってきます。

> 幼児一人ひとりの違いを受け止め、互いを認め合うクラスづくりには、教師の力量が求められます。

3　個別の配慮をとおして支援のあり方を考える

個別の配慮について理解するために、以下の事例をみていきましょう。

【事例1】他児との関係性を大切にする：Ｉちゃんの事例から

　Ｉちゃんは、4歳児の4月に入園してきました。保護者はＩちゃんが2歳のころからその発達に疑問を抱くようになり、専門機関に相談、発達検査を受けたところ、自閉的な傾向があるということで、療育*を受けています。

　入園当初、Ｉちゃんは、ほかの幼児と同様に新たな環境にとまどうようすがみられました。しかし、支援員の言葉かけや手助けを受けながら、園生活に必要な生活習慣を少しずつ理解して、自分から動けるようになっていきました。Ｉちゃんには好きな遊びもあり、朝の支度が終わると、園庭を走り回ったり、砂場でシャベルやままごと用具を使って砂をすくったり容器に移したりして遊びます。片づけや皆でする活動も支援員に促されながらも一緒に行います。指示されることは理解できるようですが、言葉を発することはほとんどありませんでした。

　支援員は常にＩちゃんに寄り添って見守ったり、1対1で遊んだりしていました。入園から2か月あまりがたったころ、ほかの幼児たちは友だちとの触れあいや関わりが楽しくなってきました。そんなとき、Ｋちゃんが、支援員に「先生は、Ｉちゃんの先生なんだよね？どうして？」と尋ねてきました。

　担任の先生とは異なる先生（支援員）が学級のなかにいて、その先生が常にＩちゃんに関わっている姿を日々みてきたＫちゃんの発言は素直な疑問です。支援員は、自分がいることで、Ｉちゃんとほかの幼児との関わりに壁ができてしまっているのではないかと感じ、このことを担任の先生に伝えました。そして、担任と支援員の問題だけにするのではなく、園全体で話し合うことにしました。

> **重要語句**
>
> **療育**
>
> 「療育」は、1951（昭和26）年、高木憲次が唱えた言葉で、「療」は医療を、「育」は養育や保育もしくは教育を意味している。療育が行われる機関として各自治体には児童発達支援センターがある。そのほか民間の機関もある。また、知的障害者（児）や知的障害をともなう発達障害者（児）がさまざまな補助を受けることができる「療育手帳」（→第12講147ページ参照）といわれるものがある。補助の内容は地域によって異なる。

　園全体の話し合いの結果、学級の幼児がＩちゃんを同じ学級の友だちとして意識し、学級の一員として受け入れるようになるためには、以下を共有することが重要であるということになりました。

- 支援員は必要に応じて1対1の対応をし、ときには離れて見守ることで、ほかの幼児との関わりが生まれるようにすること
- 担任も意識的にＩちゃんへの声かけや支援を行うこと
- 担任と支援員とが連携し合い、Ｉちゃんへの援助を共有すること

　さらに、園ではこのことを保護者へも伝えました。その結果、周囲の幼児は、少しずつＩちゃんを仲間として意識して関わるようになっていきました。幼児同士の関わりのなかで育つ力は多様にあり、集団のなかで生活することで受ける刺激はその育ちに大きく影響します。集団のなかで隔離されてしまうのではなく、できるだけ友だちとのふれあいや関わりを大切にしていくことは、障害のある幼児も健常児もともに育ち合うことにつながっていくのです。

　次の事例もみていきましょう。

【事例2】その幼児なりの動きや表現を大切にする：Lちゃんの事例から

　年長5歳児への進級時に転入園してきたLちゃんは、自閉的な傾向のある幼児で、療育機関に通っています。

　Lちゃんには、はじめに、1日の生活の流れや活動の手順などを知らせておくことが必要でした。手順を知らせるには、順番に絵カードを用います。繰り返し行っていくうちに、登園すると、自分でかばんや帽子、園服などをロッカーにしまうようになり、支度が終わると、大好きなパズルができる場に行きます。その場所はLちゃん専用で、保育室の一角を小さく区切り、中に一人用の机といすが置いてあります。机の中には何種類ものパズルがあり、身支度が終わるとLちゃんはひとしきりパズルに取り組みます。存分に楽しむと、そこから保育室や遊戯室へ向かいますが、絵本や遊具のある場を20分ほどで転々とします。支援員はつかず離れず適度な距離を保ちながらLちゃんの行動を見守り、必要に応じて援助します。

　Lちゃんは絵本が大好きで、好きなお話は暗唱しているようです。また、皆でする活動のなかでは、歌やリズム遊びを好み、ピアノや音楽が鳴り始めると表情は一変して、とてもうれしそうに歌ったり踊ったりします。担任の先生は必ずLちゃんの名前を呼んで、その取り組みを認めます。友だちとの会話はほとんど聞かれないのですが、皆のなかで喜んで歌う表情に、周囲の幼児も魅かれているようにみえます。

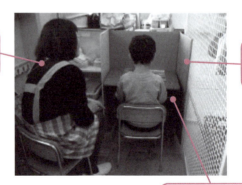

　転入園してきたLちゃんが、安心して過ごすのにさほど時間を要しなかったのは、下記の支援があったからではないかと考えられます。
- Lちゃんの特性を理解して、1日のはじめに1日の生活の流れについて視覚教材を用いて時系列に伝えたこと
- 誰にもじゃまされないLちゃん専用の遊びの場があったこと
- Lちゃんの行動パターンが保障されるように工夫したこと

　この事例からは、それぞれの特性を理解してその幼児なりの動きや表現が大切にされることが、とても重要であることがわかります。

　次の事例をみていきましょう。

【事例3】　その幼児のよさをみつけ尊重する：Mちゃんの事例から
　3年保育の幼稚園に、4月に入園してきた3歳児のMちゃんは、言葉の発達に遅れがみられ、療育機関に通っています。
　Mちゃんはままごと遊びや砂遊びを一人で楽しむことが多く、言葉を発することはほとんどありませんでした。困ったときやうれしいとき、悲しいときに喃語のような言葉を発しますが、表情豊かで喜怒哀楽をはっきりと表します。
　4歳になると自己主張が激しくなり、友だちと物をとり合ったり、順番を守らなかったりすることで、トラブルが多くなりました。Mちゃんの母親はそのことをとても心配し、園でのようすをくわしく尋ねてくるので、担任と支援員は、降園時にはその日のようすを少しでも必ず伝えるように努めました。
　Mちゃんがトラブルを起こすと、支援員はMちゃんの思いを推察しながら言葉に表して相手の幼児に伝え、相手の思いもMちゃんに伝えるなどの援助をしました。Mちゃんの発する言葉を理解することは難しいのですが、担任や支援員は、状況やその前後の脈絡をとらえて、推察していました。
　4歳の秋ごろになると、周囲の幼児もMちゃんがいわんとしていることを受け止めようとするようになり、一緒にままごとをして遊ぶ姿もみられるようになりました。それにともない、Mちゃんは自我をコントロールすることも少しずつできるようになり、相手の気持ちや思いを受け止めて遊ぶこともできるようになりました。5歳児クラスに進級すると、トラブルを起こすことはあるのですが、ルールのある遊びや協同的な活動に友だちと一緒に取り組んで楽しむ姿もみられるようになりました。

　Mちゃんのよさは、言葉が通じなくても、身振り手振りで一生懸命に自分の思いを伝えようとする意欲が旺盛で、表現が豊かなところでした。そのよさが存分に発揮されるように援助していったこと、また、その思いがまわりに伝わるような援助をしていったことが、Mちゃんの成長を促していったものと考えられました。
　最後に、次の事例をみていきましょう。

【事例4】　一斉活動への参加の工夫と言葉かけ：Nちゃんの事例から
　2年保育4歳児のNちゃんは、多動で、うれしいときや嫌なときなどに喃語のような言葉を発します。皆で絵本や紙芝居の読み聞かせを聞いたり、歌を歌ったり、先生の話を聞いたりするなどの活動に参加することはとても苦手でした。
　担任は、保護者やNちゃんが通っている療育機関と連携し、援助の手だてを工夫しました。たとえば、Nちゃん専用のいすを用意しました。それは、小柄なNちゃんの身長に合わせた高さで、ひじかけ

77

のついたいすです。Nちゃん専用のいすがあることで、皆で集まるときには、自分の居場所がわかり、時間は短くても落ち着いて参加できるようになりました。そして、無理強いはせず、Nちゃんが参加できたときに、担任や支援員はそのときの楽しさをともに感じる言葉かけをするように努めました。

Nちゃんは、否定的なことをいわれると、その否定される行動がさらにエスカレートしていく傾向もありました。担任や支援員は、否定的な表現を避けて、たとえば「廊下は走ってはいけません」というより「廊下は歩こうね」というなど、してほしい行動を言葉にして伝えるようにしました。

また、抽象的な表現では伝わりにくいと考え、たとえば、「順番を守ろうね」というより「次は○○ちゃんで、その次の2番目だよ」などと、具体的に伝えるようにも心がけました。

こうした援助や言葉かけの工夫をすることで、Nちゃんは少しずつ園生活を楽しめるようになりました。

教師や支援員の温かなまなざしや受容、言葉かけなどが幼児同士の関係性を紡ぐことにつながるということがこの事例からわかります。教師や支援員が多様な状況をていねいに受け止めて対応していくことが、幼児の価値観や幼児同士の関係性に大きく影響していくことに留意しましょう。

教師や支援員の言動が、幼児にとってモデルとなるのです。

ディスカッションしてみよう！

障害のあるなしにかかわらず、幼児への言葉かけはとても大切です。なかでも、否定されていわれると誰でもいい気持ちはしませんが、肯定的な表現で促されると自然に行動できることも多いものです。否定的にいわれがちな表現を肯定的にいい換えてみましょう。

たとえば・・・
「早くしなさい！」⇒「お支度待ってるね。手伝うことあるかな」など。
先生の話を聞くとき、「静かにしなさい！」⇒

プラスワン
保護者への伝達
保護者がわが子の発達の遅れに気づかない場合もある。この場合は、園のようすをていねいに伝え、健診を受けることをすすめていくことが必要である。

4　家庭との連携

幼児は家庭や幼稚園、地域、そしてさまざまな機関のなかで育まれます。したがって、園は家庭や地域、関係機関と密に連携をとることが大切です。

障害のある幼児については、まず家庭との連携を緊密に図ります。入園時には、入園前までの生育の状況、家庭環境やその幼児のようす、好きなことや遊び、集団に入ったときにもつであろう困難さ、必要な支援などについて、保護者である母親や父親との面談をていねいに行います。

入園してからは、降園時を利用して日々のようすを伝えたり、家庭でのようすを尋ねたりします。支援員がついていると、支援員から保護者へ伝達することもありますが、担任と支援員が連携していると感じとってもらえるように、担任は支援員と情報を共有し、担任から保護者へ伝えていくことが望ましいでしょう。さらに、個別の指導計画（→第7講参照）を作成する際にも、保護者にその内容を伝え、共有していくことが大切です。

保護者は、わが子に対して大きな不安や心配を抱えています。教師は、幼児への指導やその育ちとあわせて、保護者が障害を理解できるようにしたり、将来の不安をできるだけ取り除いたりすることが求められます。

障害の状態に応じて、幼稚園と並行して療育機関に通う幼児も多くいます。その幼児にとって、幼稚園、療育機関、それぞれの意味は異なりますが、幼稚園は、療育機関ではどのような方針が立てられ、どのような指導がなされているのかを知っておくことが重要です。すなわち、その幼児を中心にして、それぞれの方針や指導の内容、その幼児の育ちを共有することは、保育を見直す視点となるのです。

3 支援体制づくり

1 園内委員会の設置

「幼稚園教育要領解説」第1章第5節「特別な配慮を必要とする幼児への指導」1「障害のある幼児などへの指導」には、「園長は、特別支援教育実施の責任者として、園内委員会を設置して、特別支援教育コーディネーターを指名し、園務分掌に明確に位置付けるなど、園全体の特別支援教育の体制を充実させ、効果的な幼稚園運営に努める必要がある。その際、各幼稚園において、幼児の障害の状態等に応じた指導を充実させるためには、特別支援学校等に対し専門的な助言又は援助を要請するなどして、計画的、組織的に取り組むことが重要である」と記されています。

園の規模、障害のある幼児の状況等に応じて、支援体制はさまざまですが、特別支援教育コーディネーターを置くことや機能的な支援組織をつくることが求められています。

2 個別の教育支援計画と個別の指導計画

「個別の教育支援計画」は、障害のある幼児、児童・生徒の一人ひとりのニーズを正確に把握し、教育の視点から適切に対応していくという考え方のもと、福祉、医療、労働等の関係機関との連携を図りつつ、乳幼児期から学校卒業後までの長期的な視点に立って、一貫して的確な教育的支援を行うために、障害のある幼児、児童・生徒一人ひとりについて作成する計画です。

「個別の指導計画」（図表6-1）は、幼児、児童・生徒一人ひとりの障害の状態等に応じたきめ細かな指導が行えるよう、学校（幼稚園）におけ

> プラスワン
>
> **特別支援教育コーディネーターの役割**
>
> 特別支援教育コーディネーターに求められる役割には、主に
> ・園内の教師や保護者の相談窓口
> ・園内外の関係者との連絡・調整
> ・地域の関係機関とのネットワークづくり
> などがある（→第5講参照）。

る教育課程や指導計画、当該幼児、児童・生徒の個別の教育支援計画などを踏まえて、より具体的に幼児、児童・生徒一人ひとりの教育的ニーズに対応して、指導目標や指導内容・方法などを盛り込んだ計画です。

こうした計画を作成・活用していくには、障害のある幼児を担任する教師や特別支援教育コーディネーターにだけ任せるのではなく、幼稚園におけるすべての教師や支援員の理解と協力が必要となります。

図表6-1　個別の指導計画（例）

幼稚園　〇〇組（〇歳児）　氏名			
幼児のようす・課題			
生活習慣			
興味・関心			
遊び運動			
人との関わり			
保護者の願い			
今年度の目標		指導の手だて・配慮事項	
	ねらい	指導の手だて・配慮事項	評　価
生活習慣			
遊び			
人との関わり			
家庭との連携			

プラスワン

個別の指導計画
個別の指導計画は、園や自治体によってさまざまな様式がある。

3　関係機関との連携

障害のある幼児は、幼稚園のほかに療育機関に通い、専門的に療育を受けていることが多くあります。

教師は、一人ひとりの特性に応じた指導を行ううえからも、障害のある幼児がどのような機関でどのような療育を受けているのかを知り、保育のなかで生かせる手だてがあれば、それを活用していくことが大切です。

そのためには、保護者との連携を密に図って家庭や療育機関でのようすなどの情報を得ることや、ときには、その幼児が通っている療育機関へ足を運んで療育のようすをみせてもらい、職員から助言を得ることも必要です。

また、各地域の行政機関においては、巡回相談（→第1講、第5講参照）を行っています。巡回相談は、児童・生徒一人ひとりのニーズを把握し、児童・生徒が必要とする支援の内容と方法を明らかにするために、臨床心理士などを派遣して、助言を行うものです。発達の気になる幼児がい

る場合には、全職員で情報を共有しつつ、こうした制度を活用することも必要です。

特別支援教育に関わる機関には、児童発達支援センターや市町村保健センターなどとよばれるさまざまな機関があります。教師は、自分の勤務する幼稚園の地域にはどのような機関があるのかを把握しておくことが大切です。

4 小学校教育へつなげる就学支援

幼稚園教育は、小学校以降の生活や学習の基盤の育成につながることに配慮し、幼児期にふさわしい生活をとおして、創造的な思考や、主体的な生活態度などの基礎を培うものです。さらに、2018(平成30)年から施行された「幼稚園教育要領」には、「幼児期の終わりまでに育ってほしい姿」として10の姿があげられ、小学校教育への円滑な接続を図るよう努めるものと示されました。

また、幼稚園教育と小学校教育の円滑な接続のために、幼稚園の幼児と小学校の児童との交流の機会を積極的に設けるようにすることも求められています。そして、「幼稚園教育要領解説」には、「地域や幼稚園の実態等により、幼稚園に加え、保育所、幼保連携型認定こども園、小学校、中学校、高等学校及び特別支援学校などとの連携や交流を図るものとする」と示されています。特別支援学校だけでなく、近隣小学校の特別支援学級などの児童との交流も考えられます。

障害のある幼児、児童・生徒との交流および協同学習の機会を設けることは、幼児が将来、障害者に対する理解と認識を深めるだけでなく、仲間として気持ちを通い合わせることが実感されるなど、有意義な機会となることが期待されるものです。

教師は、幼児の小学校入学を控え、幼稚園生活をとおしてそれまでに育ってきた幼児の姿や支援、指導等について、情報を小学校につなげることは、その幼児が小学校生活を楽しく送ることができるために大切です。

各自治体では、就学支援シートとよばれるシートを希望する保護者に配布します。そして、幼稚園は保護者の要請に応じてシートへ必要な事項を記入します。作成された就学支援シートは、就学する小学校へ保護者が提出します(→第7講85ページ参照)。

ディスカッションしてみよう！

あなたが住んでいる地域にはどのような支援機関がありますか？皆で名称やその機能、役割などを調べ、出し合ってみましょう。

たとえば・・・

第6講 幼稚園における特別支援教育

プラスワン

幼児期の終わりまでに育ってほしい10の姿

幼稚園教育において育みたい資質・能力は、「知識及び技能の基礎」「思考力、判断力、表現力等の基礎」「学びに向かう力、人間性等」である。これらを含む幼稚園修了時の具体的な姿を10あげている。教師が指導を行う際に考慮するものとなる。内容は以下のとおりだが、詳細は「幼稚園教育要領」や「幼稚園教育要領解説」を参照するとよい。

● 健康な心と体 ● 自立心 ● 協同性 ● 道徳性・規範意識の芽生え ● 社会生活との関わり ● 思考力の芽生え ● 自然との関わり・生命尊重 ● 数量や図形、標識や文字などへの関心・感覚 ● 言葉による伝え合い ● 豊かな感性と表現

知っておくと役立つ話 — 復習や発展的な理解のために

早期発見・早期支援

　2004（平成16）年に施行された「発達障害者支援法」では、障害のある乳幼児の早期発見・早期支援のために必要な措置を講じるよう、各自治体に求めています。早期発見・早期支援を行うことが、障害のある乳幼児の発達を保障したり、二次的な問題を予防したりすること、また、保護者の支援を行うことにつながるからです。

　早期発見の機会の一つに、乳幼児健康診査があります。1歳6か月児健診、3歳児健診などが行われますが、1歳未満では、乳児健診があり、実施時期は自治体によって異なっています。

　こうした健診においては、医師や保健師、臨床心理士、栄養士などが関わり、身体および精神面の発達を診査します。また、近年は5歳児健診を取り入れている自治体もあり、発達に課題が認められる幼児に対しての支援体制を整えるところも多くみられるようになりました。

　早期の治療や指導を始めることによって効果をあげられる障害の一つに、言語障害があります。口蓋裂や口唇裂のような器質的障害は、出生後に発見されますが、吃音や言語発達遅滞などは、幼児の言葉の習得にともなってその特徴が現れてくるため、保護者の気づきや、1歳6か月児検診や3歳児健診の役割が重要となります。

ちゃんとわかったかな？
復習問題にチャレンジ

類題（神戸市　2018年）

次の文は、「幼稚園教育要領 第1章 総則」（平成29年3月 文部科学省）に述べられているものである。（ア）～（オ）にあてはまる適切な語句を①～⑨から選び、番号で答えよ。

1　障害のある幼児などへの指導

　障害のある幼児などへの指導に当たっては、集団の中で生活することを通して全体的な発達を促していくことに配慮し、（　ア　）などの助言又は援助を活用しつつ、個々の幼児の障害の状態などに応じた（　イ　）の工夫を組織的かつ計画的に行うものとする。また、家庭、地域及び医療や福祉、保健等の業務を行う関係機関との連携を図り、（　ウ　）な視点で幼児への教育的支援を行うために、個別の教育支援計画を作成し活用することに努めるとともに、（　エ　）を的確に把握し、個別の指導計画を作成し活用することに努めるものとする。

2　海外から帰国した幼児や生活に必要な（　オ　）の習得に困難のある幼児の幼稚園生活への適応

　海外から帰国した幼児や生活に必要な（　オ　）の習得に困難のある幼児については、安心して自己を発揮できるよう配慮するなど（　エ　）に応じ、（　イ　）の工夫を組織的かつ計画的に行うものとする。

①指導内容や指導方法　　②長期的　　③特別支援学校　　④全体的な発達　　⑤日本語　　⑥障害の種類や程度　　⑦言葉　　⑧個々の幼児の実態　　⑨総合的

理解できたことをまとめておこう！

ノートテイキングページ

学習のヒント：幼児期の視覚障害、聴覚障害、知的障害、肢体不自由、病弱・身体虚弱、言語障害、情緒障害、自閉症、ADHDなど、それぞれの障害にはどのような「困難さ」があるのか、また、その「困難さ」に対しては、どのような支援がされているのかを調べてみましょう。

第6講　幼稚園における特別支援教育

第7講 小学校における特別支援教育

理解のポイント

小学校に入学する前から始まる特別支援教育では、通常の学級において「一部の学習に困難さがある」「学習に集中できない」「学習中にすぐ離席する」「ルールの理解ができず、友だちとトラブルを起こす」など、問題を抱えた児童に対して、教師や学校に関わる人たちで、個別の支援をしていきます。本講では、小学校における特別支援教育はどのように行われるのかを学びます。小学校入学前から始まるシステムを理解しましょう。

1 就学時健康診断から始まる小学校の特別支援教育

　小学校では、年度末になると次年度の行事計画を立てます。入学式から始まり、運動会や学芸会、宿泊行事、校外活動（遠足や社会科見学など）、保護者会などの日程を決めます。そのなかで、就学予定者を受け入れる体制も考えます。たとえば、入学予定者のための保護者会や見学会、相談会などです。

　就学時健康診断は、小学校入学の前年度の11月30日までに、各市区町村の教育委員会が実施します。実施方法については、さまざまな形態がありますが、入学予定の小学校で行う場合もあります。そのことを踏まえて、各小学校では入学準備が始まります。児童一人ひとりの情報を的確に把握し、学級編成や学級経営の方針を決める手だてとします。

　学校では、配慮を必要とする児童の把握も含めて、新1年生に対する準備を計画します。

　次の事例を検証しながら、どのような人たちが特別支援教育に関わっているか考えてみましょう。

【事例1】 A小学校（東京都）における「新1年生準備委員会」
　次年度に入学予定の就学児童の実態を把握することにより、配慮児童や支援児童の対応を考えたクラス編成や担任の選考をします。その計画を推進するための組織です。

■9月　入学準備委員会
①構成メンバー
　・管理職、1年生主任、1年生担任、保健主任、養護教諭、スクールカウンセラー、特別支援教育コーディネーター

プラスワン

就学時健康診断

市町村の教育委員会が、就学予定者に対し、あらかじめ健康診断を行うことにより、就学予定者の状況を把握し、保健上必要な助言や適正な就学についての指導等を行い、義務教育の円滑な実施に資するものである（「学校保健安全法」要旨）。就学時健康診断の結果を受けて、支援対象者の把握を行う。個別の教育支援計画がある場合は、関係機関と連携をとり、情報収集する。

②教育委員会との連携
  ・新1年生入学予定人数把握
  ・就学時健康診断計画
■10月　就学時健康診断
①就学予定者の身体・知能検査
②就学予定者の保護者面談
■11月　就学時健康診断結果まとめ
①特別支援対象者の把握（関係機関と連携）
②個別の教育支援計画の有無確認
■12月　学区域内の保育所、幼稚園児との交流（年長児）
①学校行事への参加
②学校見学（在校児童との交流）
■1月～2月　新1年生保護者会
①入学準備説明会
②特別支援教育対象の保護者面談（就学支援シートを活用して、支援を必要とするか否かを、保護者と確認する）
■2月～　特別支援対象者の就学相談開始
①特別支援教室の紹介・案内
②区相談センターへの申し込み
③スクールカウンセラー紹介（入学後、定期的に面談を行うことを確認する）

■3月　クラス編成
①配慮児童（特別支援教育対象児）の確認
■4月　入学式
①担任発表後、保護者と面談
■入学後　特別支援教育校内委員会で経過報告
①校内の教職員に報告、確認
②専門機関との連携
③個別の指導計画作成

特別支援教室は、配慮児童のための専門的な学びの場です。通常学級に在籍しながら、計画的に学習することができます。

プラスワン

就学支援シート

就学前機関である幼稚園、保育園等と小学校との連携をとるために、小学校に入学する新1年生を対象に、その保護者に「就学支援シート」を記入してもらう。

特別支援教室

障害のある子どもと障害のない子どもに分けて支援するのではなく、必要に応じて誰にでも支援やサポートを提供する。これは、「障害のある子どもが障害に応じて支援を受ける」という特別支援学級や、通級による指導のスタンスとは大きく違うものである。子どもたちがふだん通っている学校でそのまま支援を受けられる制度で、文部科学省は小中学校に導入を計画している（→第11講141ページ参照）。

1　個別の指導計画

　個別の指導計画とは、学習時に支援を必要とする幼児、児童・生徒一人ひとりに作成する、各教科等の目標や内容、配慮事項などを具体的に示した指導計画です（90ページ、図表7-3）。

2　個別の教育支援計画

　特別支援教室の対象となる児童については、個別の教育支援計画を作成します（91ページ、図表7-4）。個別の教育支援計画は、一人ひとりの配慮の必要な幼児・児童・生徒について、乳幼児期から学校卒業までの一貫した長期的な計画を学校が中心となって作成します。作成にあたっては、関係機関とよく連携をとり、保護者も参画します。

2　配慮児童は、いつ、誰が、どのように判断するのか

　学級担任になると、まずは子ども一人ひとりの実態を把握します。家庭の状況、学校での生活のようす、学習態度・意欲などについて、保育所や幼稚園等の担任から引き継ぐことも多くあります。どのような場面でどのような配慮が必要なのか、その情報をもとに、学級経営計画を立てます。

　子どもの安全と安心を第一に考えて学級経営を行いますが、担任一人では対応できないことに直面することもあります。そのような場合は、各学校の計画に沿って組織全体で対応します。

> 【事例2】　B小学校（東京都）の校内における組織対応の手順
> 　配慮や支援が必要な児童に対して、校内の専門的立場の職員（スクールカウンセラー、特別支援教育コーディネーター、養護教諭等）を活用して児童の行動観察を行い、校内組織で検討し、手だてを考えます。
>
>
>
> ①学級での日常生活における行動記録（担任）
> ↓
> ②学年間での情報交換（学年主任等）
> ↓
> ③特別支援教育コーディネーターやスクールカウンセラーへの相談
> ↓
> ④専門家による行動観察（巡回相談員、派遣心理士等）
> ↓
> ⑤校内委員会開催（管理職等）
> ↓

⑥関係機関への相談
- 公的教育機関（教育委員会、就学相談）
- 公的教育相談センター（教育相談センター、教育相談）
- 医療機関（かかりつけ医、専門医、臨床心理士等）
- 精神保健福祉センター
- 特別支援学校
- 特別支援学級
- 特別支援教室（通級指導教室）

⑦児童に対しての適切な支援開始

⑧経過報告および評価
- 保護者との連携を定期的に行う

3 特別支援教育を円滑に推進するための組織づくり

　通常学校での特別支援教育は、障害のある児童だけではありません。配慮の必要なすべての児童が対象です。日常の学校生活において支援を必要とする児童へは、校内委員会を中心に進めていきます。
　どのような手順でどのような支援体制を行うか考えてみましょう。

①特別支援教育に関する校内委員会設置
②実態把握
③特別支援教育コーディネーターの指名（管理職が行う）
④関係機関との連携を図った「個別の教育支援計画」の作成と活用
⑤「個別の指導計画」の作成
⑥特別支援教室や通級指導教室、特別支援学級との連携
⑦教師の専門性の向上

　各学校においては、校内委員会を設置し、特別支援教育コーディネーターが中心となり支援を進めます。特別支援教育コーディネーターは、まず、担任や保護者をサポートするとともに、外部の関係機関との連絡調整を行います。また、発達障害に関する基礎的な理解を深めるために、校内研修なども企画運営します。

4 特別支援教室の導入

　特別支援教室は、特別支援教育をより効果的に推進するために導入され

ました。

児童の障害の状態に応じて、「自立活動」「教科の補充」などが、児童の特性に合わせた方法で行われる、特別な指導を必要とする児童のための支援教室です。

① 基本的な考え方
○すべての学校で実施する特別支援教育の推進
○つながりを大切にした特別支援教育の推進
○自立と社会参加を目指す特別支援教育の推進

② 対象となる児童
　通常学級に在籍し、知的障害のない発達障害または情緒障害等があり、一部特別な指導を必要とする児童です。主に自閉スペクトラム症（自閉症、アスペルガー症候群、注意欠陥・多動性障害、学習障害）、情緒障害などです。

③ 制度のねらい
　障害のある児童と障害のない児童が、それぞれに必要なサポートを受けつつ、分け隔てなく教育を受けるためのものです。また、特別支援教室の指導教師と在籍学級担任、教科担任の協働により、一人ひとりが抱える困難さをより効果的に改善し、適応力の伸長を図ることを目的としています。

④ 特別支援教室に関わる入室手続きの流れ
　市区町村教育委員会によってそれぞれシステムが決まっています（図表7-1、7-2）。

図表7-1　東京都C区教育委員会の例

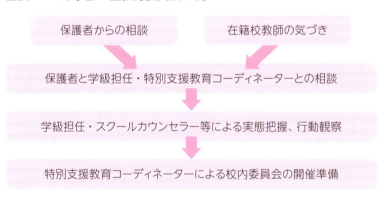

図表7-2　特別支援教室利用までの手続き

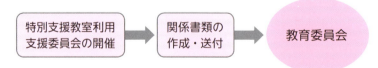

→承認されると、特別支援教室利用開始
→否認された場合には、校内での支援体制を確認

> **プラスワン**
>
> **特別支援教室の形態**
> ○**特別支援教室1**
> ほとんどの時間を特別支援教室で特別の指導を受ける形態。
> ○**特別支援教室2**
> 比較的多くの時間を通常の学級で指導を受けつつ、障害の状態に応じ、相当程度の時間を特別支援教室で特別の指導を受ける形態。
> ○**特別支援教室3**
> 一部の時間のみ特別支援教室で特別の指導を受ける形態。
>
> **特別支援教室の時間**
> 設置者である市町村教育委員会は、支援を要する児童・生徒の人数に対して教員を配置するので、週に1時間〜4時間が多い。

5 小学校教師の学び

2016（平成28）年4月に「障害を理由とする差別の解消の推進に関する法律（障害者差別解消法）」が施行され、すべての公立学校等において、障害のある幼児、児童・生徒へ、必要に応じて合理的配慮（→第1講18ページ参照）を提供することが義務化されました。

これを受けて、障害のある子どもが、ほかの子どもと平等に「教育を受ける権利」を受け入れて、実際に行うために教育的環境整備が必要となりました。たとえば、学習上、生活上での困難を改善、学習内容の変更、教材の工夫、学習体験の確保、専門性のある指導体制の整備、校内環境のバリアフリー化、施設整備等です。

最後に、子どもにとって最大の環境である教師自身が特別支援教育を推進するため、どのような学級経営をしていけばよいかを考えてみましょう。

① **発達障害を理解する**
- 児童の行動から児童の気持ちを理解する力を養う

② **学校における指導・支援を計画的に行う**
- 効果的な授業の展開
- 手法や指導法の習得
- 教師間の意思疎通
- 共通理解など

③ **教室の環境を整える**
- 時計の位置
- 板書のしかた
- 前面の掲示
- 教卓や棚の位置
- 教室内の整理整頓など

ディスカッションしてみよう！

特別支援教室を有効に活かすためには、どのような関わりや指導をするとよいでしょうか。

たとえば・・・

図表7-3　個別の指導計画の一例

指導計画	年度　　年　　月　　日						
児童名	生年月日	性別	個別	小集団	時間	学年・組	年　組　担任名
診断名		服薬			受診先		
検査結果							
年間指導目標		年間を通しての評価					

健康の保持	心理的な安定	人間関係の形成	環境の把握	身体の動き	コミュニケーション
1(1) 生活のリズムや習慣の形成 1(2) 病気の理解と生活管理 1(3) 身体各部の理解 1(4) 健康の維持・改善	2(1) 情緒の安定 2(2) 状況の理解と変化への対応 2(3) 障害による困難を改善・克服する意欲	3(1) 他者との関わりの基礎 3(2) 他者の意図や感情の理解 3(3) 自己の理解と行動の調整 3(4) 集団への参加の基礎	4(1) 保有する感覚の活用 4(2) 感覚や認知の特性への対応 4(3) 感覚の補助 4(4) 感覚を活用した状況の把握 4(5) 認知や行動の概念の形成	5(1) 姿勢と運動・動作の基本的技能 5(2) 姿勢補助と運動・動作の補助的手段の活用に関すること 5(3) 日常生活に必要な基本動作 5(4) 身体の移動能力 5(5) 作業に必要な動作と円滑な遂行	6(1) コミュニケーションの基礎的能力 6(2) 言語の形成と表出 6(3) 言語の形成と活用 6(4) コミュニケーション手段の選択と活用 6(5) 状況に応じたコミュニケーション

項目	児童の実態	手立て	前期		後期	
			目標	評価	目標	評価
学習面	○○○○○○	○○○○○○	○	○	○	○
社会性 対人関係 行動上の問題	○○○○○○	○○○○○○	○	○	○	○
特記事項						

90

図表7-4　個別の教育支援計画の一例

（個別の教育支援計画）

氏名

		フリガナ		性別		生年月日	
本人		氏名		保護者氏名		年　月　日生	
		住所		連絡先			
				愛の手帳	度	年　月交付	
		障害名		身障手帳	級	年　月交付	
		障害のようす		種			
学校		小学校 中学校					
家族構成		父・母・兄（　）・姉（　）・弟（　）・妹（　）・祖父・祖母・その他（　）					

1　学校生活への期待・成長への願い（こんな学校生活がしたい、こんな子ども（大人）に育ってほしい、など）

本人から

保護者から

2　現在のお子さんのようす（得意なこと・がんばっていること・不安なことなど）

3　支援の目標（担任記入）

学校生活の指導・支援	家庭の支援

4　成長のようす（年度末に保護者が記入）

5　成長のようす・来年度への引き継ぎ（年度末に担任記入）

6　支援機関の支援

	支援機関： 支援内容：	担当者： （　　）〜（　　）	連絡先： 頻度：
教育相談	支援機関： 支援内容：	担当者： （　　）〜（　　）	連絡先： 頻度：
福祉事務所	支援機関： 支援内容：	担当者： （　　）〜（　　）	連絡先： 頻度：
保健センター	支援機関： 支援内容：	担当者： （　　）〜（　　）	連絡先： 頻度：
医療	支援機関： 支援内容：	担当者： （　　）〜（　　）	連絡先： 頻度：
余暇・ 地域生活	支援機関： 支援内容：	担当者： （　　）〜（　　）	連絡先： 頻度：

7　療育歴（就学前）

時期（期間）	名称	備考
〜		
〜		

8　担当者名（学級担任等）

校種	学年	年度	担任名等
小学校	1年	年度	年　組
	2年	年度	年　組
	3年	年度	年　組
	4年	年度	年　組
	5年	年度	年　組
	6年	年度	年　組
中学校	1年	年度	年　組
	2年	年度	年　組
	3年	年度	年　組

支援機関への提示を　[　承諾します　・　承諾しません　]

　　　年　　月　　日　　保護者氏名　　　　　　　　（自筆）

知っておくと役立つ話 （復習や発展的な理解のために）

通常の学級で行う合理的配慮

誰もが等しく学べるよう、通常の学級においては以下のような配慮が求められています。

①学びやすい教室環境
- 教卓の上には児童の提出物が出しやすいように、提出場所を決める。たとえば、宿題・連絡帳・その他の提出物の入れ物を用意し、それぞれに表示する。
- 黒板には、本日の予定や手順を示し、見通しがもてるようにする。
- 教室の棚は、安全と使いやすさを考えて配置する。
- 常時掲示するものと適宜掲示するものとを使い分ける。
- 不必要な部分を目隠しできるようにカーテンなどで仕切る。

②居心地のよい学級の基本は、教師の言語環境
- 肯定的な言葉がけをする。
- 児童の名前は、○○さん（敬称）と呼ぶ。
- 指示は端的に、明確に、一文は短く。
- 発語は明確に、口形は正しく発音する。
- アイコンタクトをとる。

③子どもの特性を理解し、つまずかせない支援
- 問題行動が起こる前に、先手必勝の指導を行う。
- できたら褒めることを忘れない。

④子どもの気持ちを受け止める（言語表現が苦手な児童が多い）
- 子どもの表情をよくみる。
- 子どもの言動に振り回されない。
- 気持ちを言語化してみる。
  例1 「やめなさい」→「やめてほしいな」
  例2 「危ないでしょ‼」→「危ないと思うよ」

⑤他者の気持ちが考えられるように工夫する
- シンプルでわかりやすい指示をする。
- 具体的な指示をする。
  例 「水着に着替えるときは、みんなの前で裸になりません」→「教室では、パンツ1枚になって動き回りません」
- みてよくわかる資料を作成する。

⑥協同的授業の実践
- 授業の開始と終了のあいさつは大切である。
- 視覚に訴えた教材を準備する。
- グループ学習で全員参加型の授業を工夫する。
- 板書の構造化→本時の目標を明記し、ノートをとりやすいように配慮する。

復習問題にチャレンジ

ちゃんとわかったかな？

類題（京都市　2017年）

> 障害のある児童生徒の就学先決定の仕組みについて、（　）に当てはまる語句の組合せのうち、正しいものを①～⑤から一つ選んで番号で答えなさい。

〈就学先を決定する仕組みの改正（平成25年9月1日施行）〉

　障害のある児童生徒の就学先決定の仕組みについて、「特別支援学校への就学を原則とし、（ア）に小中学校へ就学することも可能」としていた従前の規定が定められ、個々の児童生徒について、（イ）の教育委員会が、その障害の状態等を踏まえた（ウ）な観点から就学先を決定する仕組みとすることなどが規定されました。

① ア　総合的　　イ　市町村　　ウ　例外的
② ア　合理的　　イ　都道府県　ウ　個別的
③ ア　例外的　　イ　市町村　　ウ　総合的
④ ア　総合的　　イ　市町村　　ウ　個別的
⑤ ア　例外的　　イ　都道府県　ウ　総合的

第7講　小学校における特別支援教育

ノートテイキングページ

理解できたことをまとめておこう！

学習のヒント：個別の指導計画と個別の教育支援計画の違いをまとめてみましょう。

第8講 中学校における特別支援教育

> **理解のポイント**
> 中学校という時期は、学習課題が今まで以上に重くのしかかり、卒業時には進路の選択に迫られる時期です。そのようななか、通常の学級において学習面や行動面で著しい困難さを示す生徒は6.5％おり、それ以外にも著しい困難さはないものの、発達に凸凹のある生徒が数多くいます。本講では、さまざまな困難を抱えた生徒が、通常の学級で、どうすればともに助け合いながら、どの生徒も等しく効果的に学べるのかを、実際に中学校で行った実践を通じて学んでいきましょう。

1 中学校において支援が必要な生徒とは

　図表8-1をみてみましょう。図表のなかの項目「0」の人に注目してください。これは、教師がみて、学習や集中力、対人関係、それぞれに問題がないと感じているのが「0」の生徒のことです。ここで驚くのは、学習面において問題のない生徒のほうが少ないという事実です。さらに、「不注意」または「多動性」「対人関係やこだわり等」などの困難も含めると、多くの生徒に困りどころがあるということがわかります。つまり、支援が必要なのは特殊なことではなく、一般的なことだということなのです。それは、多くの生徒に支援の必要性があるということです。

> **ディスカッションしてみよう！**
> 図表8-1から、どのようなクラスのようすが想像できるか話し合ってみましょう。
>
> たとえば・・・

図表8-1　困難さを抱える児童・生徒の分布状況

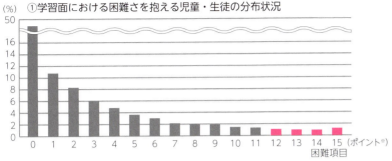

①学習面における困難さを抱える児童・生徒の分布状況

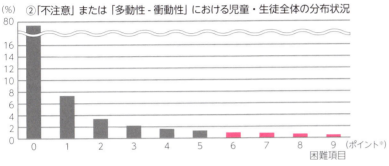

②「不注意」または「多動性 - 衝動性」における児童・生徒全体の分布状況

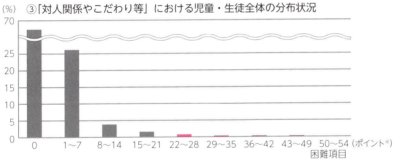

③「対人関係やこだわり等」における児童・生徒全体の分布状況

※全国600の小中学校の児童生徒において話す、聞く、読む、書く、計算、推論、不注意、対人、こだわりなどで困難さをポイントとして数えたもの。
文部科学省初等中等教育局特別支援教育課「通常の学級に在籍する発達障害の可能性のある特別な教育的支援を必要とする児童生徒に関する調査結果について」2012年

2　皆が輝く学級づくり

　図表8-1が示すように、ほとんどの生徒が何かしらの困りどころをもっています。ですから、授業においては支援の手だてが必須です。
　支援を有効にするには、これまでの講で述べたような校内組織や専門家による個別対応ももちろん必要となりますが、これだけ困りどころのある生徒が多い状況ですと、教師や専門家だけでは手が足りません。生徒たち自身からの支援も必要なのです。生徒からの支援を受けるには、自分の考えをいいあえる関係でなくてはなりません。
　たとえば、筆者の勤務する中学校で、自閉的な傾向のある生徒がこういいました。

図表8-2 発言を支援しやすい環境のためには何が必要なのか

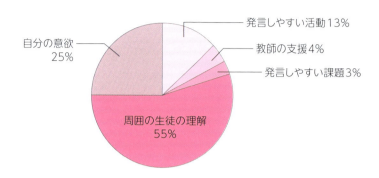

他者の意見を否定しない、安心して自分の考えを表現できる環境づくりが大切です。

「相手のことがわからないから、自分のこともわかってもらえない。だから皆と話すことができない。違ってもいい、大丈夫だよって、先生じゃなくて、周囲の生徒にいってもらいたい」

この生徒の発言はけっして特殊なことではありません。

図表8-2は、本校で行った「発言を支援しやすい環境のためには何が必要なのか」についての調査で、中学2年生130人に聞いた結果です。もちろん「自分の意欲」も大切ですが、周囲の生徒の理解が発言をするうえで、大きなウェイトを占めていることがわかります。

これらをまとめると、学習環境づくりのポイントは、以下のようになります。

> ①自分の困りどころをある程度開示し合う
> ②互いの困りどころを皆で理解し合う
> ③自分のできること(得意)を発揮し、互いに仲間を支援する

このような関係を学級内で実現するには、それぞれが集団に貢献しようとすることが基礎になります。競争社会に慣れ、個人主義が浸透している現代では難しいと考える人も多いでしょう。しかし、人間はもともと群れで生活する生き物で、本来、群れを維持するために何かを分け与え合うことで幸せになるという本性をもっています。そのような部分を集団活動に活用することで、生徒たち同士が自然に支援し合える関係をつくることができるのです。そのためのポイントを下記に表します。

> 1 人間関係をつくる(互恵的相互依存の関係)(97ページ)
> 2 集団活動の条件を確認する(98ページ)
> 3 一人ひとり考えをもつ(99ページ)
> 4 対話をつくる(100ページ)
> 5 発言を助ける(101ページ)
> 6 2つの振り返りを行う(102ページ)

個人が相互的に働きかけ、集団のために貢献し、それが個人に恩恵を

もたらすような人間関係を「互恵的相互依存の関係」といいます。これは、集団活動の必須の条件となります。教師はまずその意義を十分に把握し、次項から示す活動を通じて生徒にそのことを体験的に理解させ、振り返りによって常に確認します。そうしてクラス全体が「相互支援」できる関係を徐々に固めていきます。以下で、ポイントの内容をくわしくみていきましょう。

1 人間関係をつくる

人間関係をつくるときのポイントは次の通りです。

> ① 1人の利益は、ほかのメンバーの利益にもなっているか
> ② 協力し合うことが不可欠な状態か

授業で上記の2つの内容が成立しているとき、すでに互恵的相互依存の関係が成立しているといえます。

しかしこのような関係は、教師が意図的につくろうとしないとなかなか実現されません。それには、次に示すチームビルディングなどを利用して、人間関係のあり方を体験的に理解させる活動を行うことが必要です。

次のワークは、学活などの時間に行う活動ですが、人間関係をつくるには、道徳においてもチームビルディングを意識することが大切です。あらゆる機会を通じてチームを意識させることで、学級全体に相互支援が根づいていきます。

> **ワーク** チームビルディングをしてみよう！
>
> ヘリウムリングというチームビルディングの活動を通じて、集団の優位性とそれぞれがもつ役割について考えましょう。
> （1）鉛筆を指1本でもち上げるには、どうしたらよいでしょうか。
> （2）同じように、いすを指1本でもち上げるには、どうしたらよいでしょうか（1人より皆でやったほうができることが多いのです）。
> （3）今度はいすに座った人を指2本でもち上げてみましょう。
> →まず人さし指2本を伸ばして手を組みます。
> →次に、2人が左右のわき、もう2人が左右のひざの裏に組んだ指を差し込み、同時にもち上げます。
> →このとき、重くてもち上げられなかったグループに、各自が両手でもてる重さを聞き、皆が力をだしきっていないことを説明します。
> →もち上げられることと、皆の力がすべて発揮されることをイメージして、もち上げられる人の頭の上で、手を交互に間を開けて積み上げていきます。
> →意識がそろい、もち上げる気持ちが充実したら、さっきと同じようにやってみます。

「話し合う」「協力する」など抽象的な概念を理解することが難しい生徒がいます。そのような生徒たちにヘリウムリングのような活動で体験的に学ばせることはとても重要です。

もち上げることができましたか。(3)の通りにやってみると、軽くもち上げられるはずです。どのくらいの人までもち上がるでしょうか。ほとんどの人がもち上がるはずです。その理由を考えてみましょう。

グループのなかで、もち上げることができないと思っている人がいた場合、ほかの人に多くの重さがかかるのでもち上げられません。60kgの体重でも、いっせいに4人でもち上げれば1人の負担は15kg。本当はもち上がるのですが、もち上げられそうにないと思う人がいるだけでもち上がらなくなるのです。つまり、皆がそれぞれに役に立とうと思う気持ちと、明確な役割、同時・平等に力を発揮することで、もち上げられるのです。

2 集団活動の条件を確認する

生徒全員が等しく参加する学習集団とは、どのようなものでしょうか。そこには、生徒たちそれぞれの役割があり、教師は活動を通じ、その役割を強調しながら支援していきます。また生徒は、役割を実現させるために、仲間を支えていかなければならない場面が多く生まれてきます。ここでは、そのような集団活動に必要な条件をみていきましょう。

> 【集団活動（グループ学習）の条件】
> ①互恵的相互依存の関係がある
> ②個人の責任（役割）が明確である（責任の明確化）
> ③参加の平等性が確保されている（活動の平等性）
> ④ともに活動する同時性に配慮されている（活動の同時性）

それでは、集団活動を活性化させるためのワークを行ってみましょう。

> **ワーク**「Find Someone Who（この人を探して）」を使って、仲間づくりを体験しよう！
> (1) 人数分のマスを書いた用紙を用意します。
> (2) 自分の特技について考える時間を1分間与えます。
> (3) どれか1つ選び、自分の特技をマスの上側に書かせます。
> (4) 書いたら次の人に回し、全部埋めます。
> (5) 書き終えたら回収し、人数分コピーし、1枚ずつ配布します。
> (6) 開始とともに用紙に書かれた特技にふさわしい人のところへ行かせます。
> (7) その人にあいさつをしたあと、用紙に書いてある特技かどうか聞かせます。
> (8) 当たっていたら、オーバーなくらいに褒め「当ててくれてありがとう。よろしく」といわせ、そのマス下側にサインするように伝えます。
> (9) 違っていたら、「私はもっと○○な人です」と自分についてのヒントを伝え、役割を交代させ、相手の質問を受けさせます。
> (10) 相手の質問に対しても、当たっているか、違っているか答え、

メンバーの得手不得手を知り、役割を設定することは失敗を防ぐことにもつながります

　　　　（8）（9）のように反応してもらい、感謝の言葉を述べ、次
　　　　の人のところへ行きます。
（11）すべて埋まったら終わりです。

　どうでしたか。この活動を通じて人との接し方を身につけることができましたか。メンバーの得意な能力を知ったうえで、自分の得意な能力もメンバーに理解してもらうことができたら、どれだけすばらしいでしょうか。ただし、自己肯定感の低い生徒や言語力の低い生徒は、自分の特技が書けない可能性があります。状況に合わせて、ペアで相談してもよいことにするなど、支援の手だてが必要です。また、特技でなく弱さを伝え合う内容にしても、効果的です。

3　一人ひとり考えをもつ

① 自分の考えをもつとは

　授業中に質問するとき、よくすぐに答えさせようとします。しかし、ほとんどの生徒はうまく答えられません。考える時間を確保していなかったからです。課題が多かったり複雑だったりするときは、前日に授業の動画をみせたり、授業内容をあらかじめプリントにまとめて配ったりするのも効果的な方法です。事前に内容がわかることで、家で調べたり、相談したりすることができ、授業に参加しやすくなるのです。

　ここで大切なことは、一人ひとりが考える時間をとるということです。自分の考えがまとまらないままに、安易に仲間と相談する時間を与えるというのは適切ではありません。教室での考える時間は、まずは沈黙が原則です。この沈黙を経て、聞きたい、話したいと思うほどの意欲が生まれたときに、話し合いが始まるようにします。

② 考えの多様性を理解する

　人間は生活していくなかで、いろいろな問題に出会います。そして、そこでだされる答えはたいてい1つではありません。しかし、授業においては、答えは1つと考えている生徒は多いので、ここをまず訂正していかなければなりません。多くの意見をだすことで、その違いから新たな気づきが生まれることを理解させ、多くの発言が生まれるように支援しましょう。

　ここで、自分の意見をだすためのワークを紹介します。

ワーク　作家の輪

　意見を集めるためのワークです。テンポよくどんどん書くように指示しましょう。
（1）「好きなものいっぱい」（103ページ、図表8-4）の用紙を配り、
　　　方法を説明します。
（2）自分の好きなものについて考えさせます（1分間）。
　　※1分間はあくまでも目安です。全体のようすをみて、考える時間の終了を告げます。

（3）どのくらいみつかったか確認します。ここでみつかったものが1つでもあることが、次の話し合いに参加できる大切なポイントとなります。
　　（4）指示されたものから時計回りに、思いついた好きなものを書き込んでいきます（3分間）。
　　　※ここでも3分間はあくまでも目安です。全体のようすをみて、書き込む時間の終了を告げます。
　　（5）終了を告げ、「書かれたものから、皆で話し合って、グループで共通する好きなものについてまとめなさい」と指示します。
　　（6）個人とグループでどれほど違ったか確認します。

　好きなものは完全に個人的な内容ですが、皆から指摘され、そういわれてみればそれもそうだなと気づくことがあるのではないかと思います。好きなものについてのグループでの話し合いは楽しく、とても印象に残る活動です。グループによっては、授業が終わってもその話で盛り上がっているようすがみられます。

4　対話をつくる

　授業見学に行くと、ある程度説明し終わって「では、話し合ってください」と突然生徒に課題を丸投げする教師をみかけますが、集団活動の条件（→98ページ参照）に、「個人の責任が明確である」とあるように、それぞれの役割をきちんと把握していなければいけません。それは①グループ構成、②役割、③手順、④どのような話し合いをするのか、という話し合いの組み立てを把握したなかで決まります。

　次に示した活動は、クイズ・クイズ・トレイドという知識定着にとても効果がある活動です。これを使って話し合いの流れを説明します。

　カードを使って、①席を立ってペアを組み、②質問する人と答える人に分かれ、③交代で、④質問をだし、⑤正解ならオーバーなくらいに褒め、間違っていたら正解を教え、⑥終わったら、カードを取り換えて、次の相手のところへ行く、というようになります。

　このように役割と手順が明確であると、対人関係が苦手な生徒でも対応しやすくなります。

プラスワン

話し合いで大切なこと

①全員参加できるように、その生徒に合った参加のしかたを生徒とともに工夫する。
②できたときや気づきを生むようなものがあったときは、少しオーバーなくらいに褒める。よいことを印象づけることが大切である。
③わからないことや疑問提示は、大事な学習ポイントである。

ワーク　クイズ・クイズ・トレイドをしてみよう！

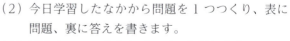（1）カードを1枚もらいます。
（2）今日学習したなかから問題を1つつくり、表に問題、裏に答えを書きます。
（3）席を立って、手をあげ、ペアを探します。
（4）相手がみつかったら互いに手を下ろします。
（5）問題をだし、相手に答えてもらいます。
（6）正解していたら、少しオーバーなくらいに褒めます。

(7) 間違っていたら、ていねいに優しく教えます。
(8) 役割を交代し、問題をだし、答えます。
(9) (6)、(7) と同じです。
(10) 終わったら、カードを交換し、手をあげて、次のペアを探します。

　慣れると、自分が調べたいことを質問して回り、答えを集めていく、というような方法にすることもできます。コミュニケーションをとるのが苦手な生徒も、ペアの相手を自分で決め、それぞれの役割を理解し、対話のパターンが決まっているので、生徒同士が互いに支援する気持ちで接することができれば、より参加しやすくなります。

5　発言を助ける

　すべての人が進んで発言できるわけではありません。ですから、どのような状態なのかを把握して、話し合いを用意しないといけません。
　生徒同士の人間関係は、図表8-3のように話し合っている姿から読み取ることができます。

図表8-3　話し合い活動の進展状態から人間関係を読み取る

① 互いに体を離して座る
② 向き合って座っている
③ 声が大きい
④ 相手にだけ聞こえるような声
⑤ 体を前に傾け、話し合う

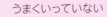
うまくいっていない

だいぶ慣れてきている

⑤の状態

　また、話し合いが得意ではない生徒もいます。そんなときには記者のように考えを聞き出すことも一つの方法です。そのようなときにはさらに、どんな質問をして聞き出せばよいかを考えてもらいます。できる限り多くの質問を用意させましょう。以下に、皆が参加できる会話づくりの手順をあげます。

【皆が参加できる会話づくりの手順】
① 興味がもてるような内容から話し始めましょう
② 話し手に注目させる工夫を忘れないようにしましょう
③ 理解しやすいように、分割して話しましょう

> きちんと取り組んでいるようにみえて、そうではない生徒、支援が必要な生徒がいます。視線と、お互いのおでこの距離が一つのチェックポイントです。よく全体を見渡して、支援を待っている生徒のところへすぐに行き、子ども同士の支援がどのようになっているのか見極めたうえで、アドバイスしましょう。

プラスワン

会話が苦手な生徒には
話し合いが苦手な生徒には、参加できるほかの手だてをその生徒とともに考える。記者になったつもりで聞き出し、紙に書く。話し合いを筆談に変えてもよい。皆が参加できることが大切である。

④目でみてわかるように、具体化して話しましょう
⑤相手が話しやすいように、援助することを忘れずに意識しましょう
⑥必ずよいところは褒め、感謝を忘れないようにしましょう

6　2つの振り返りを行う

　生徒全員が等しく参加する主体的・対話的で深い学びを実現するには、学んだ内容の確認だけでなく、学ぶためにどのような集団の状態で活動を行ったかの確認が必要です。それは、学びの中心は教師ではなく、生徒にあるからです。つまり、生徒自身に学びの責任をもたせているのです。ですから、学びを生徒だけの責任として押しつけるということのないように、現時点で、教師の支援がどれくらい必要なのかを見極めることがとても大切なのです。

　具体的には、互恵的相互依存の関係がどの程度実現されていたかどうかの確認が必要です。

　また、集団の状態を「グループ学習の条件」に立ち返って見直します。実現できていた場合には、どれほど楽しくて、ためになったかを確認していくことも大事なことです。振り返りの方法は以下のように行います。

　「今日、自分の発言を相手の人はきちんと聞いてくれたでしょうか。聞いてくれた人は手をあげてください」。

　「相手の人は自分にどんな感じで発言してくれましたか。優しかった人、手をあげてください」。

　このように聞いたあと、「これらはみんなあなたを大事に考えてくれた結果とった行動だったと、皆は気づいていましたか」などと聞きます。このように和やかな雰囲気で振り返りを行うとよいでしょう。

　集団の振り返りは授業だけではありません。図表8-5は、日々の清掃を振り返る「清掃反省カード」です。このように日常生活も振り返ることで、集団のあり方をみつめ直すことが定着していくのです。

　もう1つの振り返りは、学習の振り返りです。授業では、下記の点を確認します。

①自分の考えがもてたか
②平等にすべての人が発言できたか
③活動を通じて発見や学びがあったか

　単元テストや定期テストなどでは、これまでと同様、つけるべき力、学ぶべき内容を確認します。

　この手順で進めていくうちに、成果が上がっていることを実感できるでしょう。生徒全員が自分の意見をもって授業に臨むことが大切なのです。配慮が必要な児童・生徒を含む、学級全体での改善の取り組みが、学習効果の向上につながります。

プラスワン

集団としての学習効果をチェック

困っている生徒の支援に携わっているなかでも、個別的な支援だけでなく、集団としてよりよい学習効果を上げられているかチェックすることは大切である。

図表8-4 「好きなものいっぱい」

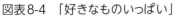

図表8-5 清掃反省カード

知っておくと役立つ話 —復習や発展的な理解のために—

教師の貫くべき姿勢『支援』

　先に述べたように、学習面や、行動面で著しい困難を示す児童・生徒の割合は6.5％もいます（文部科学省初等中等教育局特別支援教育課「通常の学級に在籍する発達障害の可能性のある特別な教育的支援を必要とする児童生徒に関する調査結果について」2012年）。この割合から考えると、支援を必要とする生徒は、35人クラスで約2名となります。しかし実際には、その状態に近い生徒や、障害とはいえないまでも、何らかの学びづらさ、クラスにおける居づらさを感じている生徒はかなり存在します。だからこそ教師は、より多くの生徒を理解し、その能力を最大限に引き出すための手だてを考える必要があるのです。

　教師として、指導するという立場よりも支援するという立場で教室に立つことはとても大切なことです。それは、めまぐるしく変化する世の中に対応できるように、自分の人生に責任をもって臨むことのできる生徒を育成することが、教師の役割の一つだからです。スマートフォンやコンピュータを買ったとき、あなたはどうやって扱い方を理解したのでしょうか。おいしいお店は、どのようにみつけているのでしょうか。必要なものを買うとき、たくさんある製品のなかからどのようにして選んでいるのでしょうか。世の中は学校で教えてくれないことで満ちあふれています。だからこそ、生徒みずからが学んだり、1人で立ち向かうのが難しいときには、仲間とともに学んだりする力をつけることが必要になってくるのです。それを支援していくのが教師の仕事なのです。生徒が中心の主体的な学習をめざし、教師が支援者になろうとすると、生徒自身も支援者になろうとして新しい人間関係を築けるようになります。

　中学校の教師である筆者は週に1度、漢字テストを実施しています。漢字の問題10問の簡単なテストです。ただ採点方法に工夫をしています。班でチームを組みます。満点1ポイント、前のテストより上がった人0.5ポイントとします。4人の班の合計が3ポイント以上になると、シールを1枚、4ポイントで2枚渡してチームの学び合いを奨励しています。最初のうちは、シールをもらえる班は1つぐらいしかありませんでした。学び方も個人で黙々とやるばかりです。しばらくすると、班やペアで学習する人がでてきます。グループの競い合いに刺激され、0点に近かった生徒のがんばりが目立ち始め、次々と満点をとり始めます。はじめて満点をとった生徒には、今までの取り組み方とどう違ったのかを、できなかった生徒にアドバイスさせます。そのときの誇らしげな顔、チームのメンバーの満足そうな顔。満点をとれなかった生徒のがんばりが足りなくて悔しそうな顔。皆が興奮に包まれます。このような経験を通じ、自分の新たな可能性をみつけ、チームに貢献する喜びをみいだすのです。

　以上のような経験を皆さんにも味わってもらいたいと筆者は考えます。そして、ぜひ生徒たちとともに成長していく喜びを、これから教師になるあなたにも味わってほしいと強く願っています。

ちゃんとわかったかな？
復習問題にチャレンジ

類題（福井県 2017年）

> 発達障害である自閉症スペクトラム障害の説明について述べた次のア〜ウの文の正誤の組み合わせとして適切なものを、①〜⑥の中から1つ選んで番号で答えなさい。

ア　興味や活動の範囲が限られている。
イ　対人的相互交渉に障害はない。
ウ　言葉の発達や、想像的活動に障害がある。

① ア：正　イ：正　ウ：誤　　② ア：正　イ：誤　ウ：誤
③ ア：正　イ：誤　ウ：正　　④ ア：誤　イ：正　ウ：正
⑤ ア：誤　イ：正　ウ：誤　　⑥ ア：誤　イ：誤　ウ：正

第8講　中学校における特別支援教育

理解できたことをまとめておこう！
ノートテイキングページ

学習のヒント：中学校における授業内の支援のあり方についてまとめてみましょう。

第9講 高等学校における特別支援教育

理解のポイント

高等学校の特別支援教育を理解するために、高等学校の課程や学科の多様性と、学校組織における具体的な対応のようすをみていきます。それらを踏まえて、困りごとを抱える生徒の支援のポイントについて、ケースをもとに考えてみましょう。

1 高等学校における特別支援教育とは

　小学校や中学校との最も大きな違いは、小・中学校が義務教育であるのに対して、高等学校は義務教育ではないことです。また、高等学校に入学するには、必ず高等学校入学試験（学力テストだけでなく、小論文や面接の場合もある）を受ける必要があり、その高等学校で学習するための一定の学力をもっていると確認されていることです。
　そのため、欠席や遅刻の規定があり、欠席が多くなると進級できず留年となります。また、成績不良の場合も進級認定会議で進級の可否が検討されます。仮進級となった場合には、補習や追試験によって、当該学年の学力が認められた場合に進級が許可されます。
　発達に課題のある生徒に対する評価・評定は難しいといわれます。認定会議において「教科担当者が適切に支援を行っていれば、得点がとれていたのではないか」という意見と、「教科会議で決定された認定基準に達していない」という意見とのせめぎ合いが起こることもあります。

1　高等学校の種類

　文部科学省「学校基本調査：高等学校教育の現状」2010年によると、高等学校への進学率（通信制を含む）は、98％を超えています。課程別には「全日制」「定時制」「通信制」に分かれ、91.5％が全日制課程に通学しています。学科別は、「普通科」「専門学科」「総合学科」に分かれ、「専門学科」には、「商業科」「工業科」「農業科」「福祉科」等のさまざまな学科があります。在籍している生徒数からみると、全日制課程普通科高等学校が70％を超えています（図表9-1）。

不登校になった生徒の保護者から「保健室登校は出席として認められますか？」と尋ねられることがあります。中学校では認められても、高等学校では授業に出席しなければ欠席と判断されることがほとんどです。中学校との大きな違いといえるでしょう。

📝 プラスワン

入学前の診断

高等学校では、入学前に診断されていると、入学時からスムーズに支援を始められる場合が多い。そうでない場合は、生徒の困りごとに気づくのに時間がかかる。保護者の同意を得て、具体的な支援につなげるにはさらに時間がかかり、あまりときを経ずに留年が確定するという事態が起こることもある。検査の意義については諸説あるが、小・中学校で検査や診断を拒む保護者に対しては、高等学校まで見通した働きかけが必要といえる。

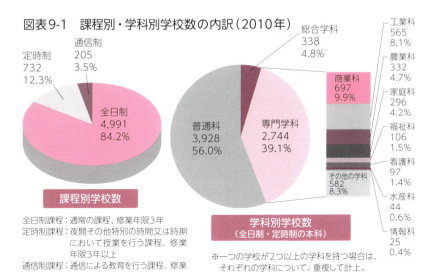

図表9-1 課程別・学科別学校数の内訳（2010年）

課程別学校数
- 定時制 732 12.3%
- 通信制 205 3.5%
- 全日制 4,991 84.2%

学科別学校数（全日制・定時制の本科）
- 普通科 3,928 56.0%
- 専門学科 2,744 39.1%
- 総合学科 338 4.8%

専門学科内訳
- 工業科 565 8.1%
- 農業科 332 4.7%
- 商業科 697 9.9%
- 家庭科 296 4.2%
- 福祉科 106 1.5%
- 看護科 97 1.4%
- その他の学科 582 8.3%
- 水産科 44 0.6%
- 情報科 25 0.4%

全日制課程：通常の課程、修業年限3年
定時制課程：夜間その他特別の時間又は時期において授業を行う課程、修業年限3年以上
通信制課程：通信による教育を行う課程、修業年限3年以上

※一つの学校が2つ以上の課程を併置している場合は、それぞれの課程について、重複して計上。

※一つの学校が2つ以上の学科を持つ場合は、それぞれの学科について、重複して計上。

文部科学省ホームページ「高等学校教育の現状」

2　高等学校の学校組織体制

　高等学校は「教科性合衆国」という言葉でたとえられるように、各教科を担当する教師の専門性が高く、認定の可否等は教科会議で検討されます。また、ホームルームの担任だけでなく、教務部・進路部・生徒部・保健部等の多様な組織が設けられ、各組織に所属する教師が多いため、教師が所属する立場によって生徒の印象は異なり、生徒への理解も異なります。高等学校は組織が大きく、教師も多いので、生徒に関する情報の伝達や周知を徹底しにくいというのが特徴といえるでしょう。

3　高等学校における特別支援教育と課題

　2007（平成19）年度の「学校教育法」改正により、高等学校における特別支援教育が開始されました。文部科学省「高等学校における特別支援教育の推進について（通知）」2009年には、「高等学校に支援会議（校内委員会）を設置すること」「特別支援教育コーディネーターを選任すること」が記されました。小・中学校では早くから取り組まれていた特別支援教育でしたが、多くの高等学校では特別支援教育を始めるのに時間がかかったと考えられます。

　その理由として、高等学校自体の多様性を指摘できます。ほとんどの生徒が進学をめざす高等学校や、ほとんどの生徒が就職をめざす高等学校、そして定時制高等学校など、各校によって目標と生徒の実態は大きく異なります。小・中学校は校種でひとくくりにして取り組むことができた特別支援教育ですが、高等学校では各校独自に取り組まねばならなかったと考えられます。

　また、生徒は入学試験に合格して入学しているため、教師は生徒を一定の学力があり、高校生活を過ごせる者としてみています。そのため、生徒

プラスワン

児童・生徒と教師との関係

小学校は「学級王国」や「担任王国」とよばれるように、児童と保護者は学級担任との関わりがとても強い。中学校は教科担任制となり、学年が中心となって生徒対応をしていく「学年共和国」にたとえられる。また、小学校と異なり、中学校では教科ごとに教師が変わり、授業方法や学校生活が変化することから生徒は不適応を起こしやすく「中1ギャップ」とよばれている（小川捷之、村山正治責任編集『学校の心理臨床』金子書房、1999年）。

第9講　高等学校における特別支援教育

に何らかの困難さがあり、授業についていけなくて欠席が増えたり、定期考査で得点がとれなかったりしても、怠けや生徒の努力が足りなかったためではないかと受け止めてしまわれがちです。

では、次の項で、具体的な取り組みのようすを、全日制課程普通科高等学校・全日制課程専門学科高等学校・定時制課程専門学科高等学校の別に、【入学時】【在学中】【卒業時】の配慮からみていきましょう。

2 高等学校における特別支援教育の実際

1 全日制課程普通科高等学校の特別支援教育（例）

7割を超える高校生が在学している全日制課程普通科高等学校は、大学進学を目標におき、国公立大学や有名私立大学への進学率を上げることを目標にした進学校がある一方で、大学進学とともに専門学校への進学や就職希望者もいるといった普通科高等学校もあります。多くの場合、大規模校であることが多く、在籍生徒が多いのが特徴といえます。

【入学時の配慮】

生徒が入学前に在籍していた中学校と連携をもちます。あらかじめ診断され、中学校で支援されてきた生徒については、保護者と該当生徒の要望を確認したうえで、入学までに個別に面談を行います。面談には、特別支援教育コーディネーター・1年学年主任・担任・養護教諭などが同席し、これまでの生活での困りごとや、高校生活に対する不安と配慮してほしいことなどを確認します。

特に養護教諭は、入学時に提出された「保健調査票（秘）」をできるだけ早くチェックし、たとえば「小学校4年でアスペルガー症候群と診断された」といった記載を見逃さないことが重要です。学習面で困りごとのない生徒の場合、中学校では特別な支援を受けずに高等学校に入学する場合も少なくありません。高校生活をスムーズにスタートさせるためには、生徒や保護者から直接話を聞いておくことが大切です。

【在学中の配慮】

①4月：職員会議で、配慮すべき生徒の情報について共通理解を行う。

②1学期の初回の定期考査後：気になる生徒の抽出を行う。教科担当・担任・保健部・スクールカウンセラー（以後SC）などで、学習・生活態度・成績等の面において「気になる生徒」を出し合い、学習支援の必要性を協議する（養護教諭が面談の調整や面談に関わることが多い）。

③該当生徒の意思を確認し、保護者の同意を得る（担任と特別支援教育コーディネーター）。

学校は、組織で動きます。生徒をいろいろな立場からみることで、よりよい支援を話し合っていくことが重要です。**特別支援教育支援員**（→第11講143ページ参照）、スクールカウンセラー（SC）、スクールソーシャルワーカー（SSW）などの非常勤の専門職が関わることもあります。

④特別支援教育支援員による支援を始める。「個別の指導計画」「個別の教育支援計画」を作成する。「支援計画の作成⇒学習開始⇒評価」を繰り返して行う。

⑤教科担当者会議や特別支援教育委員会を継続的にもち、支援対象の生徒に関する情報を共有する。

相澤雅文編『管理職のための特別支援教育ハンドブック』京都教育大学附属教育実践センター機構特別支援教育臨床実践センター、2016年を一部改変

【卒業時の配慮】

大学進学に際して、大学の相談室や学生支援室等に担任が連絡に行くケースが多くなりました。履修科目の登録に始まり、大学の広いキャンパスでは困ることも多いでしょう。生徒のようすを進学先の学生課等の相談できるところにつなげておくことで、安心して大学生活をスタートできるように支援します。

2 全日制課程専門学科高等学校の特別支援教育（例）

専門学科には、「商業科」「工業科」「農業科」「福祉科」等のさまざまな学科があります。専門領域に特化した科目が多く、生徒数は500人以下の場合が多いようです。基本的な配慮の流れについては、普通科高等学校と同様ですが、個々の生徒に対して、個別にきめ細かく対応しているのが特徴といえます。ここでは「工業科」を例に紹介しましょう。

【入学時の配慮】

普通科高等学校と同じように中学校と連携をもっていますが、専門科の特性があるため、より深い生徒理解が必要となります。中学校で診断名がついている生徒については、1年学年主任や特別支援教育主任・養護教諭などが中学校を訪問して情報を把握する学校もあります。また、入学決定後に、専門学科のコース長や保健主事・特別支援教育コーディネーター・1年学年主任が中学校に出向き、すべての生徒のようすや配慮事項などについて情報収集する学校もあります。普通科高等学校と同様に、入学時に提出された保健調査票をできるだけ早くにチェックするのは、養護教諭の役割と考えられます。

以上を踏まえて、入学説明会や入学式のあとを利用して、特別支援教育コーディネーターと養護教諭とで保護者面談をもちます。面談時に、保護者から、成育歴や保護者の教育観・思いなどを聞くこともあります。

【在学中の配慮】

①入学の前後できるだけ早くに、診断名のついている生徒の個別面談を行い、学校生活での困りごとの確認と保健室（困ったときに訪れる場として）の紹介を行う。

②4月：職員会議で、配慮の必要な生徒の共通理解を行う。

③1学期の初回の考査まで：教職員から気になる生徒がいないかを情報収集する。

教科の多様性があるため、生徒の困りごとを総合的に理解するのが難しく、特別支援教育コーディネーターの果たす役割は大きいのです。

プラスワン

大学への連絡

大学へ連絡をとる際には、生徒と保護者の了解が必要である。

中学校との連携

生徒に関する情報を漏れなく収集するように、関係する教員で中学校と連絡をとる。高校生活をスムーズにスタートすることは、生徒にとってとても重要である。

プラスワン

工業科の支援例

支援例として「工業実習のレポート（計画書・報告書）を期限に間に合うように提出する」を目標としたこともある（見通しをもってレポートを提出することができないため、留年を回避するための配慮である）。

プラスワン

芸術系の専門学科高等学校の例―毎日がケース会議

芸術系の専門学科高等学校では、生徒数も教師数も少なく、学校長・教頭・担任・養護教諭が同席して生徒の情報を共有している。個々の生徒に対してていねいで迅速な対応をしている。

生徒の情報提供

企業や大学に、生徒の情報を提供する際には、必ず保護者と本人の承諾を得る必要がある。

語句説明

キャリアコンサルタント

キャリアコンサルタントとは、若者を対象にしたハローワークの事業である。就職斡旋や紹介はしないが、生徒の就職に関する相談や自分に合った職業を見つけるための相談に対応している。進路部と連携して就職の面接練習をすることもある。

---

④初回の定期考査終了後：定期考査結果を踏まえ、生徒の情報交換会において、支援が必要な生徒を抽出する。

⑤該当生徒の意思を確認し、保護者の同意を得る（担任と特別支援教育主任）。

⑥特別支援教育支援員とともに具体的な支援を検討し、支援を開始する。
たとえば、工業実習時の特別支援員（工業の退職教師）と学習面の特別支援教育支援員（放課後補習）による支援を考える。教科担当教師の意見や担任と相談のうえ、放課後補習の内容を決定する。

⑦「個別の指導計画」「個別の教育支援計画」を作成する。
「支援計画の作成⇒学習開始⇒評価」を繰り返して行う。全教師がそれらのデータを閲覧し、データの追記を随時行えるように工夫している学校もある。

⑧担当者会議を定期的に実施し、常に新しい情報を全教職員に提供できるように各関係者と情報交換を行う。

⑨該当生徒以外の気になる生徒に対しては、学習面・行動面・対人関係に関する項目について早期発見を心がける。
※診断がなくても支援が必要とされる生徒が多数在籍しているなかで、家庭に受診をすすめるのは難しいことである。担任を中心に、特別支援教育コーディネーター・養護教諭・SC等で相談し、保護者の思いを受けとめ支えながら受診を勧奨する姿勢が求められる。

⑩年度末：支援をした生徒の報告会を行い、次年度への課題を整理する。
年度途中も気になる生徒がいればその都度、追加する。
個別指導計画に基づき、特別支援教育コーディネーターが特別支援教育支援員を教育委員会に要求していく。

相澤雅文編『管理職のための特別支援教育ハンドブック』京都教育大学附属教育実践センター機構特別支援教育臨床実践センター、2016年を一部改変

【卒業時の配慮】

就職する生徒の割合が多いため、進路部と工業科の各コースの教師を中心に、全生徒に対してきめ細かな指導を行います。就職希望の生徒に対しては、1年生から計画的に意識づけされており、各生徒に適した職場を紹介し、職場との情報交換も十分に行われています。コミュニケーションが苦手な生徒に対しては、担任・コース長・管理職・SC・養護教諭などが何回も面接指導を行います。また、進路部管轄として、キャリアサロンが設けられ、週1回キャリアコンサルタント＊が来校している学校もあります。

就職先に対しては、事前に就職先に出向き、本人が就職後に困らないように具体的な接し方などの支援を依頼します。情報提供者は、進路部長や担任、生徒との関わりが深かった教師（部活の顧問、特別支援教育主任、養護教諭など）です。

大学進学者に関しては、普通科高等学校と同様に、大学の学生課等と連

携をとっています。

3 定時制課程専門学科高等学校の特別支援教育（例）

他校を経験している生徒、中学校を卒業して仕事をしてから入学した生徒、すでに結婚して子育てをしながらの生徒、行きたかったけれど行けなかった高校に再挑戦した生徒など、少し回り道をしてから定時制高校を選んだというような、さまざまな事情を抱えた多様な年齢層の生徒が在籍しています。「働きながら学ぶ」が基本であり、仕事に定着できると学校に通学するリズムも整うようですが、仕事に集中するために学校をやめていく生徒もいます。しかし、近年は中学校からの新卒生としての入学者が増える傾向にあるようです。

年齢の違いはもちろん、学力の差も多様であり、服装も頭髪もまったく自由です。毎日定刻に登校するとも限らない状況にあり、そもそも全員の生徒が、特別な配慮の必要な生徒といえるかもしれません。少人数であるために、個別の対応をていねいに行うことによりすべての生徒が学校生活をスムーズに行えるように支えています。

【入学時の配慮】

3月下旬の合格者説明会で、アンケート（生活面・学習面・健康面等について）を保護者に記入してもらいます。当日は、相談ブースを数か所設けておき、担当教師が保護者から直接聞き取りを行います。

また、保健室で全員面談を行っている学校もあります。普通科高等学校とは異なり、生徒数が少なく、多くの生徒は何らかの配慮が必要なので、個別にていねいに聞き取るように配慮されています。

【在学中の配慮】

①合格者説明会で聞き取った内容や保護者と面談した内容をもとに、配慮の必要な生徒の情報を共通理解する。

②気になる生徒がいれば、担任が中心になって担当者会議をもつ。
　生徒数が少ないため、随時行われている。

③必要に応じて、SCやスクールソーシャルワーカー（SSW）、児童相談所（18歳まで）等の福祉の関係機関と連携をとる。

相澤雅文編『管理職のための特別支援教育ハンドブック』京都教育大学附属教育実践センター機構特別支援教育臨床実践センター、2016年を一部改変

【卒業時の配慮】

卒業時に学校紹介で、高卒求人での就職に力を入れていますが、在学中のアルバイトを続けながら、仕事を探していくというケースもみられます。

キャリア支援部の教員が、発達障害で障害者手帳をもっている生徒を対象に、ハローワークやNPO就労支援委託団体につなぎ、卒業前から就労移行の施設に通いながら就労したケースもあります。また、発達に問題を抱えながら、在学中から仕事を継続している生徒もいますが、正規職員として採用されるのは難しい場合もあります。

定時制高等学校は22時ごろまで開いていることから、仕事帰りの卒業生が立ち寄りやすく、ジョブコーチ*のような役目を果たしているともいえます。

3 事例からみる学校での対応

ケースを選び、生徒が困っていることを解決するための支援の仕方を、グループで話し合ってみましょう。

【ケース1】アスペルガー症候群と診断されていたA子

A子は、小学生でアスペルガー症候群と診断を受けていたが、両親はA子に告知をしていなかった（高校在学中、両親からA子に告知をしたとは聞いていない）。全日制普通科高校1年生入学時に、中学校から連絡があり、入学する前に、母親、担任、特別支援教育コーディネーター、養護教諭で面談をすることになった。

小学校のときには、学級の友だちと気持ちが通じ合わず、パニックを起こしてたびたび教室から抜け出したり、中学校のときには同級生とのトラブルが多発したりした。気持ちの切り替えが難しく、泣きだしたら止まらないため、保健室でクールダウンしていたことがわかった。

高校入学後、A子は体育系の部活動に所属し、成績は優秀であった。しかし、感情のコントロールができなくなるとパニックを起こして保健室でクールダウンをすることがよくあった。特に、個人的に付き合っている彼との関係によって、感情を振り回されていた。入学時から卒業までSCの面談を受け、保健室でクールダウンしながら高校生活を過ごした。

A子は希望した大学に進学した。

【ケース2】こだわりが強いB男

B男は、クラスで人間関係をうまく築けず、衝動性が強かった。自分の手にシャープペンシルを突き刺したり、掃除道具入れを壊したりすることもあった。ささいなトラブルで、「退学する」といって泣きながら休み時間に職員室に駆け込んできたと思ったら、授業開始のチャイムが鳴ると同時に、何事もなかったかのように教室に戻ることもあった。

B男は、1日も欠席せずに卒業することに強いこだわりをもっていたので、緊急時には保健室をクールダウンの場として利用することができ、また、SCとの面談を継続することもできた。さらに、特別支援教育支援員による放課後の学習補習を受けることができた。

B男は希望した大学に合格した。SCから「大学入学後は、必ず相談室等を訪れて自分のことを話すように」と助言を受けたため、保健

語句説明

ジョブコーチ
職場適応援助者のこと。職場対応に課題を抱える障害者の雇用促進や就労の安定を図るため、障害者と事業主に対して、障害特性を踏まえた援助を行っている。

告知されていないA子の困りごとについて考えてみましょう。高等学校での支援体制や大学への連携について考えてみましょう。

プラスワン

高等学校から大学への連携

小学校から高等学校までは特別支援教育が行われているが、大学には特別支援教育はない。大学では「障害者差別解消法」にのっとって、合理的配慮が行われる。そのためには、学生本人が配慮をしてほしいという意思を表明し、合理的配慮を求める根拠となる資料を提示する必要がある。

B男の衝動性の背景と支援体制について考えてみましょう。高等学校から大学への連携についてA子と比べて考えてみましょう。

室に来室し、養護教諭に対して「SCに申し送り文書を作成してもらいたい」と依頼することができた。

【ケース3】入学後、担任が気づいたC男

入学直後より、担任がC男のようす（まったく話さない、意思疎通が難しい）に気づいた。授業が始まると、英語がまったくできないことがわかった。しかし、数学や理科に出てくるアルファベットは理解していた。C男のようすについて、担任から保健部に相談があった。

担任が出身中学に問い合わせると、小学校から特別支援教育の対象であり、中学校でも英語はほとんどできず、個別の指導計画が立案されていたことがわかった。その結果、特別支援教育支援員による英語の放課後補習を始めるとともに、C男と保護者にSCによる面談をすすめた。SCから保護者に専門医への受診を勧奨してもらい、卒業までに診断がついた。C男は苦手な英語にまじめにコツコツと取り組み、志望大学に合格した。

【ケース4】スタイルに対するこだわりが強かったD子

入学直後より、「笑顔がなく会話が続かない」「学級での意思疎通が図りにくい」「学校ではお茶以外飲まない」「英語以外の教科がほとんどできない」といったD子のようすについて、担任から保健部に連絡があった。そこで、特別支援教育コーディネーター・特別支援教育支援員・養護教諭による対応が始まった。

当初は、特別支援教育支援員が数学の授業中にD子の支援をしていたが、やがて英語の授業中にも支援をするようになった。保護者をSCとの面談につなぎ、医療機関での発達検査を受けた結果、アスペルガー症候群と診断された。

D子は、体育系の部活動に所属しており、時間があれば走っていたが、ほとんど食事をとらずお茶だけを飲んでおり、摂食障害が疑われた。また、急に眉毛をそったり、前髪を切ったりして登校することがあった。自分の容貌に対するこだわりと、太ることへの拒否感から二次障害が疑われた。特別支援教育支援員が中心となって、食生活の指導や学習支援を続けたが、摂食障害（過度のランニングと食事制限）によって体調不良を訴え、保健室でしばしば休養した。やがて成績不良によって進級できず、転学した。

【ケース5】入学後、学習障害と診断されたE男

入学後、特に目立たないE男は、定期考査のたびに成績不良と不認定が増加した。1年生を留年することが決まったことで、担任から保健部に相談があった。出身中学では、特別な支援は行われていなかった。担任と特別支援教育主任が保護者と面談したところ、父親は「自分も高校時代に留年したことがあるから心配はしていない」、母親は「勉強についていけないことを心配している」との返答であった。E

C男の困りごとと支援体制の特徴を考えてみましょう。C男の支援体制がスムーズに進んだのはなぜかを考えてみましょう。

D子の困りごとの特徴をC男と比べて考えてみましょう。あなたなら、D子にどのような支援を行いますか。具体的な支援体制のあり方を考えてみましょう。

高校生という多感な時期に、特別支援教育支援員を有効に活用することは難しい場合もある。他の生徒の目もあり、普通授業に入ることは難しく、放課後の補習が主となることが多い。

E男の支援体制の問題点を、C男と比べて考えてみましょう。卒業時までに、E男にどのような力をつけておく必要があったかも考えてみましょう。

男と養護教諭が面談したところ、「板書をノートに書きとれない」「行間のないプリントは読めない」ことが確認され、書字障害が疑われた。養護教諭が母親と面談し、専門機関への受診を勧奨したところ、母子ともに大学の相談センターに継続的に通うことになった。

同時に、特別支援教育支援員による学習支援を行った。

卒業前には、多くの教科の補習と追試験が重なったが、E男は連絡もなく来ないことがたびたびあり、突然欠席したことを担当教科の教師に謝ることもなかった。E男に悪意があるわけではないが、一度記憶しても、次の予定が入ると、先の記憶が上書きされてしまうようであった。保健部の教師が手分けをしてE男のスケジュールを調整し、どうにか卒業にこぎつけた。

進路は就職であったが、半年後、急に出社しなくなったと連絡があった。

> **プラスワン**
> ホームルーム担任と生徒との関わりが少ない場合もある（選択科目が増えるため）。担任が生徒の困りごとを理解するのに時間がかかるケースもある。

【ケース6】学習面では困らないが、勝手な行動をするF男

中学校から「発達障害があり、ひとりごとが止まらないので、入試は1人で受験させてほしい」との要望があった。

入学後、担任は保護者の意向を確認しながら対応をすすめ、定期的に担当者会議をもち、授業中のようすを共通理解していった。その結果、ほとんど寝ていたり、好きな本を広げて眺めていたり、興味のあるところだけ関心を示したりしていた。特に、鉄道と、小学生が好むようなキャラクターに関心が高く、車掌やキャラクターの口調をまねて、ずっとつぶやいている状況であったが、学習面では、不認定になるほどの落ち込みはなかった。

体育系の部活動をしていたが、勝手に集団から離れてランニングをしたり、のどが渇いたときには、近くの飲食店で水を飲んできたりした。社会的なルールを学ばせるため、やってはいけないことを、担任や部活顧問、保健室などで繰り返し指導した。また、特別支援教育支援員（若い女性）にも関心があり、女性との距離感についても指導を行った。

ほかの生徒との交流はほとんどなかったが、学園祭の集団活動では上手に演技をしていた。保護者の希望もあり、自宅近くの大学に進学し、担任は大学へ連絡を行った。

卒業時までに、F男にどのような力をつけておく必要があったかを考えてみましょう。高等学校での支援体制や大学への連携について考えてみましょう。

> **プラスワン**
> 思春期の生徒に身につけてほしいこと
> ・みられている自分を意識する
> ・自分の長所と短所を知る
> ・ふさわしい身なりをする（清潔・服装・態度・ネクタイの締め方なども含めて）
> ・基本的な生活ができる（洗顔・歯磨き・食事・就寝・施錠・あいさつ・お断りも含めて）
> ・まわりに合わせる
> ・人の話を聞く
> など。
> 高等学校では、社会でうまく生きていくためのスキルを習得させておきたい。

> **ディスカッションしてみよう！**
>
> 112〜114ページにある6つのケースのなかから関心をもった事例を1つ選び、あなたなら担任教師として何ができると思いますか？ 青年期という発達特性も含めて考えてみましょう。
>
> たとえば・・・

> 各事例の解答例を192-193ページに示しましたので、ディスカッション後に参照しましょう。

4 「個別の指導計画」の例

「個別の指導計画」は保護者の了解を得て作成するものです（図表9-2、9-3）。一方「個の課題に応じた指導計画」は、生徒の実態をふまえて学校が作成します。センター試験での受験特別措置を申請する根拠となります。

> 個別の指導計画は、保護者の意見を反映させながら作成していきます。

図表9-2　個別の指導計画の例（ケース4：D子）

〇年度（後期）　　個別の指導計画

氏名				性別	女	平成　年　月　日生		
クラス	年	組	番	担任				
主訴	授業についていけない。体調が悪くて授業に集中できない。							
関係機関との連携	母親が定期的にカウンセリングを受けて、D子への関わり方の相談をしている。母子で受診している（思春期精神科外来）。							
長期的目標・願い（卒業後の進路を想定して）								
保護者の願い	進級して、四年制大学へ進学してほしい。							
本人の願い	ファッション関係の専門学校に進学したい。							
担任の願い	心穏やかに授業に向かうことを望む。							
生徒の実態（行動・対人関係等で気になる具体的事項）								
日常生活社会性	表情が硬く、意思の疎通を図りにくい。クラスに友だちをつくれず孤立しやすい。							
興味関心	ファッション（厚底スニーカー、ピチピチのパンツスタイルがお気に入り）							
苦手なこと	人との交流、女性らしい服装							
健康面	摂食障害の疑い（過度な食事制限と運動）							

> 各教科の担任から、生徒のようす、支援の状況についてコメントを集めます。

> **プラスワン**
>
> **受験特別措置**
> 大学入試センター試験の受験特別措置を申請するにあたって、「個別の教育支援計画」「個別の指導計画」の添付が必要である。独立行政法人大学入試センターホームページ「受験上の配慮案内」
> http://www.dnc.ac.jp/center/shiken_jouhou/hairyo.html

所属クラブ	体育系クラブ（〇〇部）
その他	突然、眉毛をそったり、前髪を切ったりして登校し、まわりを驚かせる。学校では、お茶以外飲食をしていないこともある。

〇年度（後期）　　個別の支援計画

短期的目標（前期終了までをめどとして）	
保護者の願い	授業や補習をしっかり受けて、学力をつける。
本人の願い	授業がわかるようになる。
担任の願い	学校生活を健康に過ごし、学習に向かう姿勢が望まれる。

教科担当者からのコメント

科目名	古典	担当者名		単位数	3単位
授業中のようす	授業に参加する意思はみられる。しかし、指示の理解や板書するのが遅く、遅れると集中力が途切れ、机の上をみてじっとしていることが多い。そばにいて指示をすれば、音読するが、目を離すと何もしなくなる。				
一斉授業中に配慮したこと	音読のときも板書のときも、なるべくそばにいるようにしている。きちんと読めているか、書き始めているかを確認している。				
その他	個別補習　　3回、合計4時間 補習内容 教科書の音読と内容の確認、覚えなければならないことの指示と確認。 困っていること 漢文の返り点がわかっていない。早急に補習する必要がある。				

図表9-3　個別の指導計画の例（ケース6：F男）

〇年度（後期）　　個別の支援計画

氏名		性別	男	平成　年　月　日生	
クラス	年　組　番		担任		
主訴	クラスの皆に迷惑をかけたくない。そのために、ひとりごとをやめたいと思っているが、なかなか続かない。				
関係機関との連携	カウンセリングなどを受けて、自分の思いを打ち明けている。				
長期的目標・願い（卒業後の進路を想定して）					
保護者の願い	四年制大学への進学（　　大学　　　学科志望）				
本人の願い	保護者の意見に従う。				
担任の願い	社会的自立を望む。あくまでもご家庭の教育方針を尊重する。				
生徒の実態（行動・対人関係等で気になる具体的事項）					
日常生活社会性	自分自身のあり方を考えることが難しい。 対人関係をつくれないので、社会性を養うのは困難である。				
興味関心	鉄道・アニメキャラクター・コンピュータ				
苦手なこと	人との交流、協調性の必要な作業				
健康面	特になし				

> **プラスワン**
>
> **個別の指導計画の管理**
> ・保護者の意思を確かめ、次の学校へ引き継ぐ。
> ・情報は管理職が管理し、必要な教員間で共有する。
> ・個人情報保護に留意し、卒業後1年経過をめどとして、資料は破棄する。

所属クラブ	体育系クラブ（△△部）
その他	鼻をほじったり、トイレに行くのを我慢できなかったりして、周囲に不快感を与えることがよくある。

平成〇年度（後期）　　個別の支援計画

短期的目標（前期終了までをめどとして）	
保護者の願い	授業をしっかり受けて、学力をつける。
本人の願い	クラスの皆に受け入れてもらう。
担任の願い	本人の成長とともに、クラスの生徒の成長が望まれる。

教科担当者からのコメント

科目名	数学Ⅰ	担当者名		単位数	3単位
授業中のようす	寝ているか、描いているか、いずれかである。寝ているのを起こすと「ほっといて」と手を振り払う。注意すると、絵を描くのを一瞬止めるが、ようすをみてまた始める。授業は聞かないが、発問には答えることがある。その返答によって、家庭での学習状況を知ることができた。				
一斉授業中に配慮したこと	毎時間、何度も声をかけ、前を向くように努めている。質問することで、授業に参加させ、理解度をみた。				
その他	個別補習　　なし 困っていること 指示が入らないことが多く、クラスの生徒の迷惑になる。 その他 確率の分野に入り、授業に参加するようになった。確率が好きなようだ。				

復習や発展的な理解のために
知っておくと役立つ話
コミュニケーション力アップのためのグループワーク

　生徒のほとんどが就職する専門学科高等学校の取り組みを紹介しましょう。就職の面接対策として行われています。

　企業の面接の際に、「まったく話せない」「声が小さくて聞き取れない」「質問の意図をうまくつかめず、ピントの外れた返答をする」「相手を見て話せない」「固まってしまう」「視線がさまよう」といった反応をする生徒が増加してきたことから始まりました。

　不採用の理由として、企業から上記のような言動をあげられることが多くなったので、進路部や担任が面接練習を繰り返したものの生徒の言動は改善せず……という状況から、養護教諭とSCとでグループワークを計画しました。たとえば、妄想自己紹介、カードをめくってでた内容について話す、短所を長所にいいかえるカードゲーム（リフレーミング）などをすることによって、自分の思ったことを伝えたり、相手の話をしっかり聞いたりします。守られた空間のなかで、否定されず安心して話す力やコミュニケーション力を高めることを目的としています。

　グループワークは以下のような要領で行います。

①4～6人のグループをつくる。
②本日のテーマ・今回のワークの目的・ワークのルールの説明を聞く。
③グループワークを実施する。
④最後に、感想を書いて振り返る。

　すぐに成果は現れませんが、友だちづくりも苦手な生徒たちなので、なんとなく心地よい居場所になっているようです。

高等学校で育てておきたい力

　ケース3で、「担任の早期からの気づき」「保護者の学校からの働きかけに対する受容度」「まじめにコツコツ取り組む本人」が成果を生んだ例を紹介しました。

　一方で、ケース5は、「担任の気づきの遅れ」「保護者の理解の遅れ」「留年によって、まじめに取り組む姿勢の減退」という悪循環を生みだし、やっとの思いで卒業にこぎつけた例を紹介しました。ケース5は就職したものの、早々に離職してしまいました。

　全日制普通科高等学校における就職に対する支援の弱さは否定できません。どうしても卒業させたり、進学させたりすることに目がいきがちです。

　高等学校を卒業するということは、1人で社会に一歩踏みだすということです。自分自身のできないことを認知させ、「自分が苦手なのは○○です」「それで、○○という援助をお願いしたいです」ということを自分で周囲の人（大学の相談センター、就職先）に伝えられるくらいに育てて卒業させたいものです。

ちゃんとわかったかな？
復習問題にチャレンジ

類題（長崎県　2017年）

> 次の文は、平成28年8月26日に中央教育審議会初等中等教育分科会　教育課程部会　特別支援教育部会から出された「教育課程部会特別支援教育部会における審議の取りまとめについて（報告）」から一部抜粋したものである。以下の各問いに答えよ。

　高等学校において、障害に応じた特別の指導（特別支援学校における〔A〕に相当する指導）を行う必要がある子供たちを教育する場合には、特別の（①）によることができるものとし、この場合には、当該子供の障害に応じた特別の指導を、高等学校の（①）に加え、又はその一部に替えることができることとする。ただし、高等学校の子供たちに最低限必要な知識・技能と（②）の幅の確保のために必履修教科・科目等が設けられた趣旨に鑑み、通級による指導を行う場合において、必履修教科・科目等の（③）を高等学校学習指導要領の規定を下回るまで（④）ことを認めることは適当ではないことから、これらについては替えることができないこととする。

(1) 〔A〕に当てはまる語句を、漢字4文字で正確に答えよ。
(2) （①）〜（④）に当てはまる語句を、次の＜語群＞の中から1つ選び、記号で答えよ。ただし、同一番号には同一語句が入る。

＜語群＞
ア．指導法　　イ．教養　　ウ．単位数　　エ．時間数
オ．減らす　　カ．表現力　　キ．教育目標　　ク．能力
ケ．教育課程　　コ．時数　　サ．増やす

第9講　高等学校における特別支援教育

理解できたことをまとめておこう！
ノートテイキングページ

学習のヒント：高等学校の特別支援教育の特徴を次のキーワードを参考にしてまとめてみましょう。

【キーワード】対人関係のトラブル、進学や就職の問題、未診断だったケースの顕在化、二次障害

第10講 学校教育における特別支援学校の役割

理解のポイント

障害のある子どもとない子どもが同じ場でともに学ぶことが求められているなかで、障害のある子どもが学ぶ特別支援学校がインクルーシブ教育システムに果たす役割と、特別支援学校で行われている教育内容や取り組みの実際について学びましょう。

子どもの数は減っているのに、特別支援学校で学ぶ子どもが増えているのはなぜでしょう。

1 特別支援学校に在籍する子どもたち

　特別支援学校・学級の対象となる子どもたちは、2017（平成29）年5月1日現在において、全国で約41万7,000人（全体の3.88％）おり、子どもの数（義務教育の全国児童・生徒数約989万人）が減少するなか、増加しています。そのうち、約0.7％の子どもたちが地域の学校ではなく、特別支援学校に在籍しています（図表10-1）。この割合は例年増加傾向にあります（2015年は0.69％）。特別支援教育においては、障害のある子どもたちが通常の教育システムから排除されないことが規定されていますが、特別支援学級や特別支援学校の存在を否定するものではありません。ですから、子どもたちは一人ひとりの実態やニーズに合わせて地域の学校や特別支援学校で学ぶことになります。

　では、子どもたちが学ぶ場はどのようにして決まるのでしょうか。文部科学省における障害のある児童・生徒の就学先決定の流れをみてみましょう（→第1講参照）。

　小学校に入学する前の年の10月31日までに市・区・町・村教育委員会において学籍簿が作成され、就学時健康診断が実施されます。これまでは、その健康診断において、比較的障害の程度が重い（「学校教育法施行令」第22条の3の障害の程度に該当、図表10-2）子どもは原則、特別支援学校に就学するというしくみでしたが、子どもの障害の状態などを踏まえた総合的観点から、小・中学校または特別支援学校のいずれかに就学させるかを判断・決定するしくみに改正されました。つまり、今までは特別支援学校で学ぶとされていた比較的重度の障害の程度の子どもも、地域の学校で学ぶことが可能になりました。統計資料では、通常の学級に在籍する第22条の3に該当する児童・生徒数は2015（平成27）年の約2,100人から2017（平成29）年の約2,000人と微減しています。

プラスワン

すべての子どもが教育を受ける権利

障害のあるすべての子どもが教育を受けられるようになったのは、1979（昭和54）年の養護学校義務化においてである。それまでは、義務教育を受けられない子どもたちもいた。すべての子どもが教育を受ける権利を得たのは遠い昔のことではない。

図表10-1　特別支援教育の対象の概念図（義務教育段階）（平成29年5月1日現在）

内閣府「障害者白書（平成30年版）」

図表10-2　特別支援学校の対象となる障害の程度

区分	障害の程度
視覚障害者	両眼の視力がおおむね0.3未満のもの又は拡大鏡等の使用によつても通常の文字、図形等の視覚による認識が不可能又は著しく困難な程度
聴覚障害者	両耳の聴力レベルがおおむね60デシベル以上のもののうち、補聴器等の使用によつても通常の話声を解することが不可能又は著しく困難な程度
知的障害者	1. 知的発達の遅滞があり、他人との意思疎通が困難で日常生活を営むのに頻繁に援助を必要とする程度 2. 上記の程度には達しないが、社会生活への適応が著しく困難
肢体不自由者	1. 肢体不自由の状態が補装具等の使用によつても歩行、筆記等日常生活における基本的な動作が不可能又は困難 2. 上記の程度には達しないが、常時の医学的観察指導を必要とする程度
病弱者	1. 慢性の疾患（呼吸器、腎臓、神経）、悪性新生物等の状態が継続して医療や生活規制を必要とする程度 2. 身体虚弱の状態が継続して生活規制を必要とする程度

「学校教育法施行令」第22条の3を抜粋

2　特別支援学校の教育課程と学習内容

　次に、特別支援学校での教育内容と、インクルーシブ教育システムにおける特別支援学校の役割について考えていきましょう。

　特別支援学校に在籍する児童・生徒数は2017（平成29）年度の統計において義務教育段階で7万1,802人（小学部4万1,107人・中学部3万695人）、学校数は全国で1,135校です。義務教育段階以外の幼稚部1,440人、高等部6万8,702人を合計すると14万1,944人になります。特別支援学校には、知的障害教育部門・肢体不自由教育部門・病弱教育部門・聴覚障害教育部門・視覚障害教育部門の5つの教育部門があります。学校によって、複数の教育部門を設置する学校と、単独の教育部門のみの学校

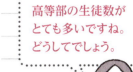

高等部の生徒数がとても多いですね。どうしてでしょう。

> **プラスワン**
>
> **特別支援学校数・在学者数**
> 2018（平成30）年5月現在、特別支援学校の数は1,141校、在学者数は14万3,378人と過去最高を更新した（文部科学省「平成30年度学校基本調査」）。

> **語句説明**
>
> **チーム・ティーチング**
> 複数の教師が役割を分担し、協力しながら教育実践にあたること。

があります。1学級の人数は通常の小・中学校よりは少なく、障害の程度や状態により異なりますが、3人から8人程度で、学習形態により個別から大きな集団までさまざまです。学部は幼稚部から高等部、専攻科など生活年齢にも幅があります。

また、1つの授業や学級を複数の教師で指導する**チーム・ティーチング***（T・T）の体制をとっていることが多くあります。

地域によっては、自宅から特別支援学校までが遠く、寄宿舎に入所して学校に通うこともあります。寄宿舎の比較的少ない都市部の学校では、スクールバスによる送迎が行われますが、片道1時間以上かけて通学することもあります。このことから、地域の学校や子どもたちと関わりをもつ居住地交流や近隣の学校との交流学習も重要視されています。

特別支援学校では、個別の指導計画の作成が義務づけられ、子どもの障害の状態や発達段階、特性などを踏まえた授業づくりが求められます（図表10-3）。

個別の指導計画とは、指導を行うためのきめ細かい計画であり、一人ひとりの教育的ニーズに応じて指導目標や指導内容・支援の手だてなどが盛り込まれた指導計画です。たとえば、同一学年の知的障害教育部門の子どもに対して、同じ教材で同じ指示で同じ授業を行い、目標を達成することが可能でしょうか。もちろん、子どもの実態や教育的ニーズが異なるのですから、全員が同じように学んだとしても、同じ目標を達成することは難しくなります。そのために、一人ひとりの実態やニーズに合わせ、「その子ども」が「何を」「どのように」学ぶのかをわかりやすく示したものが個別の指導計画になります。

肢体不自由教育部門・病弱教育部門・聴覚障害教育部門・視覚障害教育部門においては、単一の障害のみで知的障害をともなわない場合、その障害の特性に配慮しつつ、通常の小・中・高等学校と同じ教育内容と自立活動を行うことになります。つまり、知的な遅れのない場合はその障害に配慮しながら、小学部1年生なら小学校1年生の国語や算数などを学習することになります。

知的障害教育部門では、学習指導要領に学習内容が段階別に記載されており、指導内容自体が大きく異なっています。小学部1年生だからといって、一概に全員が平仮名の学習をすることにはなっていません。なぜでしょうか。

それは、知的障害教育部門においては、一人ひとりの知的発達の程度や経験、状態の違いが大きいため、一人ひとりの障害の特性や実態に合わせて目標や内容を設定することが重要であるからです。また、教科ごとに断片的に学ぶのではなく、実際の生活に生かせる内容を横断的、実践的に学ぶための工夫ができるようになっています。そのため、教科別・領域別の指導のほかに各教科等を合わせて指導することが可能です。各教科等を合わせた指導では、実際の生活場面や行事に合わせて、身のまわりのことに関係づけながら各教科や領域の内容を学びます（図表10-4）。

図表10-3　個別の指導計画の様式例

	今年度の目標（長期目標）	主な指導の場
学習面		
生活面		
社会性・対人関係		

（　）学期の取り組み			
	指導計画		指導結果
学習面・生活面・社会性・対人関係		変容と課題	
具体的手だて		手だてについての評価	
評価の観点		来学期の方向	

> **プラスワン**
>
> **個別の指導計画の様式**
>
> 個別の指導計画は、学校により様式が異なる。障害種や学部・学校事情に応じた様式を用いている。

図表10-4　教育課程の構造図（小学部の場合）

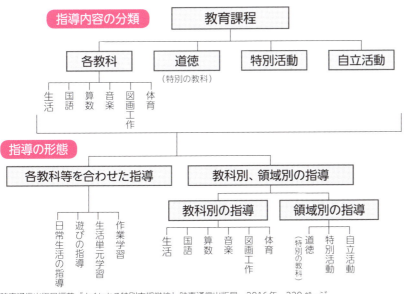

時事通信出版局編著『よくわかる特別支援学校』時事通信出版局、2016年、220ページ

> **プラスワン**
>
> **「生活」と「生活科」**
>
> 特別支援学校知的障害教育部門の「生活」は、小学校低学年の「生活科」とは異なる。具体的な活動や体験を通して、生活を豊かにするための資質・能力を育むことを目指す。「きまり」「役割」など12の内容で構成されている。

【生活単元学習の指導例】
- 修学旅行の事前学習として、旅行先の地理や観光情報を調べる（社会・情報等）
- 小遣いの予算内で買う土産を計画する（国語・数学等）
- しおりを作成する（国語等）

【日常生活の指導：朝の会の指導例】
- 月日や天気、係当番の確認をする（国語・数学・理科等）
- 時間割を記入し、学習の持ち物や場所を確認する（国語・数学・自立活動等）

　特別支援学校では、子どもたちがその障害による学習上または生活上の困難を主体的に改善・克服するために必要な知識、技能、態度および習慣を養うための「自立活動」という領域があります（図表10-4、10-5、10-6）。「自立活動」は、1999（平成11）年の改訂までは「養護・訓練」とよばれていました。その名称では苦しい訓練をがんばって行うというイメージがあり、主体的な取り組みを促す教育活動であることを明確にするため、「自立活動」に改められました。内容も5区分22項目から6区分26項目へ、2018（平成30）年からは6区分27項目に変更されました（→第11講137ページ参照）。

> 障害のある人の「自立」って何でしょう。考えてみましょう。

図表10-5　自立活動の各区分

1　健康の保持	2　心理的な安定	3　人間関係の形成
4　環境の把握	5　身体の動き	6　コミュニケーション

図表10-6　各障害教育部門における自立活動の内容の例

教育部門	学習内容の例	区分との関連
知的障害教育部門	写真やカードによるコミュニケーションの指導	コミュニケーション 人間関係の形成
肢体不自由教育部門	歩行器や車いすでの移動や運動など	身体の動き 環境の把握
病弱教育部門	自己の病気への対応や自己管理など	健康の保持 心理的な安定
聴覚障害教育部門	補聴器などによる聴力の活用、書記日本語や口話の指導など	コミュニケーション 人間関係の形成
視覚障害教育部門	白杖を使った歩行や漢字の指導など	環境の把握 コミュニケーション

　また、すべての学習をとおして、障害のある子どもの「自立と社会参加」（図表10-7）のための力を育むことをめざし、キャリア教育の充実を図ることが求められています。子どもの今の姿から、何が得意で何が不得意

か、今何を身につけるべきかについて、将来の生活をイメージし、教育内容を検討していきます。また「自立」とは、経済的にも精神的にもすべてを自分で行うことを意味するのではなく、必要に応じて、社会や人の手を借りながら自分らしく生活できることをいいます。

図表10-7　自立と社会参加

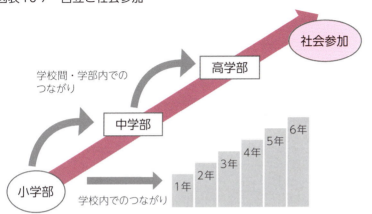

> キャリア教育とは、狭い意味での進路指導のことではありません。小学部の段階から、将来の生活や子どもがどのように社会と関わっていくかを含め、指導を行っていくことが大切です。

特別支援学校には医療的ケアを必要とする児童・生徒も学んでいます。医療的ケアとは、「生きていくために日常的に必要な医療行為」のことです。医療行為ですから、医療従事者でないと行えませんが、法律で決められた特定の行為のみ、研修を行い、資格をもった教師が看護師と連携しながら行うことが可能です。そのような児童・生徒の健康面にも配慮しつつ、教師は看護師や養護教諭と連携しながら授業をすすめています。

プラスワン

医療的ケア
たとえば、経鼻経管による栄養・水分注入、胃ろうによる栄養注入、吸引などのケアのこと。

3　インクルーシブ教育での特別支援学校の果たす役割

特別支援学校は、障害のある子どもの教育に関する専門性（授業づくりの方法など）を地域の学校で最大限活用するために、地域の学校や保護者に対して助言や援助を行うことが求められています。これを特別支援学校のセンター的機能といいます。

特別支援学校には、支援連携として地域の相談などを中心に行っている教職員がいます。また、自治体によっては、専門職（看護師・理学療法士・作業療法士・言語聴覚士・臨床心理士等）を学校に配属し、学校現場で子どもたちの学習場面を観察し、実態把握や授業づくりなどのサポートを行っているところもあります。専門職は学校内での支援にとどまらず、地域の学校へもセンター的機能として支援を行っています（図表10-7）。

図表10-7　センター的機能のイメージ

センター的機能の具体例

①小・中学校等の教員への支援機能
　→障害のある児童生徒に対する個別の指導内容・方法について助言
②特別支援教育等に関する相談・情報提供機能
　→就学前の子どもに対する指導及びその保護者からの相談
③障害のある幼児児童生徒への指導・支援機能
　→通級による指導、巡回による指導
④福祉、医療、労働などの関係機関等との連絡・調整機能
　→関係機関と連携し、個別の教育支援計画を策定
⑤小・中学校等の教員に対する研修協力機能
　→小・中学校等の教員に対する研修の講師を務める
⑥障害のある幼児児童生徒への施設設備等の提供機能
　→点字図書の貸し出しや知能検査の実施等

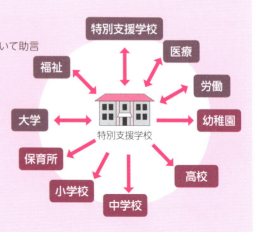

文部科学省ホームページ「特別支援教育のセンター的機能について」

特別支援学校には、障害のある子どもに対する専門性や教材・教具など、特殊教育の時代から受け継がれてきた知識や経験、実践例などが蓄積されています。これらを地域の特別支援学級や通常の学級などで学ぶ支援を必要とする子どもたちの学びやすさにつなげていくことが特別支援学校の重要な責務です。

4　交流及び共同学習

特別支援学校に通う子どものなかには、月曜日から金曜日までは寄宿舎で生活し、週末だけ自宅に帰省する生活を送る子どももいます。また、朝早くスクールバスに乗り、夕方遅くに自宅に帰る子どももいます。すべての子どもは自分の家庭や地域の人々のなかで育まれる必要があります。また、障害のある子どもと障害のない子どもたち、地域社会の人々がともに活動することは、双方の子どもたちの社会性や豊かな人間性を育むうえで重要です。そのため、障害のある子どもと小・中学校などの子どもとともに活動する機会を設け、相互理解を深めることを交流及び共同学習において進めるように定められています。交流及び共同学習を進めるうえでは、次の点について留意することが大切です。

> 皆さんが小・中学校のときに、障害のある子どもと交流したことはありますか。そのときの感想はどうでしたか。思い出してみましょう。

①相互のふれ合いを通じて豊かな人間関係をはぐくむことを目的とする側面と、教科等のねらいの達成を目的とする側面があり、両面のねらいが一体としてあること。
②子どもの在籍する学校の授業として位置づけられているため、教育課程上の位置づけや指導目標などを明確にすること。

③関係者間で共通理解のうえ、両者の子どもの成長につながるように、教育効果や内容について話し合う機会をもつこと。

④実施にあたっては、活動内容や回数、両者の役割分担、協力体制について事前に検討すること。事前学習や事後学習をとおして子どもの特性や個性について理解を深め、さらに関心を一層深めるようにすること。

⑤活動をとおして、相互理解がすすんだか、どのような力が身についたかを適切に評価すること。

【交流及び共同学習の実践例（1）】 特別支援学校の児童と居住地の小学校

特別支援学校の児童（肢体不自由児）と居住地の小学校との交流学習を年間数回行った。内容はクラスで行う音楽や総合的な学習に参加する形であった。音楽が好きな児童であり、小学校の児童の歌声や演奏のようすを興味深く聞いていた。2回目の総合的な学習では、小学校の児童が「〇〇さんが参加できるゲームは何だろう」と内容を自分たちで工夫するようすがみられた。交流学習のあと、休日に保護者と買い物をしていた特別支援学校の児童に対し、小学校の児童が「〇〇さん、こんにちは」とあいさつされ、特別支援学校の児童はにっこりと笑顔をみせた。

小学部から特別支援学校に通学する児童に対しては、居住地の小学校の子どもとの関わりが薄れてしまうことが懸念されたため、交流及び共同学習が計画されました。ねらいどおり、地域の子どもたちと顔見知りになり、あいさつを交わすようになりました。また、地域の小学校の子どもは、障がいのある子どもに対して、最初はお世話をしてあげる対象として接していましたが、しだいに相手の状態を考え、ともに活動する友だちとして関わるようになったことが大きな成果です。

【交流及び共同学習の実践例（2）】 特別支援学校分校と高等学校

高等学校校舎内に設置されている特別支援学校分校と高等学校で、週1時間の共同学習を行った。高等学校では、自分たちの専門である農業を特別支援学校の生徒に教え、特別支援学校の生徒は学習で取り組んでいる陶芸を高等学校の生徒に教えた。自分が知っていること、できることを「人に伝える」ことの難しさをお互いに学んだ。

高等部生徒にとって、卒業後にさまざまな人と関わるための力を身につけることは大きなポイントとなります。ここでは、定期的に同年齢の高校生と関わることで、関わる力を身につけることをねらいとしています。さらに、教えてもらうだけではなく、「陶芸を教える」ことで、特別支援学校の生徒の自己肯定感を高めることにつながりました。

また、高等学校の生徒にとっては、自分が農業を行うだけではなく、他者に伝えることで、学習の深化につながりました。お互いに教育課程上にきちんと位置付けられ、評価を行なっています。

5 学校全体で取り組む特別支援教育

　特別支援教育の推進は、特別支援学校や特別支援学級の担任のみが行うものではありません。センター的機能の活用や交流及び共同学習も、担任間のやりとりだけで行うのではなく、学校や地域で子どもたちの教育を支えることが前提となります。文部科学省の「特別支援教育の推進について（通知）平成19年」においては、1に特別支援教育の理念が、2には校長の責務として、幼・小・中・高等のすべての学校において、特別支援教育実施の責任者として取り組んでいくように記載されています。通知において、このようなことが記載されることはまれであり、特別支援教育の推進をすべての学校ですすめていくことを改めて示したことになります。そのために校内での支援体制を整備し、特別支援教育コーディネーターなどと連携し、必要な支援を検討していくことになります。その際にも、特別支援学校のセンター的機能が期待されています。

6 教育のユニバーサルデザイン

　特別支援教育の視点をもって授業づくりを行うことは、すべての子どもたちのわかりやすさや学びやすさにつながります。
　特別支援教育は、障害のある子どもへの教育にとどまらず、特別な支援を必要とするすべての子どもへ実施されるものです。支援を必要としている子どもが学習の場に参加することができたとしても、学習内容を理解し、理解した内容を身につけ、実際に活用できることができなければ、本当の意味での学びにはつながりません。次ページの図をみてください。学びには階層別があり、知識として理解することから実際に活用するまでには段階があることがわかります（図表10-8）。

7 すべての子どもたちの学びやすさのために

　特別支援教育の推進と教育のユニバーサルデザインは、すべての子どもの主体的で深い学びにつながるものです。障害のある子どもにとっては「ないと困る・必要な支援」が、ほかの子どもたちにとっては「あると便利な

図表10-8　授業のUD（ユニバーサルデザイン）化モデル

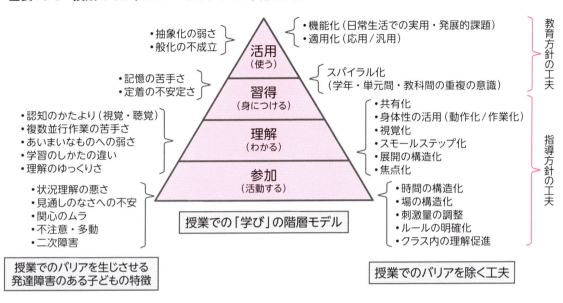

支援」かもしれません。結果的にすべての子どもたちが授業に主体的に参加できるようになり、学びが深まること、そして「できた・わかった」という達成感を味わえることは、教師の授業づくりの基本であると考えます。

ディスカッションしてみよう！

あなたの学級内に、集団で学習中に離席する子どもや、提出物や持ち物の忘れ物の多い子ども、板書を書き写すことが難しい子どもがいたと想定すると、そのような難しさのある子どもへどのように指導しますか。「よく聞くように」「きちんとしましょう」と注意するのではなく、具体的な指導方法を考えてみましょう。

たとえば・・・

> 復習や発展的な理解のために
> **知っておくと役立つ話**

世界のなかの障害のある子どもたちのようす

　世界のなかでは、障害のある子どもたちの教育はどうなっているのでしょうか。先進国とよばれる欧米や日本などでは、すべての子どもに対する学校教育が保障されています。しかし、開発途上国とよばれる国々では、初等教育就学率が低く、貧しさなどさまざまな要因により、学校で教育を受けることが難しい子どももいます。そのような国々では、障害のある子どもが十分な教育を受けることが難しいこともあります。

　筆者が海外で目にした例をあげます。

　ある国で、知的障害のある成人女性が幼稚園の片隅で園児に混じって園児用のいすに座り、色ぬりをしていました。付き添ってきている母親に幼稚園に通う理由を聞くと、「この子は医者に幼稚園児レベルだといわれたから」と答えました。医師の発言は、この女性の知的発達の段階が3歳から5歳の段階にあるという意味だと推測できます。しかし、3歳から5歳の子どもと同様の教育を必要とするという意味ではなく、この状況が女性にとっての適切な教育環境だとは考えられません。

　また、国際NGOが運営する肢体不自由児・者の入所施設の職員に、利用者の入所に至る理由を聞くと、「警察が子どもを拾ってくる」との答えでした。つまり、障害児がその家庭に生まれたことで差別される文化のある国では、肢体不自由や先天性奇形の子どもは、生後すぐに育児放棄されることがあるため、捨てられた子どもを警察が保護して連れてきたという意味でした。自宅で生活をしている下肢に機能障害のある男児の家を訪問したときのことです。彼は車いすでの移動を必要としていましたが、自宅の周辺には舗装されていない道路も多く、通院以外の外出は難しく、1日のほとんどを自室でテレビをみて過ごしていました。そのため、同じ姿勢で長時間過ごしたことによる褥瘡ができており、退屈していたのか、外国人である筆者との会話やゲームに生き生きと取り組んでいました。彼は教育を受けることで多くの知識を身につけることが可能だと考えられますが、肢体不自由児を受け入れてくれる学校は少なく、家族が通学や社会参加を手助けすることも困難でした。

　ある国では、軽度の知的障害児が、学校のなかの特別支援学級のようなクラスで学んでいるようすを見学しました。生活年齢では中学生にあたるその子どもはノートにその国の文字を一生懸命何百回、何千回も書いていました。現地の教師は「この子は1年かけて1文字書けるようになった。今はこの文字を練習している、来年は次の文字だ」と学習の成果を伝えてくれました。しかし、この子どもは一生にどれだけの文字の練習をし、その文字を活用する日は来るのでしょうか。

　世界には、教育の場が与えられないばかりか、人間として生きる権利も守られない状態の子どもたちがいることを知っておく必要があります。

復習問題にチャレンジ

ちゃんとわかったかな？

類題（京都府　2017年）

①次の1～5は、「共生社会の形成に向けたインクルーシブ教育システム構築のための特別支援教育の推進（報告）」（平成24年7月23日　中央教育審議会）の一節である。内容が誤っているものの組合せはどれか、下のア～オから1つ選びなさい。

1. インクルーシブ教育システムにおいては、同じ場で共に学ぶことを追求するとともに、個別の教育的ニーズのある幼児児童生徒に対して、自立と社会参加を見据えて、その時点で教育的ニーズに最も的確に応える指導を提供できる、多様で柔軟な仕組みを整備することが重要である。
2. 就学先については、障害の状態、本人の教育的ニーズ、本人及び保護者の意見、教育学、医学、心理学等専門的見地からの意見、学校や地域の状況等を踏まえた総合的な観点から決定する仕組みとし、最終的には保護者が決定する。
3. 「合理的配慮」は、一人一人の障害の状態や教育的ニーズ等に応じて決定されるものであり、設置者及び学校と本人及び保護者により、発達の段階を考慮しつつ、「合理的配慮」について可能な限り合意形成を図った上で決定し、提供されることが望ましいが、設置者及び学校と本人及び保護者の意見が一致しない場合は本人及び保護者の意見を優先する。
4. 通常の学級においては、少人数学級の実現に向けた取組や複数教員による指導など指導方法の工夫改善を進めるべきである。
5. インクルーシブ教育システム構築のため、すべての教員は、特別支援教育に関する一定の知識・技能を有していることが求められる。

ア　1と2　　イ　1と4　　ウ　2と3　　エ　3と5　　オ　4と5

類題（兵庫県　2017年）

②通級による指導について述べた文として適切でないものを、次のア～エから1つ選びなさい。

ア　在籍校の通級指導教室に通う自校通級と他校のそれに通う他校通級などがある。
イ　通級による指導の内容は、特別支援学校の自立活動に相当するものが考えられる。
ウ　指導に当たっては、個々の児童生徒の障害の状態等に応じた具体的な目標や内容を定め、学習活動を行う。
エ　学校が必要と認めれば、保護者の同意を得なくても、通級による指導を行うことができる。

理解できたことをまとめておこう！

ノートテイキングページ

学習のヒント：障害のある子どもが、学ぶ場（通常の学級・特別支援学級・特別支援学校）の違いにより想定されるメリットとデメリットについて調べたり、考えたりしましょう。また、そのデメリットを解消するための手だてを考えましょう。

		通常の学級	特別支援学級	特別支援学校
（例）車いすを利用する肢体不自由の子ども	メリット	同年齢の子どもと関わりながら学習できる。	通常の学級と特別支援学級を選択し学習できる。	設備が整っており、専門性のある教育を受けることができる。
	デメリット	階段やトイレなど校内設備の不十分さが考えられる。	特別支援学級内で単独での学習の可能性がある。	障害のない子どもとの関わりが少ない。地域の子どもとの関わりが減る。
	手だて	スロープの設置、教室を1階にする、特別教室の移動を減らす。	学区内で同じ障害の子どもと関わる機会をもつ。	居住地の学校との交流学習などを設定する。
自閉症のある子ども	メリット			
	デメリット			
	手だて			
聴覚障害のある子ども	メリット			
	デメリット			
	手だて			
知的障害のある子ども	メリット			
	デメリット			
	手だて			

第3章

特別支援教育の現状と課題

この章では、これからの特別支援教育に必要な課題について学んでいきます。特別支援教育とは障害のある子どもだけでなく、福祉とも密接に関わるものです。現代の子どもを取り巻く課題を学ぶことで、これからの特別支援教育に必要なことが何かを理解することができます。

第11講　特別支援学級、通級による指導、特別支援教室……134

第12講　特別支援教育と福祉との連携……146

第13講　子どもへの虐待と特別支援教育……160

第14講　子どもの貧困と学習支援……172

第15講　これからの特別支援教育……180

第11講 特別支援学級、通級による指導、特別支援教室

理解のポイント

「学校教育法」の一部改正にともない、「特別支援教育の推進について(通知)」がだされたことにより、特別支援学級、通級による指導、特別支援教室などの指導制度が実現しました。本講では、特別支援学級、通級による指導、特別支援教室について、それぞれどのような指導・実践を行っているかを学び、それぞれの違いを理解しましょう。

1 特別支援学級

1 特別支援学級とは?

特別支援学級とは、主に小・中学校に設置されている特別な支援が必要な児童・生徒が学ぶ学級です。対象となる児童・生徒は、知的障害者、肢体不自由者、身体虚弱者、弱視者、難聴者、その他障害のある者で、特別支援学級において教育を行うことが適当な者です(「学校教育法」第81条)。後述する通級による指導の教室や通常の学級と混同しないように「固定学級」という呼称も使われています。

2 どのようなことを行っているのか

小・中学校の「学習指導要領」を基本としていますが、児童・生徒の実態に応じて「特別の教育課程」を編成することができます(図表11-1)。その際は、特別支援学校の教育課程を参考に編成されます。授業時数については、小・中学校各学年の総時数をもとに、学級の実情に合わせて配分します(図表11-2)。

図表11-1 児童・生徒の障害の状態に応じた特別の教育課程

○「合科」
　各教科の全部または一部を合わせて授業を行うことができる。
○「各教科、外国語活動の目標・内容の一部を取り扱わないことができる」
　障害の状態によって学習が困難又は不可能なものについては、一部を取り扱わないことができる。
○「下学年適用」

> 知的障害以外の障害では、通常の学級の各教科の各学年の目標・内容の全部又は、一部を、下の学年の目標・内容の全部又は一部によって替えることができる。
> ○「各教科等を合わせた指導」
> 　知的障害又は重複障害の場合、各教科、道徳科、外国語活動、特別活動、自立活動の全部又は一部を合わせて授業を行うことができる。
> ○「知的障害代替」
> 　知的障害以外の各障害が主障害で知的障害を伴う場合は、知的障害特別支援学校の各教科又はその目標・内容の一部によって替えることができる。

丹野哲也監修、全国特別支援学校設置学校校長協会『特別支援学級だからこそできること』東洋館出版社、2015年、11ページより抜粋

図表11-2　小・中学校の年間総授業時間数

学校＼学年	1	2	3	4	5	6
小学校	850	910	980	1,015	1,015	1,015
中学校	1,015	1,015	1,015			

※小学校の1単位時間は45分、中学校の1単位時間は50分

　国語や算数のような教科学習では、学年、学習能力等学級の実態に応じて、少人数のグループを編成して学習を行っているところが多いようです。

　「各教科等を合わせた指導」とは、教科等で学習を分けるのではなく、児童・生徒の生活に即した具体的な活動をとおして学習を行うものです（図表11-3）。

　たとえば「遊びの指導」では、鬼ごっこなどの遊び方を教えますが、そのなかで、身体活動を活発にすることや仲間との関わりを促し、意欲的な活動を行うことが「学習指導要領解説」に記されています。したがってただ、遊びを教えるだけでなく、こうした目標を考慮して、学習活動を計画します。

　また、自立的な生活に必要な事柄を実際に学習する「生活単元学習」では、実際に買い物をするなどの活動を行うこともあります。

　そのほかに、登下校衣服の着脱など、実際の生活のなかで行われる活動を指導する「日常生活の指導」や、刺しゅう等を制作し、将来の職業生活や社会自立をめざした「作業学習」があります。

図表11-3 各教科等を合わせた指導の例

こうした学習活動を「各教科等を合わせた指導」として行っている。

遊びの指導：児童・生徒の実態に合わせて、一人遊びから対先生や友だち、そしてルールのある遊びといったように、段階的な指導を行う。
生活単元学習：買い物学習以外にも、公共交通機関の乗り方など、生活するうえでの課題を児童・生徒が解決できるように学習課題を設定する。

3 交流及び共同学習について

　特別支援学級では、通常の学級と交流を行う「交流及び共同学習」という教育活動があります（→第10講126ページ参照）。障害のある児童・生徒と障害のない児童・生徒との相互理解を図るもので、具体的な内容として、給食、縦割り班活動、運動会の表現などがあり、学習活動のなかで行われることが多いようです（図表11-4）。

図表11-4　交流及び共同学習の例

同学年の通常学級で給食を食べる。

運動会の表現（ダンス）など、できる範囲で参加する。

2 通級による指導

1 通級による指導とは？

　通級による指導とは、通常の学級に在籍しながら、1週間のうちの決められた一部の時間に、障害に応じた特別の指導を受けるもので、障害の状態の改善または克服を目的とする指導です。
　対象となる児童・生徒は、比較的障害の程度が軽く、おおむね通常の学級での授業等に参加できる理解力がある児童・生徒です。具体的には図表11-5の通りです。

図表11-5　通級による指導の対象となる児童・生徒

- 言語障害者
- 自閉症者
- 情緒障害者
- 弱視者
- 難聴者
- 学習障害（LD）者
- 注意欠陥多動性障害（ADHD）者
- 肢体不自由者、病弱者及び身体虚弱者

文部科学省「特別支援学級及び通級指導に関する規定」

　通級による指導の教育課程は、自立活動と教科の補充から編成されます。
　自立活動は、障害による学習上または生活上の困難を改善・克服するための指導領域です。内容として、6区分27項目で示されています（図表11-6）。
　教科の補充とは、単純に苦手な学習を補習するというものではありません。児童・生徒の障害特性に配慮した教科の学習を行うものです。たとえば、読みが困難な児童・生徒に、文中から言葉のまとまりを探す課題を出すなど、児童・生徒の障害の特性による学習の困難さを考慮した指導を行います。

図表11-6　自立活動の指導領域

1　健康の保持
　（1）生活のリズムや生活習慣の形成に関すること。
　（2）病気の状態の理解と生活管理に関すること。
　（3）身体各部の状態の理解と養護に関すること。
　（4）障害の特性の理解と生活環境の調整に関すること。
　（5）健康状態の維持・改善に関すること。

2　心理的な安定
　（1）情緒の安定に関すること。
　（2）状況の理解と変化への対応に関すること。
　（3）障害による学習上又は生活上の困難を改善・克服する意欲に関すること。

3　人間関係の形成
　（1）他者とのかかわりの基礎に関すること。
　（2）他者の意図や感情の理解に関すること。
　（3）自己の理解と行動の調整に関すること。
　（4）集団への参加の基礎に関すること。

4 環境の把握
  （1）保有する感覚の活用に関すること。
  （2）感覚や認知の特性についての理解と対応に関すること。
  （3）感覚の補助及び代行手段の活用に関すること。
  （4）感覚を総合的に活用した周囲の状況についての把握と状況に応じた行動に関すること。
  （5）認知や行動の手掛かりとなる概念の形成に関すること。

5 身体の動き
  （1）姿勢と運動・動作の基本的技能に関すること。
  （2）姿勢保持と運動・動作の補助的手段の活用に関すること。
  （3）日常生活に必要な基本動作に関すること。
  （4）身体の移動能力に関すること。
  （5）作業に必要な動作と円滑な遂行に関すること。

6 コミュニケーション
  （1）コミュニケーションの基礎的能力に関すること。
  （2）言語の受容と表出に関すること。
  （3）言語の形成と活用に関すること。
  （4）コミュニケーション手段の選択と活用に関すること。
  （5）状況に応じたコミュニケーションに関すること。

文部科学省「特別支援学校教育要領・学習指導要領解説 自立活動編」、2018年

2 実際の指導例

主に少人数のグループを編成して学習する小集団の指導と、1対1ないしは子どもが2人の個別指導が行われています。小集団の指導では、自立活動の6区分27項目から必要なものを精選して、指導内容を組み立てます。その具体的な内容は以下の時間割の例に沿って説明します（図表11-7）。

図表11-7 時間割の例

午前グループ		午後グループ
1. 朝の会		5. 始めの会、グループ学習
2. 運動		6. 個別学習
中休み		帰りの会
3. グループ学習		
4. 個別学習		
給食		
帰りの会		

多くの小学校では図表11-7のように、午前と午後に分けて指導が行わ

れています。給食指導まで行う学校が多く、指導時間が長い午前グループを低・中学年、午後グループを高学年として、グループを編成しています。

朝の会や始めの会では、グループの出席をとり、学習の始まりを意識させるようにしています。そのほかにも、読み聞かせや連想ゲームやしりとりなどの言葉遊びなども行っています。

運動の時間は、障害の特性により、身体を動かすことが不器用であったり苦手意識を感じたりしている児童・生徒に、身体の動かし方を指導する時間として設定しています。具体的には、バランスボールを使ってバランスをとる力や体幹を鍛えたり、体育の授業で苦手意識を感じやすい長縄やボール運動などをスモールステップでていねいに指導したりしています（図表11-8、11-9）。

また、鬼ごっこなどのゲーム性のある活動も取り入れて、勝ち負けの受け入れをねらいとしたプログラムを行うこともあり、単純に身体を動かすことを目的とするだけでなく、児童・生徒同士が関わる場面も組み合わせ

図表11-8　バランスボールを使った指導の例

イラストのように、バランスボールを使って、さまざまな動きを行い、体幹を鍛えたり、バランス感覚を養ったりする。

バランスボールでは、まず基本としてボールの上に座って止まる動きを指導する。その後、図のようにボールを背中や腰に置いてバランスをとる運動など、応用的な運動の指導を行う。

図表11-9　ボールや長縄を使った指導の例

ボール運動：はじめに、指先を使って体のまわりを転がす運動から行い、ボールの扱い方に慣れるところから指導する。その後、両手を使い、自分の体の前で上に上げてキャッチするように、動きを一つひとつていねいに指導する。
長縄：縄を回さず、縄の入り方や出方の確認をしたり、真ん中に印をつけて跳ぶ位置を示したりして指導を行う。

ボール運動や長縄など、児童・生徒のつまずきやすい運動を通常学級よりもていねいに指導を行う。

て、学習を設定する場合もあります。

　グループ学習では、障害特性による集団生活でのさまざまな困難さに対して、コミュニケーション能力や社会性を育てるための指導を小集団で行っています。集団の人数を少なくすることで、児童・生徒が成功体験を得やすくなっています。

　具体的には、たとえば勝ち負けの受け入れができないなど、感情のコントロールが難しい児童・生徒の実態に対して、トランプやゲームをとおした学習活動を行います。そのとき、ただゲームをするのではなく、事前に勝つことがあれば負けることもある、ということを伝え、見通しをもたせます。さらに、「ま、いいか」「次にがんばろう」など気持ちを切り替えるための言葉も合わせて教えていきます。こうした手だてをとおして、少しずつ勝ち負けを受け入れられるようになることを目標に学習活動を行っています。

　また、児童・生徒の実態から学校生活で起きてしまうトラブルを想定して、教師がロールプレイを行うこともあります。自己のふるまいを客観的にみることで、どうすればいいのかを考え、実際の学校生活で生かせるように指導を行っていきます（図表11-10）。

図表11-10　学習活動の例

トランプやゲームなど動きのある学習活動を行うことが多いが、座学での学習も行う。

　個別学習では、それぞれの発達段階や障害特性に合わせた指導を行います。たとえば、通級している児童・生徒の多くは、認知の偏りがあるので、視覚や聴覚それぞれの機能の向上をめざした学習をする場合もあります。また、グループ学習での振り返りを行ったり、運動の時間だけでは足りない児童・生徒に対して運動の指導を行ったり、それぞれの児童・生徒の実態に合わせて指導を行います（図表11-11）。

図表11-11　個別学習の例

ビジョントレーニングや聞き取りなどの認知の学習では、運動や学校生活で気になることを話すなど、個別学習の時間は児童・生徒の実態に合わせる。

プラスワン

ビジョントレーニング

対象物を目で追いかけたり、距離や場所を把握したりする「見る力」の向上をめざすものである。「見る力」が向上することで、板書をノートに写せるようになったり、運動能力が向上したりと、さまざまな効果があるといわれている。

3 特別支援教室

　これまでの通級による指導では、児童・生徒が通級指導を行う学校に通って指導を受けていました。しかし、今後はそれぞれの学校に通級指導を行う教室を設けて、在籍する学校で指導を受けるようになります。それが特別支援教室です。

　文部科学省では特別支援教室について「障害の多様化を踏まえ柔軟かつ弾力的な対応が可能となるような制度の在り方について具体的に検討していく必要がある」制度として、全授業時間固定式の学級を維持するのではなく、通常の学級に在籍したうえで、障害に応じた教科指導や障害に起因する困難の改善・克服のための指導を、必要な時間のみ特別の場で行う形態としています。

　東京都では、2016（平成28）年度より順次制度が開始され、2018（平成30）年度から全面施行されました。指導の内容は通級による指導と変わらず、自立活動と教科の補充指導です（図表11-12）。

図表11-12　通級指導学級から特別支援教室へ

東京都教育委員会「とうきょうの教育」第108号をもとに作成

　特別支援教室のメリットとして、1つには、今までは通級指導が行われる学校まで通う必要があったのが、同じ学校で指導を受けることができるようになり、送り迎えの負担がなくなります。小学校の通級指導では、保護者の送り迎えを必須としているところが多く、そのため児童によっては通うことができない、ということもありました。在籍校で指導が受けられることで、こうした負担はなくなります。2つ目には、通級のときよりも学級担任との連携がスムーズになるということがあげられます。同じ学

校内で、在籍学級と通級でのようすをすぐに聞くことができるので、より実態に応じた指導が可能となります。

　反対にデメリットとして、巡回指導を行う教師の移動に要する時間により、指導時間が今までよりも少なくなってしまうところが多いことがあげられます。また、送り迎えの負担がなくなったことで、今後さらに特別支援教室を利用する児童・生徒の増加が見込まれます。その際の教師の確保などを考えると、指導内容などを含めて今までのような通級による指導が難しくなってしまうことが懸念されます。

　これらの長所と短所はほんの一例であり、制度が始まったばかりということもあり、今後実践していくなかで、さまざまな問題が出てくることが予測されます。成果と改善点をよく吟味して、通級による指導で培った実践をうまく生かし、指導の質を保つようにしていくことが今後の大きな課題です。

ディスカッションしてみよう！

特別支援学級、通級による指導、特別支援教室、それぞれ対象となる児童や行っている内容について、みんなでまとめてみましょう。

たとえば・・・

知っておくと役立つ話 — 復習や発展的な理解のために

「特別支援教育支援員」について

学校で子どもと直接的に関わるのは教師ですが、現在「特別支援教育支援員」とよばれる人も教室に入り、子どもたちと関わっているのはご存知でしょうか？

文部科学省(2007年)は、小・中学校において障害のある児童・生徒に対し、適切な教育を実施するうえで、食事、排泄、教室の移動補助等学校における日常生活動作の介助を行ったり、発達障害の児童・生徒に対し、学習活動上のサポートを行ったりする「特別支援教育支援員」の活用を示しました。

特別支援教育支援員の具体的な役割

① 基本的生活習慣確立のための日常生活上の介助
　・衣服の着脱の介助を行う。一人でできる部分は見守り、完全にできないところもできるだけ自分の力で行うよう励ます　など

② 発達障害の児童生徒に対する学習支援
　・教室を飛び出して行く児童生徒に対して、安全確保や居場所の確認を行う　など

③ 学習活動、教室間移動等における介助
　・車いすの児童生徒が、学習の場所を移動する際に、必要に応じて車いすを押したり、乗り降りの介助をしたりする　など

④ 児童生徒の健康・安全確保関係
　・他者への攻撃や自傷などの危険な行動の防止等の安全に配慮する　など

⑤ 運動会（体育大会）、学習発表会、修学旅行等の学校行事における介助
　・修学旅行や宿泊訓練の時、慣れていない場所での移動や乗り物への乗降を介助する　など

⑥ 周囲の児童生徒の障害理解促進
　・支援を必要とする児童生徒に適切な接し方をしている児童生徒の様子を見かけたら、その場の状況に応じて賞賛する　など

文部科学省初等中等教育局特別支援教育課「[特別支援教育支援員] を活用するために」2007年から抜粋

ただいるだけということや、手を出しすぎてしまうのは支援にならないので、学級担任や学年の教師、あるいは特別支援教育コーディネーターと協力し、よりよい支援を行っていくことが大切です。

現在学校には、さまざまな課題があります。特に発達障害などの支援を必要としている子どもたちへの支援の方法についてはかなり定着してきましたが、実際に支援を行うには学級担任だけでは手が足りないケースもあります。こうした支援の一翼を担うのが特別支援教育支援員です。

特別支援教育支援員には教員免許等の資格を求めない自治体もあります。特別な支援が必要な児童・生徒に接したり、学校現場を知ることができたりするなど、貴重な経験を積む機会となりますので、興味のある方にはぜひおすすめします。

第11講　特別支援学級、通級による指導、特別支援教室

復習問題にチャレンジ

ちゃんとわかったかな？

類題（千葉市　2017年）

①平成30年度から高等学校及び中等教育学校の後期課程においても「通級による指導」が制度化されることとなった。「通級による指導」の対象者として、適当でないものを選びなさい。

1　情緒障害者　　2　弱視者　　3　自閉症者　　4　知的障害者
5　注意欠陥多動性障害者

類題（和歌山県　2017年）

②次のA～Dの文について、特別支援学校、特別支援学級及び通級による指導における教育課程について述べた文として正しいものを○、誤っているものを×としたとき、正しい組み合わせを、下の1～5の中から1つ選びなさい。

A　特別支援学校では、幼稚園、小学校、中学校、高等学校に準ずる教育を行うとともに、障害に基づく種々の困難を改善・克服するために、「自立活動」という特別の指導領域が設けられている。また、子供の障害の状態等に応じた弾力的な教育課程が編成できるようになっている。

B　知的障害者を教育する特別支援学校については、知的障害の特徴や学習上の特性などを踏まえた独自の教科及びその目標や内容が示されている。

C　特別支援学級は、基本的には、特別支援学校の学習指導要領に沿って教育が行われるが、子供の実態に応じて、小学校・中学校の学習指導要領を参考として特別の教育課程も編成できるようになっている。

D　通級による指導は、障害の状態に応じた特別の指導（自立活動の指導等）を特別の指導の場（通級指導教室）で行うことから、通常の学級の教育課程に加え、又はその一部に替えた特別の教育課程を編成することができるようになっている。

	A	B	C	D
1	○	○	○	×
2	○	○	×	○
3	○	○	×	×
4	○	×	○	○
5	×	○	×	×

ノートテイキングページ

理解できたことをまとめておこう!

特別支援学級、通級による指導、特別支援教室のそれぞれの特徴をまとめてみましょう。

第12講 特別支援教育と福祉との連携

理解のポイント

特別支援教育は、障害のある子どもたちにとって、大切なライフステージの一つです。しかし、人の一生は、学校教育が終わったあとのほうが長いのです。障害のある人々が、社会で豊かに充実した人生を過ごすためには、どのようにしたらよいのでしょうか。そのために特別支援教育は何をしなければならないのでしょうか。子どもたちのために、さまざまな領域の支援と連携して彼らのライフステージを支えるしくみを考えていきましょう。

1 なぜ連携が必要なのか

1 障害者の全体状況

特別支援教育を学ぶ際に最初に知っておくべきことは、わが国では障害児・者とよばれる人々がどれくらいいるのかということです。わが国の人口は、およそ1億2千万人ですが、そのなかで障害児・者といわれる人々は、統計数値で示すと次のようになります（図表12-1）。

図表12-1 障害者数（推計）

単位（万人）

		総数	在宅者数	施設入所者数
身体障害児・者	総計	436.0	428.7	7.3
	男性		222.0	
	女性		205.2	
	不詳		1.5	
知的障害児・者	総計	108.2	96.2	12.0
	男性		58.7	
	女性		36.8	
	不詳		0.8	
精神障害者	総計	392.4	361.1	31.3
	男性	159.2	144.8	14.4
	女性	233.6	216.7	16.9

内閣府「障害者白書（平成30年版）」より一部改変

この分類は、「障害者総合支援法」などで、障害の定義を①身体障害、②知的障害、③精神障害と定められたことに基づいています。3つの障害の合計は、936.6万人であり、その概数を人口千人当たりの人数でみる

プラスワン

「障害者総合支援法」
正式名称は、「障害者の日常生活及び社会生活を総合的に支援するための法律」。

と、身体障害者は34人、知的障害者は9人、精神障害者は31人となります。複数の障害を合わせもつ者もいるため、単純な合計にはならないものの、国民のおよそ9.4％が何らかの障害を有していることになります。今後も高齢化の進展など、さまざまな要因によりこの数値は上昇していくことが予想されています。

このなかで、とりわけ知的障害児・者を例にとると、在宅の知的障害児・者が96.2万人となっています。この内訳は、18歳未満21.4万人（22.2％）、18歳以上65歳未満58万人（60.3％）、65歳以上14.9万人（15.5％）となっています。また、知的障害児・者の総数は年を追うごとに増加しており、その背景には、以前に比べて知的障害児・者に対する認知度が高くなり、療育手帳*取得者の増加が要員の一つにあると、「障害者白書」は述べています。ということは、必然的に特別支援学校に入学してくる者が増えると考えられます。

文部科学省は、「児童福祉法等の改正による教育と福祉の連携の一層の推進について」（2012年）のなかで、「障害児支援が適切に行われるためには、学校と障害児通所支援を提供する事業所や障害児入所施設、居宅サービスを提供する事業所（以下、「障害児通所支援事業所等」という。）が緊密な連携を図るとともに、学校等で作成する個別の教育支援計画及び個別の指導計画と障害児相談支援事業所等で作成する障害児支援利用計画及び障害児通所支援事業所で作成する個別支援計画が、個人情報に留意しつつ連携していくことが望ましいと考えます」と述べています。

また、「改正障害者雇用促進法」「障害者自立支援法」「改正学校教育法」「発達障害者支援法」が施行され、雇用、福祉、教育等の各分野の関係機関が緊密な連携のもと、就労支援を積極的に推進していく環境が整備されつつあります。

これらは、障害者の自立をめざすことに国をあげて方向性を定めたといえます。このことから、今まで以上に連携の必要性が求められています。

2 特別支援教育を受ける児童・生徒

一方、特別支援教育を受ける児童・生徒の数は全国でどのくらいいるのでしょうか。「障害者白書（平成30年版）」によると、2017（平成29）年5月1日現在において、全国で約41万7,000人います。また、発達障害の可能性のある児童・生徒の数値が6.5％とされていますが、この数値はあくまでも発達障害の可能性のある児童・生徒であるということに少し注意が必要です（→第10講図表10-1参照）。

文部科学省は2002（平成14）年に、知的な遅れはないが学習面か行動面で著しい困難を示す子どもが、普通学級に6.3％程度在籍しているという調査結果を発表しました。10年後に追調査を実施し、その結果が、6.5％であったとしています。しかし、この調査は学級担任を含む複数の教師によって判断された回答であると説明がついており、この取り扱いはあくまでも推定値であるとしています。その意味は、医師の診断により、「発達障害」という診断名を得たものではないということです。ですからこのな

重要語句

療育手帳

知的障害をもつ知的障害児・者に対して一貫した指導・相談等が行われ、各種の援助措置を受けやすくするため、各自治体が発行するもの。障害の程度によって援助内容が異なる。18歳未満は児童相談所、18歳以上は知的障害者更生相談所が受け付け、その判定・手帳の発行を行う。
援助内容は、公共機関利用の減免、バス・鉄道などの割引、携帯電話使用料の割引など、さまざまである。

プラスワン

発達障害のよび方

発達障害のよび方については、2014（平成26）年、日本精神神経学会において、「精神疾患の分類と診断の手引き（第5版）」（DSM-5）の改訂に基づき、病名や用語の混乱が起きないようにガイドラインがまとめられた。児童・青年期の疾患については、病名に「障害」がつくと児童や保護者に大きな衝撃を与えるため、「障害」を「症」に変更し、「注意欠陥多動性障害」は「注意欠如多動症」、「自閉症」および「アスペルガー障害」は「自閉スペクトラム症」、「学習障害」は「学習症」と言い換えるようになった（→第2講ミニコラム参照）。

> **重要語句**
>
> **愛着障害**
>
> 母親をはじめとする養育者との愛着が何らかの理由で形成されず、情緒や対人面に問題が起こる状態のことである。

> **重要語句**
>
> **社会資源**
>
> 利用者がニーズを充足したり、問題解決をするために利用される各種の制度・施設・設備・資金・物質・法律・情報・集団・個人の有する知識や技術等を総称したものをいう。

かには、「愛着障害*」など、ほかの障害をもった児童・生徒を誤って発達障害と判断してしまっている場合もあるということを示しています。

2001（平成13）年に、文部科学省は、特殊教育から特別支援教育へと教育システムの切り替えを打ち出しましたが、ここには、知的障害だけではなく発達障害・愛着障害など、多様な教育ニーズがでてきたことへの対応としての意図があります。

多様な教育ニーズは学校教育という枠組みのなかだけで収まるものではなく、一人ひとりが社会のなかで充実した生活を営むために求められています。そのためにも、さまざまな社会資源*と連携して社会参加を果たし、各種の支援を受けながら自立した営みができるようになるためにも、特別支援教育と、福祉をはじめとした各種の社会資源との連携が大切になってきます。

2 法律や制度の整備

ここ10年の特別支援教育と関係機関との連携に関する施策の動向を、公表された4つの文書からみていきましょう。

1 「今後の特別支援教育の在り方について（最終報告）」

2003（平成15）年、「特別支援教育の在り方に関する調査研究協力者会議」による報告です。「障害の程度等に応じ特別の場で指導を行う『特殊教育』から障害のある児童生徒一人一人の教育的ニーズに応じて適切な教育的支援を行う『特別支援教育』への転換を図る」という基本的方向を発表しました。そこではすでに「関係機関との連携と協力」がうたわれています（→第1講11ページ参照）。

2 「特別支援教育を推進するための制度の在り方について（答申）」

2005（平成17）年、「中央教育審議会」による答申です（→第1講11ページ参照）。そこでは「特別支援教育のセンター的機能」の「具体的内容」の一つとして、「福祉、医療、労働などの関係機関等との連絡・調整機能」があげられ、「個別の教育支援計画の策定に当たり、福祉、医療、労働などの関係機関等との連絡・調整を行うことなどが考えられる」としています。ここで注目したいのは、「個別の教育支援計画*」の策定にふれていることです。

> **重要語句**
>
> **個別の教育支援計画**
>
> 障害のある児童・生徒の一人ひとりのニーズを正確に把握し、教育の視点から適切に対応していくという考えのもと、長期的な視点で乳幼児期から学校卒業後までを通じて一貫して的確な教育的支援を行うことを目的として策定されるものである。
> （→79、86、91ページ参照）

3 「児童福祉法等の改正による教育と福祉の連携の一層の推進について（事務連絡）」

2012（平成24）年、「厚生労働省社会・援護局障害保健福祉部障害福祉課」と「文部科学省初等中等教育局特別支援教育課」の連名による通知です。

その内容は、2012年4月から、「児童福祉法」に基づく居宅サービス等の障害福祉サービスを利用するすべての障害児に対し、原則として、「障害児支援利用計画等*」を作成することです。障害児支援利用計画等の作成に当たってはさまざまな生活場面に沿って一貫した支援を提供すること、障害児とその家族の地域生活を支える観点から、福祉サービスだけでなく、教育や医療等の関連分野にまたがる個々のニーズを反映させることが重要です。特に学齢期においては、障害児支援利用計画等と個別の教育支援計画等の内容との連動が必要であり、それぞれの計画等の作成を担当する相談支援事業所と学校等が密接に連絡調整を行い、就学前の福祉サービスの利用から就学への移行、学齢期に利用する福祉サービスとの連携、さらには学校卒業に当たって地域生活に向けた福祉サービスの利用への移行が円滑に進むよう、保護者の了解を得つつ、特段の配慮をお願いすることを通知しています。

このように、障害をもつ児童・生徒一人ひとりの個別のニーズに応じて、一貫した「切れ目のないサービス」を提供していくため、法律や制度の整備が着実にすすめられています。このような動きは今後も続けられていくことが考えられます。

> **重要語句**
>
> **障害児支援利用計画等**
>
> 福祉サービスを提供する相談支援事業所が作成するもので、学校の「個別の教育支援計画」に相当するもの。

4 「これからの学校教育を担う教員の資質能力の向上について(答申)」

2015(平成27)年12月21日、日本教育大学協会学長・中央教育審議会の答申として、文部科学省初等中等教育局教職員課教員免許企画室より発表されたものです。

従来、特別支援教育に関する教育課程を履修する学生にとって、「障害のある児童及び生徒の心身の発達及び学習の過程」を「含む」科目を必ず学ぶことが「教育職員免許法施行規則」に明記されているのにもかかわらず、各課程認定大学等では課程のカリキュラムにおいて、この「含む」事項の学修は保障されてきませんでした。

改正された「教育職員免許法」では、「特別の支援を必要とする幼児、児童及び生徒に対する理解」に関する科目を「1単位以上」履修することが必修となりました。

3 関係機関との連携による支援

1 連携の目的

まず、何のためにという連携の目的を考えてみましょう。特別支援教育を受ける児童・生徒は学校教育が終了したら、もって生まれた障害がなくなるわけではありません。ずっとその障害をもって生きていくのです。幼・小・中・高といった学校教育はその個人の一生の一部分です。成人してからも長い人生が続いていきます。その長い時間、その人らしく本人が

納得のいく充実した生活が送れるでしょうか。障害があるというハンディキャップのために、どのような生きづらさがあるのでしょうか。福祉というのはその人個人個人の幸せを追求するものですが、前述したように文部科学省は、複雑多様化する児童および生徒一人ひとりのニーズに合わせて、その教育的ニーズに応じて適切な教育的支援を行う「『特別支援教育』への転換を図る」という基本的方向を発表しました。そこではすでに「関係機関との連携と協力」がうたわれています。つまり、今までの学校教育のように教育現場ですべてが完結するというような考え方ではなく、一人ひとりの将来を見据え、適切な支援を図ることによって、自立をめざすという方向を提示しているのです。一人ひとりの自立を目指すのは、さまざまな社会資源が適切に提供され活用されてこそ実現するものです。それこそが連携をする目的であるといえます。

そうした連携を適切に行うために、「個別の教育支援計画」や「障害児支援利用計画等」などの活用が求められるのです。これらの計画書は、各分野の関係機関等による連携協力体制で支援していくための道具(ツール)であるといわれています。

2 関係機関の例

連携する機関としては、教育・福祉・医療・労働・家族などの機関があげられていますが、これらの機関の詳細は図表12-2の通りです。

図表12-2 関係機関の例

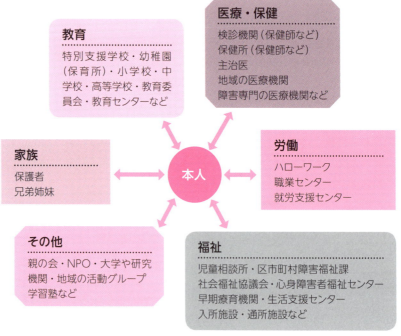

全国特殊学校長会「個別の教育支援計画」検討委員会の動きから話題提供
都立羽村養護学校　岩井雄一（2005年）より一部改変

3　ネットワークによる総合的な支援（連携の方法）

　関係機関が連携し、本人や保護者を総合的に支援するためには、関係機関によるネットワークが必要です（図表12-3）。

　これまで多くの場合、本人や保護者が複数の機関で連携してほしい場合には、みずからが出かけて行き、そのつど本人の成育歴や現在の支援内容などを面談して話す必要がありましたが、関係機関が連携し、ネットワークによる総合的な支援が可能となることで、何回も同じことを話す必要がなくなり、本人や保護者の労力が軽減されます。

　そして、これらの関係機関が一堂に会するケース会議を実施することで、個別の教育支援計画や障害児支援利用計画等の策定に役立てることができるのです。

　このケース会議の開催のポイントは、①どこの機関が会議を招集するか、②ゴール（達成課題）はどこか、③各関係機関は何ができて何ができないのかの見極め、④連携の期間・回数・担当者などの確認、⑤ケース（支援対象児・者）への役割分担、⑥支援内容の情報提供と確認方法などをあらかじめ共有することです。

　集まる関係機関が多くなればなるほど、こうした手続きが重要になります。

> **プラスワン**
>
> **ケース会議**
>
> ケース会議という名称は、各自治体や関係機関によって変わるので注意が必要である。たとえば、福祉の領域では、「ケース会議」ということが多いが、医療の領域では「ケースカンファレンス」という場合が多い。また最近では、個人情報保護の観点から、会議中に配布した資料は回収されることがほとんどなので、各自でメモをとっておくことが大切である。

図表12-3　総合的な支援のイメージ

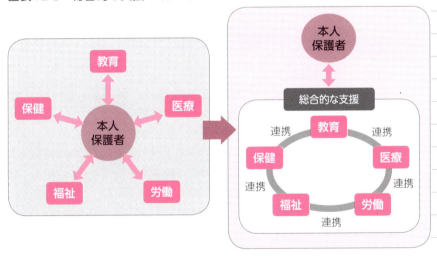

西谷勝弘、久保真喜子、玉木昌裕「特別支援教育における関係機関との連携による支援の在り方―個別の教育支援計画の効果的な運用を通して」『広島県立教育センター平成18年度研究内容（共同研究・個人研究）』2006年、68ページをもとに作成

4　福祉の領域におけるネットワークの形成と各機関の機能

　福祉の各機関の機能を説明すると以下のようになります。

① 児童相談所

　基本的に都道府県に設置されるもので、ほかには政令指定都市・中核市も設置が可能となりました。「児童福祉法」に基づき子どもの福祉に関する相談に応じ、援助等を行います。児童家庭相談に応ずる市区町村と連携

しつつ、市区町村に適切な支援を行い、養護・障害・非行・育成などの専門的な知識や技術を要する相談に対応します。所員は、児童福祉司・児童心理士・医師などがおり、専門職職員による診断に基づいて援助方針を検討して援助を実施します。また、子どもを守るために家庭からの隔離として一時保護するという機能や、児童養護施設*・乳児院*といった児童福祉施設へ入所させる措置権、養子縁組を希望する里親や養子縁組をしないで養育だけを行う養育里親家庭へあっせんをするといった権限をもっています。

さらに、近年の児童虐待の増加に対応するため「児童虐待の防止等に関する法律」（「児童虐待防止法」）により、児童相談所は裁判所の許可を得たうえで家庭への臨検（虐待の調査のため、必要な場所に強制的に立ち入り検査を行うこと）・捜索を行う権限が与えられています。2016（平成28）年、東京都23区に児童相談所の設置の権限が与えられました。2018（平成30）年現在、全国での設置数は212か所となっています。

障害関係の機能としては、知的障害の相談にのり、診断・判定業務を行い、療育手帳（東京都は「愛の手帳」）の交付を行っています。また、さまざまな理由により家庭での養育が難しいときは障害児入所施設へ入所させる権限をもっています。

近年、発達障害のある児童が増えていますが、その対応には困難さがあります。つまり、知的障害をともなうのかそうでないのか、虐待の有無など、取り巻く要因によって対応が変わってきます。行動障害などがある場合もあります。家庭での養育が難しいとなれば、児童養護施設や児童自立支援施設*、児童心理治療施設*などへの入所が考えられます。

② 区市町村障害福祉課

身体・知的・精神などの障害のある者について「障害者総合支援法」に基づく援護を行う部署です。障害のある者の各種手当・助成からはじまり、各種請求書・申請書の受付（重度心身障害者医療費請求書・手話通訳者派遣申請書など）や各障害別の障害者（児）手帳の申請および身体障害者支援センター・身体障害者福祉作業所などの運営を行っています。担当している主な業務は、（ア）認定審査（障害の支援区分認定および支給決定に関する事務、（イ）相談支援（居宅介護・短期入所等の利用に関する相談、自立支援協議会・相談支援センター・障害者虐待防止センターの運営・相談に関する業務、補装具・日常生活用具費の支給に関する業務）、（ウ）給付事業（福祉タクシー・通所交通費の利用・助成、（エ）療育手帳の申請受付、特別児童扶養手当等の各種手当に関する事務などを取り扱っています。

③ 社会福祉協議会

社会福祉協議会は、民間の社会福祉活動を推進することを目的とした営利を目的としない民間組織です。1951（昭和26）年に制定された「社会福祉事業法（現：「社会福祉法」）」に基づき、設置されています。

社会福祉協議会は、それぞれの都道府県、市区町村に設置され、地域住民のほか、民生委員・児童委員*・社会福祉施設・社会福祉法人等の社会

語句説明

児童養護施設
何らかの理由で親とともに生活することが困難になった2～18歳までの児童が生活する施設。近年では、児童虐待を受けた子どもの入所が急増している。

乳児院
何らかの理由で親とともに生活することが困難になった0～2歳未満までの乳児が生活する施設。2歳に達すると児童養護施設へ移る。必要に応じ6歳まで入所可能と法改正されたが、6歳までの利用率は低い。

児童自立支援施設
不良行為を成し、又はそのおそれのある児童・あるいは家庭環境上の理由により生活指導が必要な児童を入所させ、または通所させる施設。学校を併設している。

児童心理治療施設
発達障害など心理的問題を抱え、日常生活の多岐にわたり支障をきたしている子どもたちに医療的な視点から生活支援を基盤とした心理治療を中心に、併設の学校との連携のもと総合的な治療・支援を行う施設。

福祉関係者、保健・医療・教育など関係機関の参加・協力のもと、地域の人々が住み慣れた町で安心して生活することのできる「福祉のまちづくり」の実現をめざした活動を行っています。たとえば、各種の福祉サービスや相談活動、ボランティアや市民活動の支援、共同募金運動への協力など、全国的な取り組みから地域の特性に応じた活動まで、さまざまな場面での地域の福祉推進に取り組んでいます。社会福祉協議会は地域の社会資源とのネットワークを有しており、多くの人々との協働を通じて地域の最前線で活動しています。

④ 心身障害者福祉センター

法律に基づき、身体障害者更生相談所および知的障害者更生相談所として、市区町村等への専門的な知識および技術を必要とする相談、指導業務や医学的・心理学的・職業的判定（補装具の処方・適合判定）などを行っています。また、高次脳機能障害*支援普及事業の支援拠点、重度心身障害者手当の支給などを行っています。以上のことから、主たる機能としては（ア）障害認定に関する業務（障害認定・手帳の発行、補装具や手当の支給）、（イ）地域支援に関する業務（地域からの相談・技術的援助・研修等の支援）、（ウ）自立支援協議会の運営、（エ）就労支援（地域からの職業相談および職能評価）などがあげられます。

⑤ 早期療育機関

さまざまな障害に対する治療機関が拠点的に展開されており、その場合多くは、東京都の小児総合医療センターのように、早期療育から青年期までの総合的な療育に対応する機関となっています。自閉症などの発達障害の場合は、早期療育への取り組みについて効果があるとされています。

⑥ 生活支援センター

障害者就業・生活支援センターとよんでいるところが多くあります。障害のある者の仕事に関すること、生活に関することを一体的に支援する専門機関です。ハローワークや障害者職業センター、福祉施設、特別支援学校などの関係機関との地域における身近な連携拠点として、障害のある者本人や家族からの相談に応じ、職業訓練、就業活動、職場の定着、日常生活支援など、就業およびこれにともなう日常生活・社会生活上のサポートを一体的に行っていく機関です。

⑦ 入所施設・通所施設

「児童福祉法」上で規定された児童福祉施設です。入所に際しては児童相談所からの措置によります。入所施設として具体的には、児童養護施設、心理治療施設、乳児院、児童自立支援施設、知的障害児入所施設*などがあり、通所施設としては、児童発達支援センターが規定されています。

なお、図表12-2にはありませんが、地域に密着した社会資源として次の3つをあげておきます。

⑧ 児童家庭支援センター

「児童福祉法」で規定された児童福祉施設です。地域の児童の福祉に関する各般の問題につき、児童に関する家庭その他からの相談のうち、専門的な知識および技術を要するものに応じ、必要な助言を行うとともに、市

語句説明

民生委員・児童委員

通常、「民生・児童委員」と称され、民生委員が児童委員を兼ねている。高齢者（一人暮らし・寝たきりなど）への援助活動や生活上の問題を抱える家庭への援護活動を行う。さらに、児童問題に関わる行政機関、児童・青少年育成者、学校関係者に協力し地域の子育ての環境づくりや子育て支援する非常勤の地方公務員。無給。

高次脳機能障害

病気（脳血管障害、脳症、脳炎など）や事故（脳外傷）によって脳が損傷されたために、認知機能に障害が起きた状態を高次脳機能障害という。

知的障害児入所施設

知的障害があり、何らかの理由で親とともに生活することが困難になった子どもを入所させて生活させ、その自立を図る施設。18歳以後の自立支援策としてグループホームへの移行などがある。

第12講 特別支援教育と福祉との連携

区町村の求めに応じ、技術的助言その他必要な援助を行うほか、「児童福祉法」に規定される指導を行い、あわせて児童相談所、児童福祉施設との連絡調整その他厚生労働省令に定める援助を総合的に行うことを目的としています。

⑨ 発達障害者支援センター

発達障害者（児）への支援を総合的に行うことを目的とした専門的機関です。都道府県・指定都市みずから、または、都道府県知事が指定した社会福祉法人、特定非営利活動法人等が運営しています。発達障害者（児）とその家族が豊かな地域生活を送れるように、保健、医療、福祉、教育、労働などの関係機関と連携し、地域における総合的な支援ネットワークを構築しながら、発達障害者（児）とその家族からのさまざまな相談に応じ、指導と助言を行っています。ただし、人口規模、面積、交通アクセス、既存の地域資源の有無や、自治体内の発達障害者支援態勢の整備状況などによって、各センターの事業内容には地域差があります。詳しい事業内容は問い合わせが必要です。事業内容の主なものは、（ア）相談支援、（イ）発達支援、（ウ）就労支援、（エ）普及啓発・研修などがあります。

⑩ 児童発達支援センター

「児童福祉法」で規定された児童福祉施設で、障害のある子どものための通所施設の一つです。家庭から、住んでいる地域の児童発達支援センターや児童発達支援事業所に通いながら、療育や生活の自立のための支援を受けることができます。小学校就学前の6歳までの障害のある子どもが「受給者証」を取得することで、1割の自己負担でサービスを利用できます。日常生活の自立支援や機能訓練を行ったり、保育所や幼稚園のように遊びや学びの場を提供したりといった障害のある子どもへの支援を目的としています。

4 縦と横の連携の必要性

「今後の障害児支援の在り方について―「発達支援」が必要な子どもの支援はどうあるべきか」という報告書が、2014（平成26）年7月に厚生労働省障害保健福祉部障害福祉課よりだされました。そのなかでは、以下のようなことが箇条書きに述べられています。

1 基本理念

○地域社会への参加・インクルージョン（包容）の推進と合理的配慮
○子育て支援におけるインクルージョンを推進する「後方支援」としての専門的役割の発揮

がうたわれています。それらは、障害児本人の最善の利益の保障と、家族支援の重視のためとしています。そのうえで、地域における「縦横連携」の推進が示されています。

📝 **語句説明**

インクルージョン、合理的配慮
→第1講参照

ワンストップ対応
複数の場所や担当に分散していた関連する手続きやサービスなどを、1か所でまとめて提供するようにしたもの。たとえば、行政が関連する手続きの窓口を一本化することなど。

サポートファイル
特別な支援や配慮を必要とする子どもが、乳幼児期から成人期までのライフステージで途切れることなく一貫した支援を受けられることを目的に、保護者と関係者（機関）が子どもの情報を共有するために作成したファイル。

重症心身障害児・者
重度の知的障害、および、重度の肢体不自由が重複している状態にある児童および、成人を指す。通所・入所施設もある。施設には、特別支援学校が併設されていることが多い。

その方法としては、
〇ライフステージに応じた切れ目のない支援（縦の連携）
〇保健、医療、福祉、保育、教育、就労支援等とも連携した地域支援体制の確立（横の連携）
が必要であると述べています。その達成のためには、支援者の専門性の向上等、相談支援の推進、支援に関する情報の共有化、児童相談所との連携等が必要であると述べています。

2　報告書における提言の主な内容

報告書における提言では、以下のようなことが箇条書きに述べられています。

① 地域における「縦横連携」を進めるための体制づくりとして
〇児童発達支援センター等を中心とした重層的な支援体制（各センターによる保育所等訪問支援・障害児相談支援の実施等）
〇保育所等訪問支援等の充実、入所施設への長期・有目的入所の検討
〇障害児相談支援の業務負担の評価、ワンストップ対応*をめざした子ども・子育て支援新制度の「利用者支援事業」との連携
〇（自立支援）協議会の活性化、支援に関する情報の共有化を目的とした「サポートファイル*」の活用、障害福祉計画における障害児支援の記載義務の法定化などを提案しています。

②「縦横連携」によるライフステージごとの個別の支援の充実では
〇ライフステージごとの支援（乳幼児期、小学校入学前、学齢期、卒業後）
〇保護者の「気づき」の段階からの支援、保育所等でのていねいなフォローによる専門的な支援へのつなぎ、障害児等療育支援事業等の活用
〇教育支援委員会や学校等との連携、卒業後を見据えた就労移行支援事業所等との連携を提案しています。

③ 継続的な医療支援等が必要な障害児のための医療・福祉の連携
〇福祉分野の専門家だけでは適切に対応できないことを念頭において医療・福祉の連携、医療機関や入所施設の専門性を活用した研修の実施
〇強度行動障害支援者養成研修の推進、重症心身障害児・者*の地域支援のコーディネート機能をもつ中核機関の整備に向けた検討

④ 家族支援の充実
〇ペアレント・トレーニング*の推進、精神面でのケア、レスパイト支援*の拡充
〇保護者の就労のための支援、家族会活動、障害児のきょうだい支援

⑤ 個々のサービスの質のさらなる確保
〇一元化を踏まえた職員配置等の検討、放課後等デイサービス*の障害児支援に関するガイドラインの策定
〇児童養護施設等の対応を踏まえた障害児入所施設の環境改善および措置入所を含めた障害児入所支援のあり方の検討

語句説明

ペアレント・トレーニング

保護者が子どもとのよりよい関わり方を学びながら、日常の子育ての困りごとを解消し、楽しく子育てができるよう支援する保護者向けのプログラムである。当初、知的障害や発達障害のある子どもの家庭向けに開発されたが、現在は幅広い目的や方法で展開されている。

レスパイト支援

乳幼児や障害児・者、高齢者などを在宅でケアしている家族を癒すため、一時的にケアを代替し、リフレッシュを図ってもらう家族支援サービス。施設への短期入所や自宅への介護派遣などがある。日本では、1976年に「心身障害児（者）短期入所事業」の名称で、いわゆるショートステイとして始まった。身体障害者、知的障害者、児童、高齢者の各分野で、法に基づいたサービスを実施している。当初は、ケアを担っている家族の病気や事故、冠婚葬祭などの「社会的な事由」に利用要件が限定されていたが、現在は介護疲れといった私的事由でも利用できる。

語句説明

放課後等デイサービス

障害のある学齢期児童が学校の授業終了後や学校休業日に通う、療育機能・居場所機能を備えた福祉サービス。「障害児の学童保育」とも呼ばれている。

5 特別支援教育と福祉の連携の事例（就労支援）

特別支援教育と福祉の連携の事例として、就労支援のケースを次に紹介します。

【事例】

A君は、児童自立支援施設に15歳で入所し、1年6か月で退所した児童です。入所のときの主訴（施設入所となった最も大きな理由）は、登校途中に女性の通行人などに突然抱きついたり、暴言を浴びせるなどの他害で、警察に保護されて児童相談所に一時保護され、児童自立支援施設に入所となりました。

能力的には軽度の知的障害と発達障害（ADHD）があり、日常的に服薬（発達障害を軽減させる薬）していました。施設では年齢的なことも考慮し、早期の退所を図り、1年6か月での退所を検討していました。結論としては、退所後、月1回の通所支援事業を実施することを提案しました。保護者も同意したので月1回のペースで出身施設へ通うこととなり、その後順調に通所を続けていました。

A君が高等部3年の10月、通学する特別支援学校の進路指導の担当から児童自立支援施設に、関係者会議を開きたいとの連絡があり、10月下旬に第1回の関係者会議を特別支援学校で開催しました。会議には、特別支援学校（進路指導担当・担任）、児童相談所（当該児担当児童福祉司）、児童自立支援施設（通所支援担当係長）、市の障害福祉課担当の4者が参加しました。

話し合いの結果、市障害福祉課から、今後の支援策として、来年度に向けて障害者のグループホームを新設する予定であり、A君を入所させて環境調整と就労援助を行うのはどうかという提案がなされました。参加者は了解し、進捗状況の見守りに入りました。2か月後、再度の会議の要請があり、参加者が集まりました。

その後の経過として、市障害福祉課からはグループホームの建設は予算の関係から1年遅れとなり無理になったこと、進路指導の就労実習も不調に終わったとのことで事態は行き詰まりをみせてきました。次善の策を検討したところ、本人が今回の就労実習の失敗から自己の就業する力の不足を感じたためか、職業訓練校の進学を希望しているとのことで、学校側は、受験を提案しました。これは、進学して通学しながらグループホームができあがるのを待つという計画でした。参加者は了解し、次回の報告を待つこととしました。

1か月後、3回目の関係者会議が開催されました。結果として、職業訓練校は不合格となり、本人も精神的に不安定になってしまったためすべてがうまくいかず、就労もできなくなりました。3月の卒業後は18歳を超えてしまうため、児童相談所・特別支援学校の両者は、

このケースの関わり自体が終了となり、今後このケースを抱えるのは市障害福祉課だけとなりました。担当者はこれからどうしたらよいかと考え込んでしまいました。

　本事例において、会議の目的は、A君の今後の支援についてどのような選択が最適かを検討することでした。A君は15歳で児童自立支援施設に入所して1年6か月で退所しています。つまり、特別支援学校高等部としては、2年生の途中で復学したということになり、A君が施設入所するまでの行動や課題、入所後の処遇の取り組みなどのデータがないということにポイントがあります。施設入所中の行動は保護者にもわかりません。そこで、A君の進路を考えるとき、関係機関と連携して最適な選択を検討することが必要となり、このような教育と福祉の連携が求められたといえます。進路担当者はこうした他機関の役割や機能を事前に知っておく必要があります。

ディスカッションしてみよう！

事例のケースの場合、今後、どういうメンバーを集めて問題解決を図ったらよいでしょうか？　みんなで考えてみましょう。

たとえば・・・

> 復習や発展的な理解のために
> **知っておくと役立つ話**

雇用・労働関係機関との連携

連携する機関としての雇用・労働関係の機関をいくつか紹介します。

●障害者就業・生活支援センター
　就労に関するさまざまな相談支援
　支援メニューは、就労に関するさまざまな相談支援であり、ニーズや課題に応じて、職業準備訓練や職場実習のあっせん、求職活動への同行、生活面の支援などさまざまな相談に応じます。

●ハローワーク
　職業相談・職業紹介
　支援メニューは、求職登録を行い、具体的な就職活動の方法などの相談や指導を行います。専門的な支援が必要な者には、地域障害者職業センターを紹介します。

●市区町村、指定特定相談支援事業者または指定一般相談支援事業者
　障害者相談支援事業
　地域の障害者等からの相談に応じ、サービスの利用援助、社会資源を活用するための支援、社会性活力を高めるための支援、ピアカウンセリング、権利擁護のために必要な援助、専門機関の紹介等を行います。

●地域障害者職業センター
　職業カウンセリング、職業評価
　仕事の種類や働き方などについて、希望や障害特性、課題を踏まえながら、相談・助言、職業評価、情報提供等を行います。必要に応じて、専門的な支援を行います。

そして、就職に向けての準備・訓練機関としては次のようなものがあります。

●就労移行支援事業者
　就労移行支援
　一般就労等への移行に向けて、就労移行支援事業所内での作業や、企業における実習、適性に合った職場探し、就労後の職場定着のための支援を行います（利用期間は原則2年以内）。

●障害者職業能力開発校等・ハローワーク
　公共職業訓練
　障害者職業能力開発校のほか、一般の公共職業能力開発校において、専門の訓練コースの設置やバリアフリー化を推進することにより、公共職業訓練を実施しています。

●障害者職業能力開発校（委託訓練拠点校）・ハローワーク
　障害者の態様に応じた多様な委託訓練
　企業、社会福祉法人、NPO法人、民間教育訓練機関に委託して就職に必要な知識・技能を習得するための公共職業訓練を実施しています（訓練期間は原則3か月）。

以上ですが、そのほかにも、職場定着支援助成金、離職・転職時の支援や再チャレンジへの支援、在宅就業の支援など多くの支援があります。

ちゃんとわかったかな？
復習問題にチャレンジ

類題（東京都　2014年）

> 児童福祉法に関する記述として適切なものは、次の1〜5のうちのどれか。

1　この法律で、児童福祉施設とは、助産施設、乳児院、母子生活支援施設、児童厚生施設などのことをいい、保育所は児童福祉施設に含まれない。
2　この法律で、児童とは、満18歳に満たない者をいい、児童のうち少年とは、中学校就学の始期から、満18歳に達するまでの者をいう。
3　児童相談所に置く児童福祉司は、都道府県知事の補助機関である職員とし、社会福祉主事として、2年以上児童福祉事業に従事した者しか任用できない。
4　児童委員は、その職務に関し、区市町村長の指揮監督を受けるが、都道府県知事の指揮監督は受けない。
5　都道府県は、児童相談所を設置しなければならず、児童相談所には、必要に応じ、児童を一時保護する施設を設けなければならない。

第12講　特別支援教育と福祉との連携

理解できたことをまとめておこう！
ノートテイキングページ

学習のヒント：それぞれの関係機関はどのような業務をしているのか、その特徴をまとめてみましょう。さらにその業務のなかで、どのセクションが障害児に対応しているのでしょうか。調べてみましょう。

第13講 子どもへの虐待と特別支援教育

理解のポイント

教育現場では、いじめ、不登校、学力不足などさまざまな問題がありますが、子どもの虐待はその一つであり、さらに学校現場での対応が遅れている問題の一つでもあります。そこで、本講ではこの子どもの虐待について、現状、原因、対応などを中心に考えてみます。

1 子どもへの虐待とその現状

1 子どもの虐待とは―子どもへの虐待の定義―

子どもへの虐待は、2000（平成12）年に制定された「児童虐待の防止等に関する法律」（以下、「児童虐待防止法」）により、「**身体的虐待、性的虐待、保護の怠慢・拒否（ネグレクト）、心理的虐待**」の4種類であると定義されました。その後の改正により、虐待の対象が保護者のみから同居者等も含むことになり、DV（ドメスティック・バイオレンス：domestic violence）の目撃についても心理的虐待に加えるなど、その定義は拡大されました。

2 子どもへの虐待の現状

子どもへの虐待の現状についての公的なデータには、厚生労働省が1990（平成2）年から公表している「児童相談所における児童虐待相談処理件数（報告）」があります。図表13-1は、その資料をもとに作成したものです。

児童相談所が対応した虐待に関する相談件数は、2015（平成27）年度から10万件を超え、1990（平成2）年の約100倍と急増しています。

また、虐待の種類の内訳は、調査開始後の数年間は身体的虐待が5割を超えていましたが、ここ4年間では3割以下となり、年々割合が減少する傾向にあります。逆に心理的虐待が年々増えており、過去4年間では4割を超え、虐待のなかで1位となっています。

虐待の主体者は実母が約5割で、実父の割合は年々増加しています。虐待される子どもは、小学生、3～6歳の順に多く、この2つで過半数を超えています。被虐待児に対しての処理は、約9割が**面接指導**＊であり、その割合は年々増加しています。逆に児童福祉施設入所は2割から0.5%

プラスワン

虐待の種類

身体的虐待：殴る、蹴る、投げ落とす、激しく揺さぶる、やけどを負わせる、おぼれさせる、首を絞める、縄などにより一室に拘束するなど

性的虐待：子どもへの性的行為、性的行為をみせる、性器を触るまたは触らせる、ポルノグラフィの被写体にするなど

保護の怠慢・拒否（ネグレクト）：家に閉じ込める、食事を与えない、ひどく不潔にする、自動車の中に放置する、重い病気になっても病院に連れて行かないなど

心理的虐待：言葉による脅し、無視、きょうだい間での差別的扱い、子どもの目の前で家族に対して暴力をふるう（ドメスティック・バイオレンス：DV）など

厚生労働省ホームページ「児童虐待の定義と現状」

に激減しています。

このことから、子どもへの虐待はほぼ半数が心理的虐待で、幼児および小学生が実父母から虐待を受けていることがわかります。

以上のように、子どもへの虐待が年々増加している状況に対し、厚生労働省は2016（平成28）年に「児童福祉法」「児童虐待防止法」を改正し、対応にあたっています。

図表13-1　児童相談所における児童虐待相談対応件数の推移

厚生労働省「福祉行政報告例」各年度版をもとに作成

2　子どもへの虐待の原因

子どもへの虐待の主な原因を、次の4つにまとめました。

①生物的要因論

生物的要因論とは、ヒトという生物固有の要因により子どもを虐待するという考え方です。代表的なものとしては、攻撃性論があります。攻撃性論とは、人間が生まれながらに備わっている攻撃性の歯止めが働かなくなり、虐待が起こるという説です。

②心理的要因論

心理的要因論は、人間の心理的メカニズムによって子どもへの虐待が起こるとする考え方です。代表的なものとしては、心理的特性−服従論、心理的再生産論などがあります。

心理的特性−服従論とは、アメリカのミルグラムが実験で明らかにしたもので、人間は権威や大義名分がある場合には服従するという特性です。しつけという大義名分から体罰し、それがしだいにエスカレートして子ど

語句説明

面接指導

児童相談所に通告・相談された事例は、「受理→調査・各種診断等→判定・援助方針の決定」をへて援助が実施される。この実施される援助のうち、定期的・継続的に保護者等への助言や指導をする援助のことで、基本的に虐待児童生徒や保護者等は家庭におり、児童相談所や家庭などで実施される。なお、指導には児童福祉司や児童委員等があたる。

もへの虐待となってしまうという説です。

　心理的再生産（世代間伝承）論とは、虐待する親は自身も虐待を受けていたという説です。たとえば、カナダのバンデューラが提唱した学習理論は、子どもは親をモデルとしてさまざまなことを学ぶので、虐待についても学んでしまい、虐待が再生産されるという考え方です。

③社会的要因

　①、②で述べたように、子どもへの虐待が仮に人間の本性的な側面から起こるとしても、虐待する親としない親がいます。そこには何らかの外的な要因、社会的要因が働いているとする考え方です。代表的なものとしては、しつけ体罰論、養育観論、家族関係論、経済貧困論などがあります。

　しつけ体罰論とは、しつけには体罰が必要であると親が思っていると、しつけという大義名分があるために体罰に歯止めがきかなくなり、虐待になるという説です。

　養育観論とは、親の養育観が虐待に結びつくという説で、子どもの私物化・私有化などが虐待の原因になるというものです。つまり、親が子どもを自分の思い通りになるものと考え、計画通りに子育てをすすめようとしますが、実際には思い通りにいかないので、虐待が起きるという説です。

　家族関係論とは、家族にはさまざまな問題がありうるために虐待が起こるとする説です。現在、家族はさまざまな問題を抱えており、**機能不全家族**も多く存在します。専業主婦は社会から隔絶され、共働きの女性は妻の役割と社会人としての役割という二重の役割を負い、夫は、長時間の就業等により家事や育児に十分な協力ができない状況にあります。さらに、成果主義、国際化などにより社会は大きく変革しており、仕事関係のストレスは増える一方です。そのため、親の心理的なストレスが虐待を生むという説です。

　経済貧困論とは、経済的な貧困や不安定さが虐待を起こすという説です。「民間給与実態統計調査」（国税庁）によると、年収300万円以下が約4割、そのうち100万円以下が約1割もいます。そのため現在でも、貧困は虐待の原因の一つであるという説です。

④文化的・歴史的要因－日本の文化論

　日本の文化や歴史的な要因から子どもへの虐待が起こるという考え方です。代表的なものとしては、戦争後遺症論（PTSD*）、日本の伝統論などがあります。

　戦争後遺症論とは、戦争に従事した軍人は暴力への親和性が高くなり、子どものしつけに対しても暴力を日常的に使用し、虐待になるという説です。軍人は除隊後にアフターケアが必要ですが、第二次世界大戦後のわが国では国土の再建という急務があったために、きちんとした支援がされなかったという歴史的な事情があります。その結果、暴力が肯定される風潮が生まれ、それが子どもへの虐待につながったというのがこの説です。

　日本の伝統論とは、昔から子どもは親に殴られてしつけられるという伝統観が虐待に結びつくという説です。

　このように、子どもへの虐待は、生物的・心理的な要因のみではなく、

プラスワン

機能不全家族

家族に存在すべきとされる機能が健全に機能していない家族のこと。

重要語句

PTSD

心的外傷後ストレス障害；Post Traumatic Stress Disorderの略で、戦争や災害など非常に大きなストレスの後遺症として残る心的な障害をいう。日本では阪神淡路大震災のあと、特に子どもたちを中心にして注目されるようになった。

プラスワン

日本の伝統論

伝統論の立場では、わが国では昔から子どもを殴ってしつけてきたといわれているが、1563年に来日したルイス・フロイスが記した『日欧文化比較』では、日本では子どものしつけに体罰を利用しないことにルイス・フロイスが驚いているという記述がある。
→第3巻『教育相談』第6講参照

社会的・文化的要因、特にしつけにおいて、体罰を重要視するのが日本の文化であるという伝統的な考え方が基盤となり、増加していると考えられます。

ディスカッションしてみよう！

保護者がしつけに暴力を使うことについて、あなたはどう考えますか。

たとえば・・・

3 特別支援教育としての被虐待児への対応

1 文部科学省の被虐待児に対する対応

文部科学省は、2006（平成18）年に児童虐待に関する学校での対応のしかたなどを明記した「児童虐待防止と学校」を研修教材としてホームページで公表しています。その教材では、教職員は以下のように対応することが述べられています。

教職員のすべきこと
　子どもの人権を守るために
　　・虐待の早期発見等の努力義務
　　・虐待に関する通告の義務
　　・虐待を受けた子どもの保護・自立支援のための関係機関との連携・協力
学校とのかかわり／学校に期待される役割
　　・学校は、すべての子どもに関与できる唯一のシステム
　　・虐待通告後の措置としては、学校を含めた地域の社会資源による見守り・支えに委ねられるケースが8〜9割
　　・家庭から分離された子どもへの学校教育
児童虐待に対応するために
　　・児童虐待はきわめて複雑な現象
　　・虐待の問題は、さまざまな人々が力を合わせることで、初めて解決可能
　　・目標は「保護者と子どもの関係」を支えること
　　・学校・教職員も、適切な「対応力」が必要

また近年の資料としては、文部科学省が2017（平成29）年に公表した

第13講　子どもへの虐待と特別支援教育

プラスワン

「児童虐待防止と学校」研修教材の構成
【基礎編】
1　虐待の基礎的理解〜発生のメカニズムと子どもが被る影響
2　虐待と子どもの心理
3　学校生活での現れ
4　虐待と生徒指導・特別支援教育
5　虐待関連法規
【実践編】
6　疑いから通告へ（学校でできること①）
7　虐待を聞く技術・コミュニケーションの技法（学校でできること②）
8　虐待を受けた子どもへの具体的な関わり（学校でできること③）
9　家庭への対応（学校でできること④）
10　関係機関との連携とケース会議
11　家庭から分離された子どもへの対応
12　障害者虐待の防止と対応

「文部科学省における児童虐待への対応について」があります。この資料によると、「児童虐待への対応については、その発生予防、早期発見・早期対応や虐待を受けた児童生徒の支援が重要であり、学校・家庭・地域社会・関係機関が密接に連携する必要がある」と述べられており、学校等における児童虐待への対応と、家庭・地域における取り組みの推進とを分けて施策を実施するとしています。学校等における児童虐待への対応は、以下の3点を実施し、特に早期発見・早期対応のための取り組みも実施するとしています。

> ①学校、教育委員会における児童虐待防止に向けた取組の充実のための情報提供
> 　○「児童虐待の防止等のための学校、教育委員会等の的確な対応」について通知（平成22年3月）
> 　○「学校及び保育所から市町村又は児童相談所への定期的な情報提供に関する指針」について通知（平成22年3月）
> ②児童虐待対応の手引き等の作成・配布
> 　○養護教諭のための児童虐待対応の手引きの作成・配布（平成20年1月）
> 　○教職員用研修教材「児童虐待防止と学校」（CD-ROM）の作成・配布（平成21年5月）
> ③生徒指導において、児童虐待等の複雑化・多様化する児童の問題行動等への対応、解決に役立つと思われる取組を推進・普及
> 【主に早期発見・早期対応のための取組】
> 　・スクールカウンセラー、スクールソーシャルワーカーなど専門家を活用した学校の教育相談体制の充実　等

このように、現在文部科学省の指導のもとに、学校では児童虐待に対してさまざまな取り組みが実施され、特にスクールソーシャルワーカー＊（SSW）やスクールカウンセラー（SC）の配置の充実、活用の促進などに重点が置かれています。

2　学校での被虐待児に対する対応

学校での対応について、文部科学省は「児童虐待防止と学校」のなかで図表13-2のようにまとめています。虐待は子どもの命に関わることなので、疑わしき場合でも通告するというのが基本的な対応です。通告は魔法の杖ではありませんが、虐待に関わるすべての人を救うきっかけになりえます。

また、学校での被虐待児が、学校生活上でどのようなハンディキャップを負っているのかについても文部科学省は詳細に言及しています（図表13-3）。被虐待児の多くが学習に困難さを感じており、文部科学省は「児童虐待防止と学校」のなかで杉山の著書を引用し、以下のようにまとめています。

語句説明

スクールソーシャルワーカー（School Social Worker；SSW）

いじめや不登校、非行、虐待、貧困など学校や家庭等の要因から、児童生徒の教育を受ける権利や機会が社会的不公正な状況となったのを速やかに改善することを目的とした専門的援助活動を実施する福祉職のこと。

> ◎学習の遅れや学習内容の定着の困難さ
> ・何度教えてもすぐに忘れてしまい、学習内容が定着しない。
> ・予測を立てたり、落ち着いて物事を考えたりすることが非常に苦手である。
> ・机の周囲にものが散乱していたり、ロッカーや鞄の中の整理ができず、毎日持ち物をなくす。
>
> 「被虐待児では、知的には境界線知能を示すものが多い。さらに知的なハンディキャップを勘案しても、なお知能に見合った学力を得ることが難しく、学習に大きな困難を抱えるものが過半数を占める」

杉山登志郎『子ども虐待という第四の発達障害』学習研究社、2007年

　学校の基本的な対応は、①虐待を受けた子どもが負うハンディキャップについて十分に理解し、個々の児童・生徒に応じた支援を行うこと、②目にみえる逸脱行動などがないような場合でも、虐待を受けている子どもが示すサインを見逃さないこと、です。この対応の基本方針からも、特に学習支援においては特別支援教育の対象として実施することが重要といえます。

図表13-2　通告までの流れ

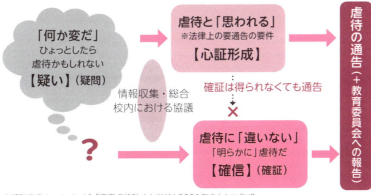

文部科学省ホームページ「児童虐待防止と学校」2006年をもとに作成

図表13-3　虐待を受けた子どもの学校生活上のハンディキャップ

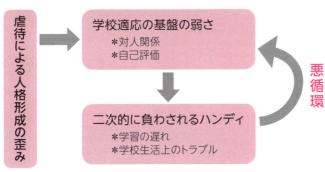

文部科学省ホームページ「児童虐待防止と学校」2006年をもとに作成

3 教師としての被虐待児への対応

　教師の被虐待児および疑いのある子どもとの関わり方の基本は、虐待は子どもの命に関わることであるという認識をもつことです。親なのだから話せばわかるなどという考え方が取り返しのつかないことにつながる可能性があります。

　なお、被虐待児の学習面について、文部科学省は、学習に対しての支援の重要性を述べており、個別に対応するために被虐待児を特別支援教育の対象として対応するようにも言及しています。学校は、学習の場であり、子どもの学力の保障は重要な役割です。先にも述べたように被虐待児は、安定した家庭学習が望めないために、学習困難児になる可能性が高いといわれています。学習の遅れを取り戻すためにも、学習に対しての学校の対応は重要であり、教師などは学力保障にも力を注ぐべきです。

　学習の方法としては、現在文部科学省が提唱している「主体的学習」の一つである協同学習の方法が、有効であるといえます（→第3講参照）。

ディスカッションしてみよう！

虐待を発見した場合、どのようにしますか？
①実習生として
②学級担任として

たとえば・・・

4 教育現場での実際の対応―養護教諭調査から

　学校で、被虐待児にどのような対応策を実施しているかについて、林・石橋が全国規模で実施した養護教諭調査から学校での実態についてみてみましょう（図表13-4、13-5、13-6、13-7、13-8）。

図表13-4　養護教諭調査の対象校数、回答者数、回収率

	調査対象校数	回答者数	回収率
小学校	1,952校	413名 (66.5%)	21.2%
中学校	1,007校	204名 (32.9%)	20.3%
小中一貫校	－	2名 (0.3%)	－
無回答	－	2名 (0.3%)	－
計	2,959校	621名 (100.0%)	21.0%

※本調査は、林・石橋が2013（平成25）年7～8月に全国公立小・中学校を層化法＊で抽出し、各校養護教諭1名を対象に、特別支援教育と被虐待児について郵送法で実施したものである。

語句説明

層化法
調査対象を抽出するための方法である無作為抽出法（ランダム・サンプリング）の一つで、性別、年齢、地域、職業、学歴などの指標によって母集団（全ての調査対象）を層に分け、各層から抽出する方法のこと。

この調査から、約4割の学校に被虐待児がおり、そのうち、小学校の4割、中学校の3割程度が特別支援教育の対象となっていることがわかります。特別支援教育を受けている児童・生徒は1校に約2人で、特別支援教育を受けている児童・生徒の割合は1％未満です（図表13-5、13-6）。

　被虐待児への対応策については、発見時もその後の具体的な対応に関しても、管理職を中心に教職員の連携や、児童相談所などの外部機関との連携を重視しています。しかし、児童相談所や教育委員会への通告には、あ

図表13-5　勤務校での被虐待児の有無の状況

	小学校	中学校	合計
いる	42.9%	42.2%	42.7%
いない	29.5%	28.4%	29.1%
過去にいた	17.7%	20.1%	18.5%
わからない	9.0%	9.3%	9.0%
無回答	1.0%	0.0%	0.6%
総数	413	204	621

語句説明

標準偏差
データの分布の広がりや散らばりの程度を表す指標（散布度）の一つで、〔{(各データの値)－(そのデータの平均)}2の和〕（分散）の平方根のこと。

図表13-6　勤務校での被虐待児の特別支援教育受講の有無

		小学校	中学校	合計
受けている		78 [44.1%]	28 [32.6%]	106 [40.0%]
被虐待児童・生徒のうち特別支援教育を受けている児童・生徒の人数	平均人数（人）	2.1	1.8	2.0
	回答人数（人）	73	27	100
	標準偏差*	2.367	1.688	2.200
	最小人数（人）	1	1	1
	最大人数（人）	14	8	14
被虐待児童・生徒のうち特別支援教育を受けている児童生徒の割合	0.0～0.9%	60(76.9%)	20(71.4%)	80(75.5%)
	1.0～1.9%	5(6.4%)	4(14.3%)	9(8.5%)
	2.0～2.9%	1(1.3%)	1(3.6%)	2(1.9%)
	3.0～3.9%	1(1.3%)	0(0.0%)	1(0.9%)
	4.0～4.9%	1(1.3%)	0(0.0%)	1(0.9%)
	無回答	10(12.8%)	3(10.7%)	13(12.3%)
	割合の平均（%）	0.6	0.7	0.6
	回答人数（人）	68	25	93
	標準偏差	0.732	0.631	0.704
	最小割合（%）	0.1	0.2	0.1
	最大割合（%）	4.4	2.3	4.4
計		78(100.0%)	28(100.0%)	106(100.0%)
受けていない		96 [54.2%]	56 [65.1%]	154 [58.1%]
わからない		2 [1.1%]	0 [0.0%]	2 [0.8%]
無回答		1 [0.6%]	2 [2.3%]	3 [1.1%]
総計（被虐待児がいる）		177 [100.0%]	86 [100.0%]	265 [100.0%]

図表13-7 被虐待児を発見したときの対応方法（複数回答）

	小学校	中学校	合計
管理職に報告しその指示を待つ	①96.1%	②90.2%	①94.2%
担任に報告をする	②84.7%	①91.7%	②87.1%
学年主任に報告しその指示を待つ	③24.2%	③65.7%	③37.8%
児童相談所に連絡をする	④23.7%	④27.0%	④25.0%
マニュアルがあるのでそれに従う	⑤20.1%	⑤15.2%	⑤18.4%
その都度決定する	14.3%	13.2%	13.8%
その他	4.4%	6.9%	5.2%

注：丸囲み数字は順位

図表13-8 被虐待児への対応策

	小学校	中学校	合計
管理職との連携	①82.6%	①79.9%	①81.6%
教師間の連携	②74.8%	②77.0%	②75.5%
養護教諭との連携	③63.0%	③63.7%	③63.1%
児童相談所との連携	④58.4%	⑤59.8%	④58.9%
児童相談所への通告	⑤52.3%	⑥44.6%	⑤49.9%
スクールカウンセラーとの連携	⑨40.2%	④61.8%	⑥47.5%
教育委員会との連携	⑤52.3%	⑧36.8%	⑦47.0%
校内委員会との連携	⑦49.2%	⑦38.7%	⑧46.1%
教育委員会への通報	⑧42.1%	⑨36.3%	⑨40.3%
市・区役所との連携	⑫27.6%	⑩29.4%	⑩28.0%
市・区役所への通報	⑪27.8%	⑪26.5%	⑪27.2%
対応会議の設置	⑩28.3%	⑫23.5%	⑫26.6%
スクールソーシャルワーカーとの連携	⑭15.5%	⑬18.6%	⑬16.6%
マニュアルがある	⑬15.7%	⑭14.7%	⑭15.3%
その都度決める	⑮11.9%	⑯12.7%	⑮12.1%
警察との連携	⑯10.7%	⑮13.7%	⑯11.6%
病院との連携	8.0%	8.8%	8.2%
警察への通報	8.7%	6.9%	8.1%
病院への通報	4.1%	3.4%	3.9%
対応策はない	3.1%	5.4%	3.9%
授業方法の工夫	4.1%	2.5%	3.7%
わからない	2.7%	4.4%	3.2%
その他	2.4%	2.9%	2.6%

注：丸囲み数字は順位

まり重きがおかれていないようです。対応策がない学校も少数ではありますが存在しており（図表13-8）、対応が決定していない学校もあります（図表13-7）。さらに、学習への対応となると、ほとんどが対応を考えていないといえます。

現在の学校現場では、管理職・学級担任を中心に被虐待児に対応し、児童相談所や教育委員会への報告などは、それでも対応できなかった場合の対策と考えているといえます。また、学習の対応についても被虐待児に対して特別支援教育で対応するという考え方は浸透していないのが現状です。つまり教育現場では、文部科学省の提言や施策が行き届いていないと考えられます。

4 教育現場で虐待をどう考えればよいのか

　児童相談所への児童虐待相談対応件数が13万件を超えている状況のなか、児童養護施設（→第12講、152ページ参照）には多くの被虐待児が入所し、職員はその対応に苦慮しています。被虐待児には、大人にとって何らかの育てづらさをもっている子どもも多くいます。さらには、パニックを起こして暴れ回るなどの症状がある子どももいます。現状では、通告された子どもたちの9割以上が面接などのあとに家庭に帰されているため、被虐待児の多くは家庭から学校に通っています。

　被虐待児は虐待という著しく不適切な環境のなかで育ったことで、不適切な言動を学習し、学校の内外でさまざまな問題行動を起こすことがあります。これは、適切な遊び体験や対人関係のとり方を学ぶ機会が奪われていたことなどの現れですが、教師は、子どもの問題行動の根源に虐待の可能性があることを考慮しなければなりません。

　また一般的に、被虐待児の特徴は、発達障害児や情緒障害児の特徴と酷似しているといわれていますが、従来の発達障害児や情緒障害児の援助方法だけでは状況の改善が難しく、独自の対応や援助が必要となります。

　現在、学校では、専門家としてのSSWの導入が急務となっており、文部科学省も導入を急いでいます。このSSWばかりでなく、学校は子どもの命を守るという視点からも、子どもに関するさまざまな専門家を活用することが必要です。さらに、学校の第一義である学習を中心とした援助・指導法を、特別支援教育を基本として確立することが求められます。しかしながら、近年の家庭学習重視の方針などは、このような子どもたちに十分には対応していないといえます。

　学校は、地域の子どもの安全地帯・居場所となるべきです。それは、学校が子どもにとって安心できる場になれば、さまざまな情報を大人に知らせてくれるようになり、虐待の早期発見と適切な初期対応が可能となるばかりでなく、大人のなかには自分を守ってくれる大人もいるということを学び、虐待の負の連鎖を断ち切ることにもなるからです。

知っておくと役立つ話 ― 復習や発展的な理解のために

子どもへの虐待はいつから問題になったのか？

　「子どもへの虐待」はいつから問題となったのでしょうか？
　子どもへの虐待がはじめて注目されたのは、1874年（1871年あるいは1875年という説もある）に、アメリカのニューヨークで起きた、継親により殴られるなどの虐待を受け、餓死寸前のところを発見されたメアリー・エレンの事件がきっかけといわれています。メアリーの救済は、動物虐待防止協会の協力のもとに行われましたが、その理由は当時、虐待を受けている子どもや、放置されている子どもを収容する施設や法律がなかったからです。
　メアリーの事件が全米に報道されると、1875年、世界ではじめて子ども虐待防止協会が設立され、順次、全米各地にも子どもの虐待の防止や保護のための団体が設立されました。この流れはイギリスにも波及し、1884年にリバプールに、1884年にロンドンに、1887年にイギリス全土に子ども虐待防止協会が設立されました。1889年には処罰規定をともなう「児童虐待防止ならびに保護法」が成立し、さらに、1908年に子どもの保護に関した法律を統合して「児童法」として整備されました。
　1961年にアメリカ小児科学会が小児科医のケムペを座長とした子どもへの虐待に関するシンポジウムを開催し、翌年論文を医学雑誌に発表しました。これをきっかけに、英米で虐待防止キャンペーンが実施され、子どもへの虐待が認知されるようになり、アメリカでは1963～67年に全州で「子ども虐待通報法」が制定され、イギリスでは1975年に「児童法」が改定されました。しかしながら、その効果が上がらなかったため、アメリカでは1974年に「子どもの虐待防止対策法」が制定され、イギリスでは危機介入の実践を重要視する方向へと施策の転換が図られました。
　同時期に日本においても一部の研究者や臨床家からの指摘があり、調査も実施されていました。しかし、子どもの専門家の多くは、親が子どもを虐待することは、育児ノイローゼや養親などの特別な親であると考えていましたし、一般の人たちは、しつけにおける体罰は当然のことと考えていました。1990年代になると、子どもの専門家、特に臨床家を含む育児関係の専門家から、虐待は珍しいことではなく、すべての家庭においてその危険性がある、ということが指摘され、子どもへの虐待が注目されるようになりました。そのようななか、1990年に子どもに関わっている専門家などが中心となり、民間のボランティア団体である「子どもの虐待防止センター」（現：社会福祉法人）が大阪に、1991年には東京に開設され、そのセンターなどが中心となってキャンペーンなどが実施され、マスコミが虐待を取り上げることで社会的問題化し、2000年に「児童虐待の防止等に関する法律」が制定されました。

ちゃんとわかったかな？
復習問題にチャレンジ

類題（香川県　2017年）

> 児童虐待の防止等に関する法律の条文は、児童虐待の定義について規定している。次のア～エのうち、この条文で規定された児童虐待の定義として示されていないものはどれか。一つ選んで、その記号を書け。

ア　児童の身体に外傷が生じ、又は生じるおそれのある暴行を加えること。

イ　児童にわいせつな行為をすること又は児童をしてわいせつな行為をさせること。

ウ　児童が良好な環境において生まれ、かつ、社会のあらゆる分野において、児童の年齢及び発達の程度に応じて、その意見が尊重され、その最善の利益が優先して考慮され、心身ともに健やかに育成されるよう努めることを著しく怠ること。

エ　児童に対する著しい暴言又は著しく拒絶的な対応、児童が同居する家庭における配偶者に対する暴力（配偶者〔婚姻の届出をしていないが、事実上婚姻関係と同様の事情にある者を含む。〕の身体に対する不法な攻撃であって生命又は身体に危害を及ぼすもの及びこれに準ずる心身に有害な影響を及ぼす言動をいう。）その他の児童に著しい心理的外傷を与える言動を行うこと。

第13講　子どもへの虐待と特別支援教育

理解できたことをまとめておこう！
ノートテイキングページ

学習のヒント：虐待の種類と発見したときの対応についてまとめてみましょう。

第14講 子どもの貧困と学習支援

理解のポイント

子どもの貧困は、現在の教育における大きな問題の一つです。生活困窮家庭の親から子への「貧困の連鎖」はなぜ起きているのでしょうか。また、学力不振・不登校・非行など「勉強嫌い」といわれている子どもたちに、学習支援の勉強会への参加を呼びかけると、不思議とその日から通ってきます。それはなぜでしょうか。この講では学習支援で教師が心がけなければならないことなどについて理解していきます。

1 高校就学保障について

　生活保護世帯児童・生徒の全日制高校進学は1969（昭和44）年から認められ、2005（平成17）年からは生活保護家庭で高校就学に必要な経費はすべて高等学校等就学費生業扶助として支給されるようになり（私立高校は公立の基準の範囲、不足は奨学金等による）、経済的に貧しくて高校に進学できない児童・生徒は、わが国にはいないしくみになっています。

　児童養護施設、児童自立支援施設においては、1989（平成元）年から**措置費**に**特別育成費**が加算され、その後大半の施設で「**18歳・高校卒業までの養護**」の取り組みが行われてきました。

　さらに2017（平成29）年度から、わが国は、児童養護施設の児童・生徒、生活保護・非課税の一人親家庭の児童・生徒等の大学・専門学校進学の希望に答えて「**給付型奨学金制度**」を設けて、さらに学びたい児童・生徒をあと押しするようになりました。

2 貧困の連鎖を断ち切る

1 生活保護世帯の高校進学率

　わが国において、なぜ生活困窮世帯の児童・生徒の高校・大学等の就学保障が大切だと考えるようになったのでしょうか。1990年代の後半から、全国で生活保護受給者が増えています。その原因の一つには非正規雇用の増加がありますが、もう一つには、生活保護世帯の二世代化がすすみ、生活保護世帯の25％が「親から子へ」貧困が連鎖していることがあげられます。国や自治体は早い時期から高校就学を徹底させておくべきでした。

プラスワン

措置費・特別育成費

都道府県・政令指定都市の児童相談所は、児童養護施設に社会的養護が必要な児童を委託する。これを「措置」という。措置に必要な費用は、国と自治体から施設に支払われ、これを「措置費」という。また、高校就学や大学入学時にかかる経費は上乗せして施設に支払われるが、これを「特別育成費」という。

18歳・高校卒業までの養護

1989年4月、厚生省（現：厚生労働省）児童家庭局は、児童養護施設、児童自立支援施設の児童について、高校就学奨励通知を各機関に行った。中卒での就職先がなく、中卒後、無職少年になる事例が増え始めたためである。2017年からはさらに大学等への進学を支援するようになった。

実際、1969（昭和44）年から県全体の高校進学率を98％に高めた富山県では、その後高校進学率全国最高、生活保護率全国最低、生活安定度全国一が50年近く続いているのです。

すでに1970年代後半から「中学卒業就職者」の求人はほとんどなくなっていて、2017（平成29）年の文部科学省の学校基本調査でも「中卒女子の就職者は885分の1」、つまり885人に1人になっています。

2013（平成25）年6月成立の「子どもの貧困対策の推進に関する法律」には、「子どもの貧困率、生活保護世帯に属する子どもの高等学校等進学率等子どもの貧困に関する指標及び当該指標の改善に向けた施策（を行うこと）」が明記され、生活保護世帯の児童の高校進学率が、一般の児童・生徒の高校進学率と差があってはならないとし、差がなくなるように対策を行うことを求めています。ところが、制度としては全員が高校へ行けるはずですが、各種調査では、生活保護世帯の高校進学率が90％にとどまっている自治体も多いのです。このことを放置したなら、貧困の連鎖は繰り返され、生活保護世帯に育った児童・生徒が成人になったとき、再度生活保護世帯となる確率が高くなるでしょう。

2 就学支援の必要性

生活保護世帯・一人親世帯等生活困窮世帯児童・生徒の高校就学が、世帯全体の自立に果たす効果は非常に大きいものです。なぜなら、生活保護世帯では、子どもが高校卒業後に就職することによって、世帯の生活保護が廃止になる場合が多いからです。一方で、高校不進学の場合はその多くが無職状態となっています。生活保護世帯からは除外されますが、実際は生活苦の親元から毎日のように金品を持ち出すため、世帯の生活苦は一層ひどくなり、弟妹の学力、健康にも影響し、さらに家庭が崩壊していくことになります。つまり、今日のわが国では、貧困世帯にとって、経済的に一番安くつくのは子どもが高校に通うことです。

さらに、進学することで親子の対話が生まれ、親が就労などを見直すきっかけとなって、家族の生活が再建できます。子どもが将来、貧困の連鎖・再生産を繰り返さないことだけでなく、世帯全体の社会的自立の観点からも、これらの子どもへの高校就学援助の徹底が求められるのです。

3 学習支援の実際

2009（平成21）年、筆者が関わっている千葉県八千代市の学習支援「若者ゼミナール」が創設された年、生活保護母子世帯のA君は「自分は小学生のときから高校へ進学できるという話は一度も聞いたことがなかった。高校進学は考えてはならないことだと思っていたので、家に帰って勉強したことは中学生になってからは一度もない」と胸を張りました。そのA君は週1回の「若者ゼミナール」に通って3回目に、「今まで数学も英語も全然できなかったけれど、勉強がおもしろくなった」と話しました。A君はその後ずっと通い続けて高校に合格、入学後は数学と英語が得意科目になりました。

> **プラスワン**
>
> **給付型奨学金制度**
>
> 2014年、「子どもの貧困対策の推進に関する法律」の政府大綱で検討され、2017年から実施されている。生活保護世帯、非課税の一人親世帯、児童養護施設の児童等の大学等の進学に奨学金を給付し、大学進学を奨励することで、困窮世帯の子どもが保育士等の資格をもつことができれば、長期的にみて貧困の連鎖が防げるというねらいがある。対象者については、人数の制限がある。

> **プラスワン**
>
> **学校基本調査**
>
> 文部科学省が毎年5月1日現在の高校・大学進学率および就職率等について、各中学・高校・大学からの報告を集計し、7月末ごろに公表するもの。

第14講　子どもの貧困と学習支援

2017（平成29）年11月末に、中学3年生の兄とともに「若者ゼミナール」に来た中学1年生のB君は、どの科目のやさしい問題も解けませんでした。やむをえず白紙に鉛筆で世界地図を書き、5大陸の名前をその地図に記入させ、次回はそれを繰り返し記入させました。B君は期末テストが終わった3回目に「自分は今まで350人中350番だったけれど、今回は40人抜いた」と喜んで報告に来ました。うれしくてたまらない表情でした。そして今度は、B君が抜いたという40人の生徒がどのような生活環境にいて学力不振なのかがとても気になりました。

　学習支援ではこうしたことが繰り返されています。八千代市では、毎年約20人の生活保護世帯の中学3年生のうち、学力が遅れがちな約10人が「若者ゼミナール」に通っています。市生活支援課では非常勤の家庭・就学支援相談員を置いています。家庭・就学支援相談員は、ケースワーカーと相談しながら中学生に「若者ゼミナール」への参加を呼びかけ、親子との連絡調整にあたっています。また、学習だけでなく、夏には市の保健センターの栄養士などに依頼して料理教室を開くなど、生活力を身につけることも重視しています。

　毎年3月末、「若者ゼミナール」では「春を祝う会」を開催しています。その会では、高校入学を決めた中学3年生、高校在学中も「若者ゼミナール」によく顔を出し、就職・大学進学を決めた高校3年生、さらに、このゼミナールに週1回ボランティアとして通い、中学生と対峙しながら就職を決めた大学4年生、の3つの祝いが行われています。

4　学習支援の経緯

　1980年代、東京・江戸川区東部地域の各中学校では、学力不振・不登校・非行の問題を抱えた中学3年生は2割近くになっており、高校不進学の生徒は2割いました。それらの多くが中学卒業後「高校進学も就職もしない、できない」状態で「無職少年・少女」となり、地域の荒廃を生み、生活保護世帯を再生産する結果になっていました。そのことを筆者の職場のケースワーカー*、地域の関係者に明らかにし、次のような取り組みを行ったところ、数年後、この地域の中学校の非行問題や地域の荒廃はほぼ食い止められました。

> （1）生活保護世帯の中学生とその親に、ケースワーカーが直接家庭訪問して「高校に行ける」ことを伝えた。小学生の親にも同様に伝えた。
> （2）残された高校不進学の中学生について、福祉事務所で夜間に中学生勉強会を開いた。ケースワーカー、区職員、学生ボランティア等に協力を求め、講師をお願いした。

　勉強会には、3者面談で高校不進学が決まっていたこの地域の中学3年生のほとんどが、声をかけたその日から参加しました。彼らは、3者面談のとき、自分の学力の低さから進路指導の先生に「勉強は嫌い、高校へは行かない」と答えるしかありませんでした。しかし、彼らは勉強ができ

語句説明

ケースワーカー
人の抱える困難、一つひとつの困難をその人と一緒に解決していく援助者。通常、生活保護など福祉事務所の現場で働く社会福祉主事をケースワーカーと呼んでいる。

プラスワン

少年非行・犯罪の減少
2005（平成17年）、生活保護世帯の児童の高等学校等就学費支給、2010（平成22）年からの学習支援費の国の補助により、15～17歳の無職少年が全国的に減少し、少年非行・犯罪は10年間で半減している。

ないことで自分の将来に大きな不安を抱いていました。自分の将来は、高校に進学できなかった先輩のように、つっぱり・無職少年になるしかないと思っていたのです。そうしたときに「今からでも勉強して高校へ行こう」と声をかけられたのです。彼らが勉強会に通ってきたのは、不安のなかで唯一の出口を見つけられたからにほかなりません。このときにできた「江戸川中3生勉強会」は、30年後の今日まで、現場のケースワーカーによって続けられ、この地域で高校進学の夢がもてなかった延べ1,000人の生徒の高校進学を実現させました。そのことで、かつて非行少年の供給源といわれたこの地域の中学校は生まれ変わりました。

この30年間、学力不振・不登校・非行の問題を抱えた子どもに誰一人「勉強が嫌い」な子どもはいなかったと筆者は考えます。この「江戸川中3生勉強会」が、近年になって貧困の連鎖が指摘されるなかで見直され、2010（平成22）年に学習支援が国の補助事業対象となったこともあって、学習支援は急速に各地に広まりました。

2015（平成27）年から、「子どもの貧困対策の推進に関する法律」「生活困窮者自立支援法」による学習支援が各自治体で取り組まれているのはこうした経過によることを理解しましょう。

> 【事例】各自治体における学習支援・子どもの居場所づくりの取り組み
>
> 埼玉県では、2010（平成22）年度から県が主導して生活保護世帯児童・生徒の学習支援に取り組み、現在県内100か所で開催し、毎年600人を超える中学3年生が参加している。実施にあたってはNPO法人に委託し、教育相談員が福祉事務所と連携し、生活保護世帯や生活困窮世帯の中学生を案内している。会場は老人介護施設の一室を借用し、学生ボランティアなどが教えている。
>
> 横浜市では、2008（平成20）年から各区内の児童福祉施設やNPO法人に事業を委託し、地元大学の学生ボランティアによって開催している。各区とも、毎年生活保護世帯の中学3年生約10人が参加、ほぼ全員が高校進学を決めている。同様の取り組みは、京都市をはじめ、大半の政令指定都市でも行われている。
>
> 茨城県では2013（平成25）年、NPO法人、市民向けの学習支援・無料塾への市民参加を呼びかける研修会が開催され、市町を単位として、市民ボランティアによる学習支援と子ども食堂、子どもの居場所づくりを組み合わせて開設している。
>
> 沖縄県の公立名桜（めいおう）大学では、2013（平成25）年から北部各市町村と連携し、大学内に学習支援教室を設けて、学生スタッフにより平日夜6～8時、各自治体が異なる曜日に自治体内の生活保護世帯の児童・生徒を送迎バスで送迎して、学習を援助している。ここでは文部科学省の未来学習塾事業助成が活用されている。

5 学習支援の実施方法——子どもとの接し方

学習支援の実施方法は各自治体によって異なりますが、学習支援のス

第14講 子どもの貧困と学習支援

プラスワン

国の補助事業対象
2010年に、生活保護自立支援事業・ひとり親世帯自立支援事業となり、その後、2015年には「生活困窮者自立支援法」による自立支援事業の一つとして学習支援事業が国の補助対象となった。現在、費用は国と自治体で折半している（学生ボランティアの交通費の一部等支出したものに限る）。
なお、文部科学省でも地域未来塾助成を行うようになった。

教育相談員
埼玉県は教育相談員、千葉県八千代市は家庭・就学支援相談員など呼び方が自治体によって異なる。

高校進学
「子どもの貧困対策推進法」では、生活保護世帯の児童の高校進学率について、一般の高校進学率と格差をなくすことを求めているため、各自治体の福祉事務所等では、非常勤の相談員を置いて、生活保護担当のケースワーカーと相談しながら、生活保護世帯の中学生（特に中学3年生）に学習支援に通うよう児童・生徒と親に呼びかけ、支援の場につなげている。

タッフ、市民・学生のボランティアなど学習支援を行う人が心がけてほしいことは次のようなことです。

① **テキストはまずその子どものもっている教科書・問題集を使用する**：わからなくなった個所が把握できたら、中学1年、高校1年からさかのぼって使用する。中学生に小学生用、高校生に中学生用の教科書・問題集を使用してはいけない。

② **マンツーマンに近い状態で学習を支援する**：その子どもの進度に合わせて教える。人手が足りなくなったらボランティアを増やす。学生ボランティアの経験はその学生の財産にもなる。

③ **朗読・発声させて問題を解くなど子ども自身の学びを工夫する**：その日のなかで1つ「やった！」と実感できるものをもたせて帰す。1つ解けると自信になる。まずその子どもの得意を知って、得意な問題からともに考える。

④ **地域や商店街のこと、学校のこと、健康のこと、さまざまな情報を共有する**：進路についてその子どもが知っていることに1点プラスして、情報を増やす。メンバーが固定したところで交流会、料理教室（子ども食堂）やクリスマス会を開く。

⑤ **スタッフはけっしていばらない。子どもたちと対等な立場で接する**：スタッフは退職教師でもよいが「先生」の意識で教えない。「先生」の呼び方は勉強会では使わない。子どもに「わからない」ことがあっても叱らない。

⑥ **個々のスタッフ（ボランティアなど）と子どもとのメール等の交換は禁止する**：個々のスタッフは子どもから話がない限り、家庭事情を聞いてはいけない。階層格差を感じさせること（学生のマイカーなど）がないように努める。

⑦ **「学習支援」を営利目的にしない。ボランティアに徹する**：勉強会は、家庭環境による勉強の遅れをとり戻し、将来の社会生活に必要な知識と生きる力を獲得していくためのものであり、学習塾とは異なる。したがって、経費を集めてはならない。問題集、参考書等の経費は市民からの寄付の範囲とする。

6 学習支援事業の現況

東京都江戸川区は2016（平成28）年度より、「学習支援事業」を区の主要施策の一つに取り上げ、区内23か所で開設しています。区の広報は、その経過を次のように述べています。

「緑豊かな自然環境と子育てを支えるさまざまな地域力を背景に、全国でも（学習支援の取り組みが）高い評価を得ている江戸川区。一方、家庭の形態や経済状況などの変化から、将来の自分像を描けない子どもたちがいることも事実です。明日の社会を担うすべての子どもたちが、生まれ育った環境に左右されることなく、夢と希望を持ち、健やかに成長するための支援が望まれています」

プラスワン

学習支援ボランティア

2016年2月、文部科学省生涯学習政策局、厚生労働省雇用均等・児童家庭局、同社会・援護局各局長連名で「学習支援におけるボランティアの参加促進について」をだし、各自治体あてに学生ボランティアの参加依頼を行っている。

復習や発展的な理解のために 知っておくと役立つ話

学習支援について多く寄せられている質問・疑問と回答

第14講　子どもの貧困と学習支援

Q　学習支援はなぜ生活困窮家庭に絞っているのか

A　家庭での学習を学習塾に依頼している家庭は多い。経済的にそれらの学習塾に通えない家庭も多い。各種調査で、高収入の家庭ほど子どもの成績はよいという結果もでている。子どもに差が生じないように、経済的に学習塾に行けない子どもであっても、学習支援の場があれば、成績の差を縮めることができる。

Q　勉強が嫌いという子どもの意見を尊重すべきではないか

A　学習支援を始めた当初、「勉強が嫌い」という子どもの意見を聞くべきで、「児童の権利に関する条約」にある子どもの意見表明権を無視するのはよくない、との意見が多く聞かれた。しかし、彼らは「勉強が嫌い」と答えるしかないのである。実際には学力不振・不登校・非行等の問題を抱えた子どもに「勉強が嫌い」な子どもはいなかった。その証拠として、呼びかけた子どもの大半が学習支援に通って来ているのである。

Q　それなら高校を義務教育にすればよいのではないか

A　少子化で高校全入や大学全入がすすむなかで、「九九ができない」「ＡＢＣが書けない」ままに進学しているケースが増えている。高校の義務教育化だけでは解決できない。学力不振で悩んでいるのは彼らである。学力不振の子どもの学習支援は、子どもが夢と希望をもち、健やかに成長するために、生きる力を獲得するために必要である。

Q　教育は学校の先生にまかせるべきだ

A　学習支援が必要なのは、ちょっとしたつまずきが放置されているからである。小・中学校の教師に、これら児童・生徒の一つひとつのつまずきに対処する時間はない。学習塾に行けない子どもも「生まれ育った環境によって左右されることのないよう、環境整備、教育の機会均等を図る」（「子どもの貧困対策の推進に関する法律」）ことが求められる。なお、スクールソーシャルワーカーやスクールカウンセラーこそ、こうした学習支援に関わり、コーディネーターになるべきである。

Q　中学卒業就職者は金の卵ではないのか

A　最近のことであるが、筆者の話を聞いた２人の大学学長からこうした質問を受けた。この２人の学長は第二次世界大戦後の集団就職時代の知識のままで思考が停止している。これはこの２人に限ったことではない。自分は高校へ行けた、大学へ行けた、競争に「勝った」というエリート意識が、その後の変化を認めたくないのであろう。「中学卒業就職者は金の卵」といわれた時代の中学卒業就職者の胸のうちを、エリート意識をもってきた人たちは知っているだろうか。2017（平成29）年２月『「働く青年」と教養の戦後史』が筑摩書房から発刊された。著者は京都大学大学院修了・立命館大学産業社会学部教授の福間良明氏。戦後の中学卒業就職者の多くが、いかに知識を求めていたかがよくわかる本である。ぜひ一読していただきたい。

参考文献
宮武正明『子どもの貧困　貧困の連鎖と学習支援』みらい、2014年（電子版2018年）
宮武正明『絆を伝えるソーシャルワーク入門』大空社出版、2018年

復習問題にチャレンジ

ちゃんとわかったかな？

類題（栃木県　2017年）

①次の文は「子供の貧困対策に関する大綱」（平成26年8月29日閣議決定）の一部である。文中の［(1)］、［(2)］、［(3)］にあてはまる語句の適切な組合せを、下のアからエのうちから一つ選べ。

　教育の支援においては、［(1)］を子供の貧困対策のプラットフォームと位置付け、①学校教育による［(2)］、②学校を窓口とした［(3)］関連機関との連携、③経済的支援を通じて、学校から子供を［(3)］的支援につなげ、総合的に対策を推進するとともに、教育の機会均等を保障するため、教育費負担の軽減を図る。

ア　(1)地域　　（2)学力保障　　（3)医療
イ　(1)学校　　（2)就労支援　　（3)医療
ウ　(1)地域　　（2)就労支援　　（3)福祉
エ　(1)学校　　（2)学力保障　　（3)福祉

類題（福井県　2017年）

②子どもの貧困に関して、次のア〜エの中から誤っているものを2つ選び、その組み合わせとして適切なものを1〜6の中から1つ選んで番号で答えなさい。

ア　日本の子どもの貧困率は近年上昇傾向にある。
イ　世帯所得と子どもの学力には負の相関がある。
ウ　一人親世帯の相対的貧困率は5割を超えている。
エ　平成26年に「子供の貧困対策に関する大綱について」が閣議決定され、教育の支援では、「地域」をプラットフォームと位置づけた貧困対策について述べられている。

1　ア・イ　　2　ア・ウ　　3　ア・エ　　4　イ・ウ　　5　イ・エ　　6　ウ・エ

理解できたことをまとめておこう！
ノートテイキングページ

学習のヒント：

①生活困窮家庭の親から子へ、「貧困の連鎖」はなぜ起きたのでしょうか。

②学力不振、不登校、非行で勉強嫌いのはずの子どもたちが、なぜ学習支援の場に通ってくるのでしょうか。

③学習支援で子どもたちがどのように変わり、家庭・地域はどのように変わるのでしょうか。

④国はさらに「給付型奨学金制度」を設けて、生活困窮家庭の子どもの大学（短大、専門学校を含む）進学を奨励するようになりましたが、それはなぜでしょうか。

それぞれ考え、まとめてみましょう。

第15講 これからの特別支援教育

理解のポイント

特別支援教育は、これまで発達障害や軽度知的障害をはじめとするさまざまな障害などのある幼児、児童・生徒を対象としていました。しかし、2017（平成29）年に文部科学省が提示した教職課程のコアカリキュラムでは、障害はないが特別の教育的ニーズのある幼児、児童・生徒にもその対象が拡大されています。そこで、本講では、対象の拡大を中心にして、特別支援教育の今後について考えてみます。

1 特別支援教育の対象の拡大

1 特別支援教育の現状

　特別支援教育とは、2007（平成19）年4月から学校教育で実施されている、障害のある子どもを対象とした教育です。2003（平成15）年3月に文部科学省特別支援教育の推進に関する調査研究協力者会議が公表した「今後の特別支援教育の在り方について（最終報告）」において、特殊教育から特別支援教育への転換、「盲・ろう・養護学校」から「特別支援学校」、「特殊学級」から「特別支援教室」への転換が提唱され、2007年度から実施されました（→第1講参照）。

　現在、特別支援教育が実施されてから10年ほどたち、特に公立の学校では、特別支援教育コーディネーターや校内委員会はほぼ全校で設置されています。また、9割以上の学校で実態把握がされており、個別の指導計画・個別の教育支援計画なども対象児童・生徒がいる小・中学校の9割以上で実施されています（図表15-1）。つまり、特別支援教育は公立の小・中学校ではほぼ浸透していると考えられます。しかしながら、私立の学校では、ほぼ5割前後しか実施されていません。また、高等学校における実施率も少なく、これらをどのように改善していくかが今後の課題です。

　では、特別支援教育の対象は、どのような児童・生徒なのでしょうか。
　林・石橋らが、2013（平成25）年に全国の養護教諭を対象に「養護教諭調査」を実施し、そのなかで特別支援教育の対象児について尋ねました（→第13講参照）。その調査結果によると、上位は発達障害関係の児童・生徒が占めていますが、それ以外では情緒障害の傾向がある児童・生徒が上位を占めています（図表15-2）。養護教諭は、発達障害および情緒障害の傾向のある児童・生徒が特別支援教育の対象と考えており、それ以外

図表15-1 特別支援教育体制の項目別実施率の年度別推移グラフ

【公立】幼稚園・項目別実施率（平成19～28年度）

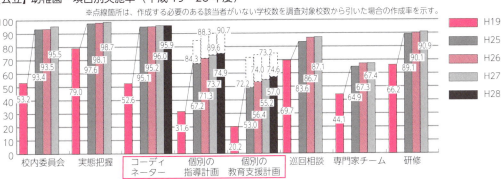

【公立】小学校・項目別実施率（平成19～28年度）

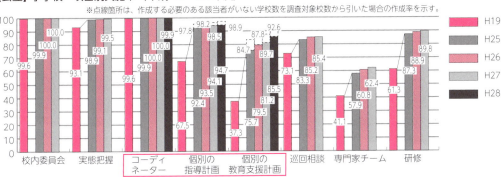

【公立】中学校・項目別実施率（平成19～28年度）

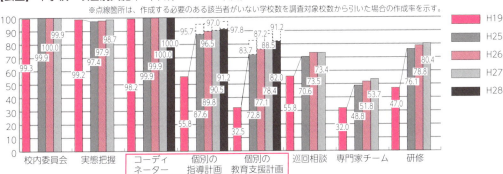

【公立】高等学校・項目別実施率（平成19～28年度）

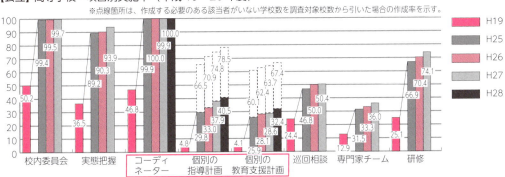

文部科学省『平成28年度　特別支援教育体制整備状況調査結果』をもとに作成

図表15-2　特別支援教育の対象児童・生徒（複数回答）

	小学校	中学校	合計
LD（学習障害）の傾向がある児童・生徒	④88.9%	①89.2%	①89.0%
情緒障害の傾向がある児童・生徒	①90.1%	③85.8%	②88.7%
高機能自閉症の傾向がある児童・生徒	②89.6%	②86.3%	③88.6%
ADHD（注意欠陥多動性障害）の傾向がある児童・生徒	③89.1%	④85.3%	④87.9%
アスペルガー症候群の傾向がある児童・生徒	⑤87.4%	⑤84.3%	⑤86.5%
高機能自閉症の傾向以外の自閉的傾向のある児童・生徒	⑥84.3%	⑥80.4%	⑥83.1%
身体にハンディキャップのある児童・生徒	⑦62.7%	⑦59.3%	⑦61.8%
勉強がわからない児童・生徒	⑧50.4%	⑧43.6%	⑧48.5%
不登校傾向のある児童・生徒	⑨39.0%	⑨38.7%	⑨39.0%
対象を限定するのではなく、子どもの困り感で決める	⑪37.0%	⑪36.8%	⑩36.9%
運動面での不器用さが著しく認められる児童・生徒	⑬36.3%	⑩37.7%	⑪36.7%
病気がある児童・生徒	⑪37.0%	⑫34.8%	⑫36.4%
キレやすい児童・生徒	⑩37.8%	⑮32.4%	⑬36.2%
心に問題を抱えている児童・生徒	⑭34.9%	⑬33.3%	⑭34.6%
虐待の疑いがある児童・生徒	⑮34.6%	⑭32.8%	⑮34.1%
対象を限定するのではなく、その都度保護者と学校側が決める	21.8%	22.1%	21.7%
家庭環境に問題がある児童・生徒	22.3%	19.1%	21.4%
家出や放浪などの非社会的行動をする児童・生徒	21.5%	20.6%	21.3%
万引きや盗みなどの反社会的行動をする児童・生徒	19.9%	20.1%	19.8%
保護者が子どもに無関心な児童・生徒	17.4%	13.2%	16.1%
保護者が問題を抱えている児童・生徒	16.9%	13.7%	15.9%
兄弟姉妹が問題を抱えている児童・生徒	10.2%	6.9%	9.2%
その他	2.4%	2.9%	2.6%
わからない	0.0%	0.5%	0.2%
無回答	1.0%	1.0%	1.0%
総数	413	204	621

注：1）合計は「義務教育校」「無回答」（各2名）を含む。
　　2）イタリックは、発達障害の傾向がある児童生徒の項目。
　　3）丸囲み数字は人数の多い順。

の児童・生徒は特別支援教育の対象とは考えていない傾向にあるということが調査からわかります。

このように、特別支援教育は公立学校ではほとんどの学校で実施されており、発達障害についての知識なども十分とまではいかないにしても、行き渡っているといえます。しかし、その対象を拡大することはこれまで考えられていませんでした。

2　特別支援教育の対象の拡大

　文部科学省は、2017（平成29）年度に「教職課程コアカリキュラム」を公表し、そのなかで「特別の支援を必要とする幼児、児童及び生徒に対する理解」が設置され、「特別支援教育」は独立した科目となりました（→第4講参照）。その内容は以下のとおりです。

特別の支援を必要とする幼児、児童及び生徒に対する理解

全体目標：

　通常の学級にも在籍している発達障害や軽度知的障害をはじめとする様々な障害等により特別の支援を必要とする幼児、児童及び生徒が授業において学習活動に参加している実感・達成感をもちながら学び、生きる力を身に付けていくことができるよう、幼児、児童及び生徒の学習上又は生活上の困難を理解し、個別の教育的ニーズに対して、他の教員や関係機関と連携しながら組織的に対応していくために必要な知識や支援方法を理解する。

（1）特別の支援を必要とする幼児、児童及び生徒の理解

一般目標：

　特別の支援を必要とする幼児、児童及び生徒の障害の特性及び心身の発達を理解する。

到達目標：

1）インクルーシブ教育システムを含めた特別支援教育に関する制度の理念や仕組みを理解している。
2）発達障害や軽度知的障害をはじめとする特別の支援を必要とする幼児、児童及び生徒の心身の発達、心理的特性及び学習の過程を理解している。
3）視覚障害・聴覚障害・知的障害・肢体不自由・病弱等を含む様々な障害のある幼児、児童及び生徒の学習上又は生活上の困難について基礎的な知識を身に付けている。

（2）特別の支援を必要とする幼児、児童及び生徒の教育課程及び支援の方法

一般目標：

　特別の支援を必要とする幼児、児童及び生徒に対する教育課程や支援の方法を理解する。

到達目標：

1）発達障害や軽度知的障害をはじめとする特別の支援を必要とする幼児、児童及び生徒に対する支援の方法について例示することができる。
2）「通級による指導」及び「自立活動」の教育課程上の位置付けと内容を理解している。
3）特別支援教育に関する教育課程の枠組みを踏まえ、個別の指導計画及び個別の教育支援計画を作成する意義と方法を理解している。
4）特別支援教育コーディネーター、関係機関・家庭と連携しながら支援体制を構築することの必要性を理解している。

（3）障害はないが特別の教育的ニーズのある幼児、児童及び生徒の把握や支援

一般目標：

　障害はないが特別の教育的ニーズのある幼児、児童及び生徒の学習

上又は生活上の困難とその対応を理解する。

到達目標：
母国語や貧困の問題等により特別の教育的ニーズのある幼児、児童及び生徒の学習上又は生活上の困難や組織的な対応の必要性を理解している。

　コアカリキュラムは、（1）（2）において、従来の特別支援教育の対象である障害のある幼児、児童・生徒に対する教育について設定されています。しかしながら、（3）において、「母国語や貧困の問題等により特別の教育的ニーズのある幼児、児童及び生徒」を特別支援教育の対象とするように対象の拡大が示唆されています。ということは、教育的ニーズのある幼児、児童・生徒は、すべて特別支援教育が受けられるということになります。

　このように特別支援教育の対象は、2007（平成19）年実施時の発達障害関係の児童・生徒から、2019（平成31）年度には教育的ニーズのあるすべての児童・生徒へと拡大されたととらえることができます。

ディスカッションしてみよう！

特別支援教育の対象を広げることの問題点と利点について考えてみましょう。

たとえば・・・

2　教育的ニーズのある児童・生徒への支援や対応

　では、教育的ニーズのある児童・生徒とはどのような児童・生徒でしょうか。その支援や対応についてもみていきましょう。

1　日本語を母国語としない児童・生徒への支援や対応など

　拡大される対象の児童・生徒には、日本語を母国語としない児童・生徒、外国籍の児童・生徒がいます。

　近年、外国籍の子どもたちが多数、日本の学校へ入学している状況から、文部科学省は、2001年（平成13）年度から「帰国・外国人児童生徒と共に進める教育の国際化推進地域事業」を、23地域（21都府県）に委嘱し

て実施しました。2003(平成15)年に総務省からの指摘を受けて、2005(平成17)年4月に「外国人児童生徒のための就学ガイドブック」(英語、韓国・朝鮮語、ヴェトナム語、フィリピン語、中国語、ポルトガル語、スペイン語の7か国語)を改訂して、外国籍の児童・生徒の教育を本格化しました。2006(平成18)年度からは、「帰国・外国人児童生徒教育支援体制モデル事業」(図表15-3)を、16地域を指定して実施しました。2007(平成19)年度からは「帰国・外国人児童生徒受入促進事業」を、2013(平成25)年度からは「公立学校における帰国・外国人児童生徒に対するきめ細かな支援事業」を実施し、よりきめ細かな支援事業を推進しています。

では、全国にどれくらい外国籍の児童・生徒がいるのでしょうか。2017(平成29)年度の「学校基本調査」によると、小学校5万4,268人(0.8%)、中学校2万2,733人(0.7%)、高等学校1万4,540人(0.4%)で、全国には8万人以上の外国籍の児童・生徒が在籍しています。そのうち、日本語指導が必要な外国籍の児童・生徒は3万4,335人で、外国籍の児童・生徒の4割程度です。日本語指導が必要な外国籍の児童・生徒がいる学校は7,020校で、全学校の2割ほどになります。この数は、年々増える傾向にあります(図表15-4)。

この日本語指導が必要な外国籍の児童・生徒に対しての支援や対応について、全国の学校でどのようなことがなされているのかは、1991(平成3)年度から文部科学省によって実施されている「日本語指導が必要な児童生徒の受入状況等に関する調査」をみるとわかります。それによると、小・中・高等学校とも、日本語指導が必要な児童・生徒が日本語指導など特別な指導を受けているのは、児童・生徒、学校ともに7割を超えます。

指導内容としては、「日本語基礎(文字・表記・語彙・文法、学校への適応や教科学習に参加するための基礎的な力をつける)」「教科の補習(在籍学級での学習内容を先行して学習したり、復習したりする)」「サバイバル日本語(あいさつや体調を伝える言葉、教科名や身の回りの物の名前などを知って使えるようにする)」がメインに実施されています。しかしながら、対象の児童・生徒が在籍していながら4校に1校は外国籍の児童・生徒に対しての支援や対応を実施していません。実施していない理由としては、「日本語指導を行う指導者(担当教師、日本語指導支援員等)がいないため(不足も含む)」「在籍学級での指導で対応できると判断するため」「指導のための教室や時間の確保が困難であるため」「日本語指導の方法がわからなかったり、教材等がなかったりするため」などがあげられます。

さらに、「特別の教育課程」による日本語指導を実施していない理由としては、「日本語と教科の統合的指導を行う担当教員がいないため」「『特別の教育課程』で行うための教育課程の編成が困難であるため」「日本語と教科の統合的指導の方法がわからなかったり、教材がなかったりするため」「校内に『特別の教育課程』の対象児童生徒がいないと判断するため」「取り出し指導のための教室や時間の確保が困難なため」「個別の指導計画の策定や学習評価が困難なため」などがあります。

このように、日本語指導が必要な児童・生徒が在籍しながら、日本語指

> **プラスワン**
>
> 「特別の教育課程」による日本語指導
>
> 「特別の教育課程」による日本語指導は、児童・生徒が学校生活を送るうえや教科等の授業を理解するうえで必要な日本語の指導を、在籍学級の教育課程の一部の時間に替えて、在籍学級以外の教室で行う教育の形態。

> **プラスワン**
>
> 外国人児童生徒受入れの手引き
>
> 文部科学省は2010年に、帰国・外国人児童・生徒教育関係者の研修などの参考資料として「外国人児童生徒受入れの手引き」を発行している。

図表15-3　帰国・外国人児童生徒教育支援体制モデル事業

	地域での実践	学校での実践
受け入れ体制つくり	○協議会の設置・開催 ○地域のコーディネーター配置・活動 ○センター校の指定・支援 ○加配教員・相談員・協力者等の活用 ○日本語教室の開設 ○編転入手続き時での学校ガイダンス ○多言語による手引き作成 ○受け入れマニュアル作成	○校内支援体制の整備 ○校内コーディネーターの指名・活動 ○校内研究組織・PTA組織の改善 ○受け入れマニュアル・手引きの活用
ネットワークつくり	○関係者の連携 　・大学 　・幼稚園・保育園・小・中・高等学校 　・市民ボランティア・NPO・学生等 　・通級学級と在籍校 ○センター校からの情報発信・巡回指導 ○サポートチームの活動 ○交流の場の設定（教員・児童生徒・保護者・NPO・ボランティア）	○関係者の連携 　・大学 　・幼稚園・保育園・小・中・高等学校 　・市民ボランティア・NPO・学生等 　・日本語教室と在籍学級、各教科担任 　・地域のコーディネーターや、多文化ソーシャルワーカー 　・保護者
人つくり （スペシャリストをつくる）	○日本語指導者の育成 　・初任者のための研修 　・指導法研修 ○バイリンガル相談員・指導員の養成	○大学研究者からの指導
人つくり （よりよい学習環境をつくる）	＜一般教員＞ ○国際教育研修 ○異文化間カウンセリング研修 ○学級担任のための研修 ＜保護者＞ ○進学ガイダンス ○アダルトスクール ○保護者会	＜教職員＞ ○国際理解教育の推進 　教育の国際化・人権教育・開発教育　等 ○JSLカリキュラムに関する研修 ＜保護者＞ ○外国人保護者会
教材つくり・授業つくり	○教材開発 　・サポートチームによる教材つくり ○指導法の改善 ○指導案作成・公開授業・検証 　・日本語指導 　・JSLカリキュラムによる指導	○JSLバンドスケールによる実態把握 ○個人カルテ作成 ○個別年間指導計画の作成、実践 ○教材開発・ワークシート作成 ○授業実践・検証 　・日本語指導 　・JSLカリキュラムによる指導
特色ある取り組み	○サタデースクール・サマースクール等による補習 ○ハローワークからの情報 ○母国語学習 ○インターネットを活用した相談活動 ○教育研究所からの派遣	

文部科学省ホームページ「平成18年度　帰国・外国人児童生徒教育支援体制モデル事業報告」をもとに作成

図表15-4　日本語指導が必要な外国籍の児童生徒の学校種別在籍状況（平成28年5月1日現在）

	平成28年度							前回比〔%〕	平成26年度
	小学校	中学校	高等学校	義務教育学校	中等教育学校	特別支援学校	合計		合計
児童生徒数（人）	22,156	8,792	2,915	159	52	261	34,335	117.6	29,198
％（児童生徒総数を母数とした％）	0.3	0.3	0.1	1.3	0.2	0.2	0.3	―	0.2
％（外国籍児童生徒数を母数とした％）	44.6	40.8	21.0	85.9	24.4	24.7	39.7		37.1
外国籍児童生徒数（人）	49,622	21,532	13,893	185	213	1,057	86,502	110.0	78,632
％（児童生徒総数を母数とした％）	0.8	0.6	0.4	1.5	0.7	0.8	0.6	―	0.6
児童生徒総数（人）	6,483,515	3,406,029	3,309,342	12,702	32,428	139,821	13,383,837	98.4	13,605,475
学校数（校）	4,384	2,114	419	11	1	91	7,020	114.4	6,137
％（学校総数を母数とした％）	21.6	20.3	8.5	50.0	1.9	8.1	19.7	―	16.8
学校総数（校）	20,313	10,404	4,925	22	52	1,125	36,841	98.2	37,519

文部科学省「日本語指導が必要な児童生徒の受入状況等に関する調査（平成28年度）」・「学校基本調査（平成28年度）」をもとに作成

第15講　これからの特別支援教育

導を実施していない学校が少なからず存在していますし、このままでは彼らが、二次的な被害——学力の低下や不登校などをこうむる確率が高くなると考えられます。だからこそ、日本語指導が必要な児童・生徒を「特別支援教育」の対象に含め、その一環として対応することの重要性が示唆されるのです。

ディスカッションしてみよう！

日本語があまり話せない子どもに対してどのような支援が考えられますか。また、その際に注意すべきことはどんなことでしょうか。

たとえば・・・

プラスワン

JSLカリキュラム

文部科学省が、2001（平成13）年度から日本語指導が必要な外国人児童・生徒などを学校生活に速やかに適応させる目的で、日本語の初期指導から教科指導につなげるために開発したカリキュラムのこと。JSLは、Japanese as a Second Language（第二言語としての日本語）の略。2003（平成15）年7月、小学校における「トピック型」「教科志向型」JSLカリキュラムを、2007（平成19）年3月、中学校編として国語科、社会科、数学科、理科、英語科の5教科のカリキュラムを開発。

2　そのほかの対象とその支援や対応

そのほかの教育的ニーズのある児童・生徒への支援や対応の対象は、①貧困の児童・生徒や、②被虐待児童・生徒などが考えられます。

①②とも家族の問題が大きいと考えられ、このような児童・生徒への支援や対応が必要です。援助や対応の詳細は第13講、第14講に譲りますが、

学力の保障を考えると、これらの児童・生徒も特別支援教育の対象に含め、特別支援教育の一環として実施すべきだといえます。

3 これからの特別支援教育
―特別から一般に―

　特別支援教育を実施し始めたころは、その是非についてさまざまな声があがっていました。賞賛の声ばかりではなく、特別支援教育に反対する声もありました。確かに、どの子どもも状況によって、学力不足や学校で問題児になる可能性はあります。それを、ある一部の条件の子どもたちだけに焦点を当てるというのは、教育の機会の平等から考えれば問題があるといえます。しかしながら、現在、教育の社会的資源には限界があり、順位をつけて問題を解決しなければならないのも事実です。

　特別支援教育の対象が、発達障害のある児童・生徒などから、教育的ニーズのある児童・生徒にまで拡大されたことは、まさにすべての児童・生徒に学力を保障することを示唆したといえます。特別支援教育は、学力が不足している児童・生徒に学力を保障するための教育に変化することを示しているのではないでしょうか。そしてこれは、特別支援教育が本来意味していたことの帰結ではないかと考えます。

知っておくと役立つ話 — 復習や発展的な理解のために

最近の自閉スペクトラム症研究の動向

第15講 これからの特別支援教育

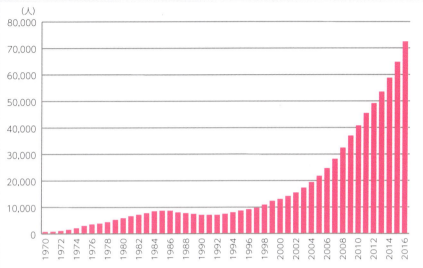

日本発達心理学会編『発達科学ハンドブック10　自閉症スペクトラムの発達科学』2018年、新曜社、84ページ

　上のグラフは、1970～2016年の自閉症・情緒障害特別支援学級の在籍児童数の推移を表したものです。このグラフの特徴は、自閉スペクトラム症の児童数が、一時期減少傾向であったのが、2000年あたりを境に級数的に増え、2016年では2000年のほぼ7倍となっていることです。このように、自閉スペクトラム症の増加の現象は、日本ばかりではなく、世界中で報告されています。しかしながら、本当に増加しているかどうかについては、「DSM-5」（→第2講ミニコラム参照）には、「その頻度の高まりは、閾値下の症例を含むようになったDSM-Ⅳの診断基準の拡大、認知度の高まり、研究方法の違い、またはASDの頻度の真の増加を反映しているのかは不明のままである」という記載がある通り、現在のところ決着がついていません。とはいうものの、このグラフからもわかるように2000年以降の急増には、何らかの原因を考えるのが妥当といえるでしょう。同時に子どもの虐待の認知件数や不登校児童・生徒数においても同様な傾向がみられ、さまざまな原因が論じられるようになってきているからです。

　自閉スペクトラム症が増加したといわれる要因の一つとして、タブレット端末やスマートフォンの普及があげられています。近年の乳幼児の発達研究から、乳幼児は自発的に外界に働きかけをし、その働きかけや反応により人への関心を高め、それにともない脳の機能や構造が発達するということがわかってきました。ところが、タブレット端末、スマートフォンなどの画像は一方的なものであるため、タブレット端末やスマートフォンの普及により、乳児期における、まわりの人・物への自発的な働きかけや、特定の人との応答的なやりとりによる発達が妨げられ、自閉スペクトラム症につながるともいわれているのです。

　ここで述べたことは、あくまでも一つの仮説にすぎません。そもそも自閉スペクトラム症自体が、先天性の疾患であり、脳機能の障害が原因の一つとはいわれていますが、その詳細ははっきりとはわかっていません。しかし、心理学者のピアジェは、知的な発達における乳幼児の時期の重要性、特に外界との相互作用の重要性を論じていますが、乳幼児からの他者との間の情報の交換や相互作用が、その後の発達に大きな影響を及ぼすということが、この仮説からもわかるのではないでしょうか。

ちゃんとわかったかな？
復習問題にチャレンジ

> 小学校学習指導要領（平成29年3月告示）に示された「海外から帰国した児童などの学校生活への適応や、日本語の習得に困難のある児童に対する日本語指導」の記述の内容として正しいものを、1～5から1つ選べ。

1. 日本語の習得に困難のある児童については、特別支援学校等の助言又は援助を活用しつつ、個々の児童の状態等に応じた指導内容や指導方法の工夫を組織的かつ計画的に行う。
2. 日本語の習得に困難のある児童については、各教科の目標や内容を下学年の教科の目標や内容に替えたりするなどして、実態に応じた教育課程を編成する。
3. 海外から帰国した児童などについては、保護者や関係機関と連携を図り、心理や福祉の専門家の助言又は援助を得ながら、個々の児童の実態に応じた情報の提供その他の必要な支援を行う。
4. 海外から帰国した児童などについては、学校生活への適応を図るとともに、外国における生活経験を生かすなどの適切な指導を行う。
5. 海外から帰国した児童などについては、児童の実態に配慮した教育課程を編成するとともに、個別学習やグループ別学習など指導方法や指導体制の工夫改善に努める。

ノートテイキングページ

理解できたことをまとめておこう！

学習のヒント：①日本語を母国語としない児童・生徒、②貧困の児童・生徒、③被虐待児童・生徒の支援や対応についてまとめてみましょう。

第9講 112〜114ページの解答例

ケース1

○A子の困りごと

　友だち関係において抽象的な理解ができないことです。そのため、小学校からクラスメイトとトラブルを起こすことが多く、想定外のことが起きるとパニックを起こしてしまいます。今までの失敗体験が重なっていることから、高校生になっても泣きだしたら止まらないという状態を繰り返しています。A子の固執性として、男性に対する恋愛感情があります。パニックの一因が彼との関係性にあったと推測されます。

○支援体制の例

　高校生活をスタートする際に、母親と学校サイドが面談を行い、信頼関係を構築しました。さらに、SCによる継続的な面談を行い、保健室を一時避難場所として活用し、A子が希望する進路に向けて支援を行いました。

ケース2

○B男の困りごと

　人間関係において抽象的な理解ができず、クラスメートとトラブルを起こすことです。B男は友だちをつくりたいけれど、うまくいかなかったという今までの失敗体験が重なっていると考えられます。また、想定外のことが起きるとパニックを起こしやすく、自傷行為や暴力的な行動で心のバランスをとっています。その結果、自傷行為や暴力的な行動が周りの人を驚かせてしまい、余計にクラスメートから距離を置かれてしまいます。

○支援体制の例

　高校生活を穏やかに過ごすために、いくつかの約束を決めました。SCによる面談を継続すること、パニックを起こしそうになったら保健室に来てクールダウンすること、特別支援員に学習補習を受けること……これらの約束をB男は身につけ律義に実行し、希望する進路にすすめました。

ケース3

○C男の困りごと

　意思の疎通が難しく、全く話せないことです。授業においては、英語が全くできないというアンバランスさをもっています。穏やかな性格でパニックを起こすことはありませんが、困りごとを訴えることができないこともC男の困りごとといえます。

○支援体制の例

　担任が早期に発見し、学校としての支援体制をとります。この時点で中学校での状況を確認し、特別支援員による英語の補習を始めました。また、SCとの面談を通じて、専門医への受診も行われました。C男のコツコツと几帳面に取り組む特性が有効に働き、志望大学への進路が開けました。

ケース4

○D子の困りごと

　表情が乏しく意思の疎通が図りにくいことです。授業では、英語以外の教科ができないというアンバランスさをもっています。D子の固執性として、ファッションやスタイルに関するこだわりを強くもっています。太ることへの拒否感から、食事の偏りや過度な運動など、体調を崩すことが頻繁にあります。

◯支援体制の例

　担任が早期に発見し、学校としての支援体制をすぐにとりましたが、結果的に進級できず転学となりました。【ケース3】のC男とは対照的な事例です。入学早々に、特別支援員による英語以外の教科補習が始まりました。また、SCとの面談を通じて、専門医への受診も行われています。しかし、栄養状態の悪さから集中力を欠き、補習をこなすことができません。困ったことがあれば、精神的に不安定になり、眉毛をそったり、前髪を切ったりといった行動を繰り返します。パニックを起こすことはありませんが、困ったときの対処法（一種の自傷行為）であった可能性が考えられます。

ケース5

◯E男の困りごと

　板書をノートに書きとれませんが、それを訴えることができません。書字障害のため、多くの教科で成績不良となり留年してしまいました。卒業に当たって、補習と追試験が重なりましたが、自分でスケジュール管理をすることができません。怠けなのか、本当に忘れているのか、教科担当教員に謝ることもできません。

◯支援体制の例

　穏やかで目立たないE男の困りごとは、1年生を留年するまで見過ごされてしまいました。支援体制が動き始めるのが遅れてしまったケースです。母親とともに専門機関に継続的に通院し指導を受け、特別支援員が多くの教科の補習を行いました。しかし、補習の時間を忘れることも多く、卒業に向けてのスケジュール管理ができないことが明らかになりました。高校生は大人に向かって成長が著しい時期です。留年したE男は、卒業する頃にはすっかり大人びた雰囲気となり、口調も社会人のようになっていました。しかし、社会に出る前に、E男の困りを自覚させ、就職先に説明できる力をつけておかねばならなかったと考えられます。

ケース6

◯F男の困りごと

　授業中にひとり言が止まらなかったり、机をたたいたりして、意識しないうちにクラスメイトに迷惑をかけてしまうことがあります。意思の疎通が図りにくい状態ですが、本人は友だちをつくりたいわけではありません。F男の固執性として、鉄道やアニメキャラクターがあります。F男自身は困っていませんが、社会的なルールや身だしなみ等を身につけさせる必要があるでしょう。

◯支援体制の例

　高校生活をスタートする際に、母親と学校サイドが面談を行い、信頼関係を構築しました。定期的に、担任が母親に連絡をとり、進路を含めた意向を確認しながら個別の指導計画を作成していきました。F男は特別支援教育支援員が関わると興奮状態になり、授業の妨げになるため学習面での支援は見合わせました。女性との距離感、身だしなみを始めとした社会的なルールを特別支援教育支援員が指導していました。その結果、希望の大学に進学することができました。

復習問題の解答

第1講（→19ページ）

解答　(a)(イ)　(b)(カ)　(c)(ア)　(d)(エ)　(e)(キ)　(f)(ウ)

解説　(a)(c)(e)(f)は6ページを参照。
(b) 高木憲次は1942（昭和17）年に「整肢療護園」を創設、「肢体不自由」の名称を考案した。
(d) 石川倉次は1890（明治23）年に日本訓盲点字を考案した。

第2講（→33ページ）

解答　③

解説　「障害や、環境的な要因も直接の原因となる」が誤り。学習障害の定義では、障害や環境的な要因が直接の原因となるものではないとされている。

第3講（→46ページ）

①

解答　3

解説　同答申には「変化の激しい社会を生き抜いていける人材を育成していくためには、教員自身が時代や社会、環境の変化を的確につかみ取り、その時々の状況に応じた適切な学びを提供していくことが求められることから、教員は、常に探究心や学び続ける意識を持つこととともに、情報を適切に収集し、選択し、活用する能力や知識を有機的に結びつけ構造化する力を身に付けることが求められる」と述べられている。

②

解答　4

解説
障害のある児童生徒の教材の充実に関する検討会「障害のある児童生徒の教材の充実について（報告）」（2013年8月）の「2. 今後の推進方策」に記載の内容。

A：「(5) 教員の知識の習得及び指導方法の改善」に記載の内容。「一斉指導や小集団学習で活用せず」が誤り。ICTを活用した教材や支援機器の活用に当たっては、「一斉指導や小集団学習だけでなく、必要に応じて個別学習や協働学習に取り入れていく必要があり（以下略）」と述べられている。

B：「(4) 学校の体制整備」に記載の内容。「学校が組織として障害のある児童生徒の教材等を活用するのではなく、教員が個別に対応することが重要」が誤り。教材等の活用については、「教員が個々に対応するのではなく、（中略）学校が組織として障害のある児童生徒の教材等を活用できるようにすることが必要である」と述べられている。

E：「(5) 教員の知識の習得及び指導方法の改善」に記載の内容。「教材等の持参、管理等が児童生徒や教員の負担となることから、これらの教材等の活用は望ましくない」が誤り。教材等の活用・持参方法、管理方法等については、「事前に保護者と話し合うなど、保護者との連携を図ることも重要である」と述べられている。

第4講（→60ページ）

解答　⑤

解説　中央教育審議会答申「幼稚園、小学校、中学校、高等学校及び特別支援学校の学習指導要領等の改善及び必要な方策等について」（2016年12月）の「第1部 学習指導要領等改訂の基本的な方向性」「第8章 子供一人一人の発達をどのように支援するか－子供の発達を踏まえた指導」「5. 教育課程全体を通じたインクルーシブ教育システムの構築を目指す特別支援教育」に記載の内容。

第5講 （→71ページ）

解答 （例）校内委員会・校内研修の企画・運営／担任への支援／外部の関係機関との連絡調整／保護者に対する相談窓口

解説 特別支援教育コーディネーターの役割については、66ページ（文部科学省「小・中学校におけるLD（学習障害）、ADHD（注意欠陥／多動性障害）、高機能自閉症の児童生徒への教育支援体制の整備のためのガイドライン」［2004年1月］に記載の内容）参照。ただし、問題では4つあげる必要があるため、解答例では「特別支援教育コーディネーターの校内における役割」を2項目あげた。

第6講 （→82ページ）

解答 ア③ イ① ウ② エ⑧ オ⑤

解説 「幼稚園教育要領 第1章 総則」（平成29年3月文部科学省）の「第5 特別な配慮を必要とする幼児への指導」に記載の内容。

第7講 （→93ページ）

解答 ③

解説 文部科学省「学校教育法施行令の一部改正について（通知）」（2013年9月）の「第2 改正の内容」「1 就学先を決定する仕組みの改正（第5条及び第11条関係）」に記載の内容。

第8講 （→105ページ）

解答 ③

解説 アメリカ精神医学会の診断基準（DSM-5）では、自閉症スペクトラム障害の特性として「①社会的コミュニケーションの障害（相手の意図を想像すること、自分の意思を伝達することの困難さ）」「②想像力の障害（想像力の欠如、こだわり行動と興味の偏り、固執性、感覚の異常）」があげられている。

第9講 （→119ページ）

解答 （1）自立活動 （2）①ケ ②イ ③ウ ④オ

解説 設問にある報告の「2. 幼稚園、小・中学校、高等学校等における特別支援教育－（4）高等学校－②改善・充実の方向性－【通級による指導】」に記載の内容。高等学校における通級による指導の制度化に当たり、その教育課程の基本的な考え方について述べられている。

第10講 （→131ページ）

①・・・

解答 ウ

解説
2：「最終的には保護者が決定する」が誤り。設問にある報告の「2. 就学相談・就学先決定の在り方について」では、就学先の決定について最終的には保護者ではなく市町村教育委員会が決定することが適当であるとされている。
3：「本人及び保護者の意見を優先する」が誤り。設問にある報告の「3. 障害のある子どもが十分に教育を受けられるための合理的配慮及びその基礎となる環境整備」では、合理的配慮について設置者・学校と本人・保護者の意見が一致しない場合には、「『教育支援委員会』（仮称）の助言等により、その解決を図ることが望ましい」とされている。

②・・・
解答　エ
解説　「保護者の同意を得なくても」が誤り。文部科学省「通級による指導の対象とすることが適当な自閉症者、情緒障害者、学習障害者又は注意欠陥多動性障害者に該当する児童生徒について（通知）」（2006年3月）によれば、「通級による指導の対象とするか否かの判断に当たっては、保護者の意見を聴いた上で、障害のある児童生徒に対する教育の経験のある教員等による観察・検査、専門医による診断等に基づき、教育学、医学、心理学等の観点から総合的かつ慎重に行うこと」とされている。

第11講 （→144ページ）

①・・・
解答　4
解説　「学校教育法施行規則」第140条によれば、当該障害に応じた特別の指導（通級指導）の対象は、「1言語障害者、2自閉症者、3情緒障害者、4弱視者、5難聴者、6学習障害者、7注意欠陥多動性障害者、8その他障害のある者で、この条の規定により特別の教育課程による教育を行うことが適当なもの」とあり、知的障害者は含まれていない。

②・・・
解答　2
解説　C：特別支援学級の教育課程は基本的には「小学校・中学校学習指導要領」に沿って編成されるが、児童生徒の実態に応じて「特別支援学校の学習指導要領」を参考として特別の教育課程も編成できる。

第12講 （→159ページ）

解答　5
解説　「児童福祉法」の条文に関する問題である。
1：保育所も児童福祉施設に含まれる（第7条第1項）。
2：少年とは、小学校就学の始期から、満18歳に達するまでの者をいう（第4条第1項）。
3：児童福祉司は、社会福祉主事として2年以上児童福祉事業に従事した者以外にも、都道府県知事の指定する養成機関の修了者、医師、社会福祉士等からも任用される（第13条第3項）。
4：児童委員は、その職務に関し、都道府県知事の指揮監督を受ける（第17条第4項）。

第13講 （→171ページ）

解答　ウ
解説　「児童虐待の防止等に関する法律」の第2条（児童虐待の定義）による規定。問題に記載されたもの以外の定義には「児童の心身の正常な発達を妨げるような著しい減食又は長時間の放置、保護者以外の同居人による前二号又は次号（※ア、イ、エに記載の内容）に掲げる行為と同様の行為の放置その他の保護者としての監護を著しく怠ること」がある。

第14講 （→178ページ）

①・・・
解答　エ
解説　「子供の貧困対策に関する大綱」（2014年8月）の「第2 子供の貧困対策に関する基本的な方針」に記載の内容。この大綱は、子供の将来がその生まれ育った環境によって左右されることのないよう、また、貧困が世代を超えて連鎖することのないよう、必要な環境整備と教育の機会均等を図る子供の貧困対策を総

合的に推進するために策定された。

②
解答 5
解説
イ:「負の相関」ではなく「正の相関」があると考えられている。
エ:「地域」が誤り。「子供の貧困対策に関する大綱」(2014年8月)では、学校をプラットフォームと位置づけた貧困対策について述べられている。

第15講（→190ページ）

解答 4
解説 「小学校学習指導要領」（平成29年告示）の「第1章総則 - 第4児童の発達の支援 -2 特別な配慮を必要とする児童への指導」の内容。1、2は日本語の習得に困難のある児童ではなく、障害のある児童などの指導に関する内容、3、5は海外から帰国した児童などではなく不登校児童への配慮に関する内容である。

索引

和文

■あ
愛着障害 148
アスペルガー症候群 22

■い
医療的ケア 125
インクルーシブ教育システム 9, 48, 121

■え
園内委員会 79

■か
介護等体験 55
各教科等を合わせた指導 135
学習支援ボランティア 176
学習指導要領 134
学習障害 22
柏学園 6
学級担任制 62
学校基本調査 173
カリキュラム 53
関係機関 65

■き
機能不全家族 162
虐待の種類 160
キャリアコンサルタント 110
給付型奨学金制度 173
教育職員免許法 49
教育相談員 175
教育職員免許法施行規則 49
教科の補充 137
共同学習 9
協同学習 34
京都盲唖院 6

■く
国の補助事業対象 175

■け
ケース会議 151
ケースワーカー 174
言語聴覚士 15

■こ
コアカリキュラム 49, 182
高機能自閉症 11, 22
高校進学 175
校内委員会 65
校内体制 64
合理的配慮 10
交流及び共同学習 126, 136
心のバリアフリー 56
個別の教育支援計画 62, 79, 86, 148
個別の指導計画 62, 79, 85, 115, 123
「これからの学校教育を担う教員の資質能力の向上について（答申）」 149
「今後の特別支援教育の在り方について（最終報告）」 11, 148

■さ
サークル活動 57
作業療法士 15
サラマンカ宣言 8

■し
児童虐待相談対応件数 161
児童虐待の防止等に関する法律 160
「児童福祉法等の改正による教育と福祉の連携の一層の推進について（事務連絡）」 148
自閉症 22
社会資源 148
就学支援シート 85
就学時健康診断 84
重度重複障害 7
18歳・高校卒業までの養護 172
障害児支援利用計画等 149
障害児・者 146
障害者権利条約 8
障がい者制度改革推進会議 12
障害者総合支援法 146
障害者の権利に関する条約 12
ジョブコーチ 112
白川学園 6
自立活動 16, 137

■す
スクールカウンセラー 66

■せ
生活 123
生活年齢 39
センター的機能 126
専門家チーム 68

■そ
措置費 172

■た
滝乃川学園 6
単元見通し学習 41

■ち
チーム・ティーチング 122
茅ヶ崎林間学校 6
注意欠陥多動性障害 23
中枢神経系 22

■つ
通級による指導 136

■て
デジタル連絡帳アプリ 27

■と
同時処理型 42
特殊教育 6
特別育成費 172
特別支援学級 134
特別支援学校 121
特別支援学校の対象となる障害の程度 121
特別支援教育 6
特別支援教育コーディネーター 14, 66
特別支援教育士 68
特別支援教育推進体制モデル事業 11
「特別支援教育を推進するための制度の在り方について（答申）」 148
特別支援教室 85, 141
「特別の教育課程」による日本語指導 185

■ に
日本語を母国語としない児童・生徒 ……………………………184
乳幼児健康診査………………… 62
■ の
脳機能……………………………… 21
ノーマライゼーション……………… 9
■ は
発達障害………………… 21, 147
発達障害者支援法……………… 21
発達障害の診断基準…………… 31
発達年齢………………………… 39
■ ひ
非行問題…………………………174
批准……………………………… 12
ビジョントレーニング……………140
■ ふ
ブレインストーミング方式 ……… 36
■ へ
ペアレント・トレーニング ………155
■ ほ
ボランティア活動……………… 56
■ ゆ
ユニバーサルデザイン …… 52, 128
■ よ
養護教諭…………………………108
幼稚園教育要領………………… 74
■ り
理学療法士……………………… 15
領域・教科を合わせた指導……… 43
療育……………………………… 75
療育手帳…………………………147
療護施設………………………… 7
臨床心理士……………………… 68
■ れ
レスパイト支援…………………155

欧文

■ A
ADHD→注意欠陥多動性障害
■ J
JSLカリキュラム ………………187
■ L
LD→学習障害
■ P
PTSD ……………………………162

参考文献

第1講

青山新吾・赤坂真二・上條晴夫・川合紀宗・佐藤晋治・西川 純・野口晃菜・涌井 恵 『インクルーシブ教育ってどんな教育？』 学事出版 2016年

石部元雄・柳本雄次編著 『特別支援教育──理解と推進のために（改訂版）』 福村書店 2011年

大塚 玲 『インクルーシブ教育時代の教員をめざすための特別支援教育入門』 萌文書林 2015年

川合紀宗・若松昭彦・牟田口辰己編著 『特別支援教育総論──インクルーシブ時代の理論と実践』 北大路書房 2016年

岐阜大学教育学部特別支援教育研究会編、坂本 裕編集代表 『特別支援教育を学ぶ（第3版）』 ナカニシヤ出版 2016年

公益社団法人日本発達障害連盟編 『発達障害白書 2018年版』 明石書店 2017年

坂本 裕編著『新訂 特別支援学級はじめの一歩──まずは押さえたい111のポイント』 明治図書 2015年

障害児の教授学研究会編 『エピソードから読み解く特別支援教育の実践』 福村書店 2017年

宮﨑英憲監修 全国特別支援学校長会編著 『教員をめざすあなたへ──特別支援学校のすべてがわかる』 ジアース教育新社 2017年

全国特別支援教育推進連盟編集 『特別支援教育の理解と推進のために』 ジアース教育新社 2013年

内閣府ホームページ「平成26年版 障害者白書」
https://www8.cao.go.jp/shougai/whitepaper/h26hakusho/zenbun/index-pdf.html

日本発達障害ネットワーク 『発達障害児のための支援制度ガイドブック（改訂版）』 唯学書房 2015年

宮本信也・石塚謙二・石川 准・飛松好子・野澤和弘・大西延英監修、土橋圭子・川島志保・今野正良・渡邉慶一郎編集 『特別支援教育の基礎──確かな支援のできる教師・保育士になるために（改訂版）』 東京書籍 2017年

文部科学省ホームページ「特別支援教育」 http://www.mext.go.jp/a_menu/01_m.htm

文部科学省ホームページ「特別支援教育について」
http://www.mext.go.jp/a_menu/shotou/tokubetu/main.htm

第2講

金森克浩監修、全国特別支援学校知的障害教育校長会編著 『知的障害特別支援学校のICTを活用した授業づくり』 ジアース教育新社 2016年

吉利宗久・是永かな子・大沼直樹共編著 『新しい特別支援教育のかたち──インクルーシブ教育の実現に向けて』 培風館 2016年

第3講

宇野宏幸・井澤信三・小島道生編著 『発達障害研究から考える通常学級の授業づくり──心理学、脳科学の視点による新しい教育実践』 2010年

佐藤曉 『発達障害のある子の困り感に寄り添う支援』 学習研究社 2004年

杉江修治 『協同学習入門──基本の理解と51の工夫』 ナカニシヤ出版 2011年

第4講

小貫 悟監修 日野市教育委員会編著 『校内委員会の1年間月別マニュアル──特別支援教育スタンダード』 東洋館出版社 2014年

清水貞夫 『インクルーシブ教育への提言──特別支援教育の革新』 クリエイツかもがわ 2012年

鈴木大介　『脳は回復する――高次脳機能障害からの脱出』　新潮新書　2018年

全国特別支援学校長会編著　『介護等体験ガイドブック　フィリア［新学習指導要領（平成29年公示）版］』　ジアース教育新社　2018年

曽山和彦　『子どもに学んだ「王道」ステップワン・ツー・スリー――教室でできる特別支援教育』　文溪堂　2014年

友田明美　『子どもの脳を傷つける親たち』　NHK出版新書　2017年

肥後祥治・雲井未歓・片岡美華・鹿児島大学教育学部附属特別支援学校編著　『特別支援教育の学習指導案と授業研究――子どもたちが学ぶ楽しさを味わえる授業づくり』　ジアース教育新社　2013年

湯浅恭正・新井英靖・吉田茂孝　『特別支援教育のための子ども理解と授業づくり――豊かな授業を創造するための50の視点』　ミネルヴァ書房　2013年

第5講、第7講

東京都教育委員会ホームページ「東京都特別支援教育推進計画（第二期）・第一次実施計画」

http://www.kyoiku.metro.tokyo.jp/administration/action_and_budget/plan/special_needs_school/practice_plan1.html

東京都教育委員会ホームページ「特別支援教室の導入」

http://www.kyoiku.metro.tokyo.jp/school/primary_and_junior_high/special_class/

文部科学省ホームページ「特別支援教育について」

http://www.mext.go.jp/a_menu/shotou/tokubetu/main.htm

第6講

芦澤清音・浜谷直人・野本千明『子ども理解で保育が変わる――困難を抱える子どもと育ち合う』　群青社　2018年

東田直樹　『自閉症の僕が跳びはねる理由』　KADOKAWA　2016年

第8講

ジョージ・ジェイコブズ、マイケル・パワー、ロー・ワン・イン／伏野久美子・木村春美訳、関田一彦監修『先生のためのアイディアブック――協同学習の基本原則とテクニック』　日本協同教育学会　2006年

Spencer-Kagan. (2013) .Kagan Cooperative Learning.Kagan Publishing.

第9講

梅永雄二編著　『こんなサポートがあれば！――LD、ADHD、アスペルガー症候群、高機能自閉症の人たち自身の声①』　エンパワメント研究所　2014年

梅永雄二編著　『こんなサポートがあれば！――LD、ADHD、アスペルガー症候群、高機能自閉症の人たち自身の声②』　エンパワメント研究所　2014年

本田秀夫　『自閉症スペクトラム――10人に1人が抱える「生きづらさ」の正体』　ソフトバンククリエイティブ　2013年

三宅篤子・佐竹真次編著　『思春期・成人期の社会適応』　ミネルヴァ書房　2011年

第10講

時事通信出版局編著　『よくわかる特別支援学校』　時事通信出版局　2016年

内閣府　「障害者白書（平成30年版）」　2018年

第11講

大南英明監修、山中ともえ編著 『実践！通級による指導——発達障害等のある児童のためにできること』 東洋館出版社 2014年

笹森洋樹・大城政之編著 『Q&Aと先読みカレンダーで早わかり！通級指導教室運営ガイド』 明治図書 2014年

第12講

中嶌 洋・園川 緑編著 井上美和・大賀有記・土永葉子著 『保育・社会福祉学生のための相談援助入門』 萌文書林 2015年

成清美治・加納光子編集代表 『第12版・現代社会福祉用語の基礎知識』 学文社 2015年

日本社会学会社会学事典刊行委員会編 『社会学事典』 丸善出版 2010年

日本社会福祉学会事典編集委員会編 『社会福祉学事典』 丸善出版 2014年

吉田真理編著 坂本正路・高橋一弘・村田紋子著 『児童の福祉を支える社会的養護』 萌文書林 2011年

吉田真理編著 髙橋一弘・村田紋子著 『児童の福祉を支える〈演習〉社会的養護内容』 萌文書林 2016年

第13講

厚生労働省 「福祉行政報告例」 2018年

文部科学省 「文部科学省における児童虐待への対応について」 2017年

第14講

宮武正明 『子どもの貧困——貧困の連鎖と学習支援』 みらい 2014年（電子版 2018年）

宮武正明 『絆を伝えるソーシャルワーク入門——社会福祉・児童家庭福祉・相談援助のサブテキスト（改訂版）』 大空社出版 2018年

第15講

文部科学省ホームページ 「平成18年度 帰国・外国人児童生徒教育支援体制モデル事業報告」
http://www.mext.go.jp/a_menu/shotou/clarinet/003/001/014.htm

文部科学省 「平成28年度 特別支援教育体制整備状況調査結果」 2016年

文部科学省 「日本語指導が必要な児童生徒の受入状況等に関する調査（平成28年度）」 2016年

監修者、執筆者紹介

●監修者

森田健宏(もりた たけひろ)
関西外国語大学　英語キャリア学部　教授
博士(人間科学) 大阪大学

田爪宏二(たづめ ひろつぐ)
京都教育大学　教育学部　准教授
博士(心理学) 広島大学

●編著者

石橋裕子(いしばし ゆうこ)
はじめに、第1講を執筆
帝京科学大学　教育人間学部　教授
『保育園・幼稚園の実習完全マニュアル』(編著・成美堂出版・2005年)
『新　保育者・小学校教員のためのわかりやすい音楽表現入門』(編著・北大路書房・2009年)

林幸範(はやし ゆきのり)
第13講、第15講を執筆
滋賀短期大学　幼児教育保育学科　特任教授
『小学校教育実習ガイド』(編著・萌文書林・2011年)
『小学校教育実習Q&A 99：知りたい！聞きたい！こんなときどうする？』(共著・萌文書林・2011年)

●執筆者 (50音順)

石丸文敏(いしまる ふみとし)
第3講を執筆
久留米大学　教職課程　非常勤講師
『算数＋総合学習の新構想』(共著・明治図書・1998年)
『算数科の到達目標と学力保障』(共著・明治図書・2005年)

今林俊一(いまばやし しゅんいち)
第4講を執筆
鹿児島大学　法文教育学域教育学系　教授
『心理学がわかる事典』(共著・日本実業出版社・1994年)
『教育心理学』(共著・ミネルヴァ書房・2018年)

久保昌子(くぼ まさこ)
第9講を執筆
熊本大学　教育学部　教授
『保健指導のレシピーライブ♪子どもイキイキ「からだの学習」』(共著・東山書房・2012年)

最首昌和(さいしゅ まさかず)
第8講を執筆
相模原市立上鶴間中学校

津布久幸恵(つぶく ゆきえ)
第5講、第7講を執筆
足立区教育委員会子ども支援センター

中川宣子(なかがわ のりこ)
第2講を執筆
京都教育大学附属特別支援学校
『知的障害特別支援学校のICTを活用した授業づくり』(共著・ジアース教育新社・2016年)
『新しい特別支援教育のかたち―インクルーシブ教育の実現に向けて』(共著・培風館・2016年)

林　友子(はやし ともこ)
第6講を執筆
帝京科学大学　教育人間学部　教授

林　廣範(はやし やすのり)
第11講を執筆
府中市立府中第八小学校

藤田恭介(ふじた きょうすけ)
第12講を執筆
帝京科学大学　教育人間学部　非常勤講師
『東京都における児童相談所一時保護所の歴史』(社会評論社・2017年)

宮武正明(みやたけ まさあき)
第14講を執筆
江戸川学園おおたかの森専門学校　非常勤講師
『子どもの貧困―貧困の連鎖と学習支援』(みらい、2014年)

横澤美保(よこざわ みほ)
第10講を執筆
元神奈川県立総合教育センター

●執筆協力

中村恵子(なかむら けいこ)
第8講
相模原市立上鶴間中学校・協同教育カフェ

編集協力：株式会社桂樹社グループ
イラスト：植木美江、寺平京子
本文フォーマットデザイン：中田聡美

よくわかる！教職エクササイズ⑤
特別支援教育

2019年3月31日　初版第1刷発行　　　　　　〈検印省略〉

定価はカバーに
表示しています

監修者	森田健宏
	田爪宏二
編著者	石橋裕子
	林幸範
発行者	杉田啓三
印刷者	藤森英夫

発行所　株式会社　ミネルヴァ書房
607-8494 京都市山科区日ノ岡堤谷町1
電話代表 (075) 581-5191
振替口座 01020-0-8076

Ⓒ石橋・林ほか，2019　　　　　　　　　亜細亜印刷

ISBN978-4-623-08180-6
Printed in Japan

森田健宏／田爪宏二 監修

よくわかる！教職エクササイズ

B5判／美装カバー

① **教育原理** 　　　　　　　島田和幸／髙宮正貴 編著　本体 2200 円

② **教育心理学** 　　　　　　田爪宏二 編著　本体 2200 円

③ **教育相談** 　　　　　　　森田健宏／吉田佐治子 編著　本体 2200 円

④ **生徒指導・進路指導** 　　森田健宏／安達未来 編著

⑤ **特別支援教育** 　　　　　石橋裕子／林 幸範 編著　本体 2200 円

⑥ **学校教育と情報機器** 　　堀田博史／森田健宏 編著　本体 2200 円

⑦ **教育法規** 　　　　　　　古田 薫 編著

⑧ **学校保健** 　　　　　　　柳園順子 編著

———— ミネルヴァ書房 ————
http://www.minervashobo.co.jp/